Sicherheits- und Verhaltensregeln im Produkthaftungsstatut

Europäische Hochschulschriften

European University Studies

Publications Universitaires Européennes

Reihe II	**Rechtswissenschaft**
Series II	Law
Série II	Droit

Band/Volume **5678**

Julian Emanuel Titze

Sicherheits- und Verhaltensregeln im Produkthaftungsstatut

Koordination öffentlich-rechtlicher Produktsicherheit und privatrechtlicher Haftung im Rahmen der Rom II-VO

PETER LANG

Bibliografische Information der Deutschen Nationalbibliothek
Die Deutsche Nationalbibliothek verzeichnet diese Publikation in der Deutschen Nationalbibliografie; detaillierte bibliografische Daten sind im Internet über http://dnb.d-nb.de abrufbar.

Zugl.: Bonn, Univ., Diss., 2017

D 5
ISSN 0531-7312
ISBN 978-3-631-76009-3 (Print)
E-ISBN 978-3-631-76856-2 (E-PDF)
E-ISBN 978-3-631-76857-9 (EPUB)
E-ISBN 978-3-631-76858-6 (MOBI)
DOI 10.3726/b15106

Peter Lang – Berlin · Bern · Bruxelles · New York · Oxford · Warszawa · Wien

Diese Publikation wurde begutachtet.

www.peterlang.com

Inhaltsübersicht

Inhaltsverzeichnis

Vorwort

Die vorliegende Arbeit wurde im Sommersemester 2017 von der Rheinischen Friedrich-Wilhelms-Universität Bonn als Dissertation angenommen. Zum Zweck der Publikation wurde die Arbeit aktualisiert und punktuell überarbeitet.

Mein besonderer Dank gilt meinem Doktorvater Herrn *Prof. Dr. Matthias Lehmann* für die konzeptionelle und inhaltliche Betreuung während der gesamten Erstellung der Arbeit. Durch die Beschäftigung als Wissenschaftlicher Mitarbeiter an seinem Lehrstuhl am Institut für Internationales Privatrecht und Rechtsvergleichung hatte ich ausgezeichnete Rahmenbedingungen für Recherche und Austausch. Gerne erinnere ich mich an das kollegiale Miteinander und die internationale Arbeitsatmosphäre mit Kollegen aus fünf Kontinenten. Herrn *Prof. Dr. Wulf-Henning Roth* ist für die Erstellung des Zweitgutachtens und inhaltliche Anregungen zu danken. Mein größter Dank gilt schließlich meiner Frau *Dr. Marlene Karl-Titze* und meiner Familie, ohne deren Unterstützung und Ermutigung in allen Phasen des Projekts diese Arbeit nicht zustande gekommen wäre.

Bonn, März 2018
Julian Emanuel Titze

Einleitung

I. Einführung in die Problemstellung

Im Zeitalter der Globalisierung erfolgen die Produktion, der Vertrieb und der Gebrauch von Waren immer häufiger an verschiedenen Orten. Kommt es dabei zu einem Schaden durch ein fehlerhaftes Produkt, so weist der Sachverhalt Auslandsbezüge auf. Es sind dann mehrere Rechtsordnungen betroffen, die unterschiedliche Anforderungen an die Sicherheit des Produktvertriebs und das Verhalten von Herstellern stellen können. Solche Anforderungen sind Teil der kollisionsrechtlichen Kategorie von „Sicherheits- und Verhaltensregeln".

Deutsche Unternehmen entwickeln komplexe technische Produkte für Absatzmärkte weltweit. Es ist für diese Unternehmen von erheblicher wirtschaftlicher Bedeutung, nach welchen Standards sie dabei für die Sicherheit ihrer Produkte haften. Welches Recht auf die Haftung für ein fehlerhaftes Produkt anwendbar ist, beantwortet das Internationale Produkthaftungsrecht. Zur Ermittlung des anwendbaren Rechts sieht Art. 5 Rom II-Verordnung[1] nicht weniger als sechs Anknüpfungskriterien vor.[2] Eine flexible Anknüpfung des Haftungsrechtes mag die Ermittlung der engsten Verbindung zu einer Rechtsordnung im Einzelfall erleichtern. Zweifelhaft erscheint nach dem folgenden Beispiel dagegen, ob eine identische Ermittlung der haftungsrelevanten Sicherheitsvorschriften angemessen ist.

Ein deutsches Unternehmen entwickelt ein preisgünstiges Hybridfahrzeug für die Bedürfnisse des wachsenden chinesischen Markts. Es kommt in China zu einem Unfall, bei dem ein Tourist aus Deutschland verletzt wird. Der Geschädigte erhebt in Deutschland Produkthaftungsklage. Als Recht des gemeinsamen Aufenthalts der Parteien kommt deutsches Recht zur Anwendung (Art. 5 Abs. 1 i.V.m. Art. 4 Abs. 2 Rom II-VO). Obwohl der Fahrzeugtyp nie in Deutschland vertrieben wurde, beruft sich der Kläger zur Darlegung der Fehlerhaftigkeit des Fahrzeugs auf die Nichteinhaltung deutscher bzw. europäischer Produktsicherheitsvorschriften.

---

1 Verordnung (EG) Nr. 864/2007 über das auf außervertragliche Schuldverhältnisse anzuwendende Recht, ABl. 2007 L 199, 40; im Folgenden: „Rom II-VO".

2 So nennt Art. 5 Rom II-VO den gewöhnlichen Aufenthaltsort des Geschädigten, den Ort des Produkterwerbs, den Ort des Schadens, die Vermarktung des Produktes, den Sitz des Herstellers und schließlich „eine offensichtlich engere Verbindung zu einem anderen Staat" als Anknüpfungskriterien.

Dieses kurze Beispiel wirft die Frage auf, ob bzw. welche spezifischen Erwägungen für Sicherheits- und Verhaltensregeln bei der Internationalen Produkthaftung gelten müssen. Wenn das Produkthaftungsstatut nicht in Abstimmung mit dem Absatzmarkt eines Produktes bestimmt wird, drohen Koordinationsprobleme zwischen öffentlich-rechtlicher Produktsicherheit und zivilrechtlicher Produkthaftung. Im Rahmen dieser Untersuchung wird Produkthaftung als außervertragliche[3] Haftung für fehlerhafte Produkte verstanden. Umfasst ist damit sowohl die verschuldensunabhängige Produkthaftung als auch verschuldensabhängige Formen der Produzentenhaftung. Vertragliche Ansprüche bleiben in dieser Untersuchung dagegen unbehandelt. Bei solchen Ansprüchen besteht aufgrund einer dem Schaden vorhergehenden vertraglichen Bindung der Parteien eine grundsätzlich unterschiedliche Interessenlage.

II. Gang der Darstellung

Ausgangspunkt der Darstellung ist die kollisionsrechtliche Kategorie der „Sicherheits- und Verhaltensregeln" (Gliederungspunkt A.I). Im Kontext der Produkthaftung fallen darunter einerseits öffentlich-rechtliche Produktsicherheitsvorschriften und technische Normen, welche bei der Vermarktung eines Produktes zu beachten sind. Andererseits sind deliktische Verhaltenspflichten auf der Ebene des Haftungsrechtes erfasst. Es wird der Frage nachgegangen, nach welchen Merkmalen Sicherheits- und Verhaltensregeln definiert werden können, um eine Abgrenzung vom sonstigen Haftungsrecht zu ermöglichen. Im Anschluss zeigt die Arbeit beispielhaft Rechtsunterschiede auf, die zwischen Sicherheits- und Verhaltensregeln in Deutschland und anderen Rechtsordnungen bestehen (Gliederungspunkt A.II). Als Referenzen wurden die wichtigsten Absatzmärkte für deutsche Produkte weltweit gewählt – Frankreich, Großbritannien und die Vereinigten Staaten.[4]

Es existieren zwei unterschiedliche Anknüpfungssysteme für die öffentlich-rechtliche Produktsicherheit einerseits und die zivilrechtliche Produkthaftung andererseits (Kapitel B). Das Produktsicherheitsrecht regelt die Verkehrsfähigkeit von Produkten auf dem Markt und soll präventiv verhindern, dass Schäden

3 „Außervertraglich" im Sinne des EU-Kollisionsrechtes sind solche Ansprüche, die nicht auf einer freiwilligen vertraglichen Verpflichtung beruhen, siehe bereits zum Brüsseler Übereinkommen: EuGH, Urt. v. 17.6.1992 – Rs. C-26/91, Slg 1992, I-3967 – Handte, Rn. 15.

4 *Statistisches Bundesamt*, Rangfolge der Handelspartner im Außenhandel der Bundesrepublik Deutschland (2015), S. 2.

durch fehlerhafte Produkte überhaupt erst entstehen. Damit befindet sich das Produktsicherheitsrecht auf einer der Haftung vorgelagerten Ebene. Dennoch sind Produkthaftung und die Beachtung öffentlich-rechtlicher Anforderungen beim Vertrieb rechtlich miteinander verknüpft. Verschiedene Beispielfälle sollen aufzeigen, zu welchen Schwierigkeiten daher abweichende Anknüpfungen von Produktsicherheit und Produkthaftung führen. Dies ist etwa dann der Fall, wenn als Haftungsrecht ein gemeinsames Heimatrecht von Schädiger und Geschädigtem berufen wird, obwohl das schädigende Produkt dort nie vertrieben wurde (siehe Einführungsbeispiel).

Kapitel C wirft die Frage auf, ob die Kollisionsregel des Art. 5 Rom II-VO zur bestmöglichen Bestimmung der auf die Produkthaftung anwendbaren zivilrechtlichen Verhaltensregeln des Deliktsstatuts führt. Nur in beschränktem Maße kann diese Bestimmung die Vorteile einer Anknüpfung an den *Marktort* verwirklichen. Die Unvorhersehbarkeit von Haftungsrisiken nach Art. 5 Rom II-VO könnte aus der Sicht des Herstellers andererseits für eine Anknüpfung an das *Herkunftsland* sprechen.

Es stellt sich ferner die Frage, ob haftungsrelevante Sicherheitsstandards einer anderen Rechtsordnung als dem auf die Haftung anwendbaren Recht entnommen werden können. In der US-amerikanischen Rechtsprechung und Literatur finden sich dazu Ansätze einer Spaltung des anwendbaren Deliktsrechts zwischen verhaltenssteuernden *(„conduct-regulating“)* und schadenszuweisenden *(„loss-allocating“)* Regeln. Obwohl im EU-Kollisionsrecht der Grundsatz der Statutseinheit gilt, kommt eine entsprechende Ergänzung des Produkthaftungsstatutes nach Art. 17 Rom II-VO in Betracht. Nach dieser Vorschrift sind *„[b]ei der Beurteilung des Verhaltens der Person, deren Haftung geltend gemacht wird, (…) faktisch und soweit angemessen die Sicherheits- und Verhaltensregeln zu berücksichtigen, die an dem Ort und zu dem Zeitpunkt des haftungsbegründenden Ereignisses in Kraft sind“.*

Doch wo ist bei der Produkthaftung das haftungsbegründende Ereignis zu verorten? Inwiefern unterscheidet sich die „Berücksichtigung“ einer Verhaltensregel von ihrer Anwendung? Angesichts der wertungsoffenen Formulierung des Art. 17 Rom II-VO kann Kapitel D solche Fragen erst beantworten, nachdem die wesentlichen Funktionen der Vorschrift im Hinblick auf die Produkthaftung herausgearbeitet wurden. Dazu müssen die Vorzüge der Verhaltenssteuerung des Marktstaates gegenüber dem Herkunftsland abgewogen werden. Im Ergebnis wird diese Untersuchung eine differenzierte Anwendung des Art. 17 Rom II-VO auf Produkthaftungsfälle vorschlagen. Hinsichtlich öffentlich-rechtlicher Regelungskompetenzen ist innerhalb des EU-Binnenmarktes das Prinzip gegenseitiger Anerkennung zu beachten (Kapitel E). In diesem Kontext ist von besonderer Aktualität, ob auch Freihandelsabkommen wie das *Comprehensive and Economic Trade Agreement* (CETA) zwischen der Europäischen Union und Kanada eine zivilrechtliche Berücksichtigung von Sicherheitsstandards des Herkunftslandes erfordern können.

III. Stand der Forschung

Die Suche nach differenzierten kollisionsrechtlichen Regeln für die Internationale Produkthaftung beschäftigt die juristische Forschung bereits seit Jahrzehnten.[5] Auch spezifische Überlegungen zu Sicherheits- und Verhaltensregeln wurden in einigen Beiträgen entwickelt.[6] Der Ansatz, statutsfremde Verhaltensregeln bei der sachgerechten Anwendung des Haftungsstatutes als „local data" zu berücksichtigen, geht auf den amerikanischen Rechtswissenschaftler *Ehrenzweig* zurück.[7] Hierzulande versuchen *Stoll, von Hein* und *Dornis* daraus allgemeine dogmatische Schlussfolgerungen für die Behandlung von Sicherheits- und Verhaltensregeln zu ziehen.[8]

Das Internationale Produkthaftungsrecht unter Geltung der Rom II-VO wurde bislang nur von *Rodiek* (2015)[9] und *Sammeck* (2017)[10] ausführlicher erörtert. Der Behandlung von Sicherheits- und Verhaltensregeln widmen sich die Autorinnen dabei nur am Rande.[11] Damit ist die vorliegende Arbeit die erste Untersuchung, welche sich der Behandlung von Sicherheits- und Verhaltensregeln im geltenden Internationalen Produkthaftungsrecht ausführlich widmet.

---

5 Exemplarisch: *Duintjer Tebbens*, International product liability (1980); *Lorenz* FS Eduard Wahl 1973, 285; *Wandt*, Internationale Produkthaftung (1995).

6 *Drobnig* in von Caemmerer (Hrsg.), Vorschläge und Gutachten zur Reform des deutschen internationalen Privatrechts der außervertraglichen Schuldverhältnisse, S. 298 (336f.); *Lorenz*, RabelsZ 37 (1973), 317; *Sack* FS Eugen Ulmer 1973, 495.

7 Dazu: *Jayme* GS Ehrenzweig 1976, 35.

8 Siehe: *Dornis*, SZIER 2015, 183; *von Hein* FS Hoffmann, 2011, 139; *Stoll* in von Caemmerer (Hrsg.), Vorschläge und Gutachten zur Reform des deutschen internationalen Privatrechts der außervertraglichen Schuldverhältnisse, S. 160.

9 *Rodiek*, Die Produkthaftung im Europäischen Kollisionsrecht.

10 *Sammeck*, Die internationale Produkthaftung nach Inkrafttreten der Rom II-VO im Vergleich zu der Rechtslage in den USA.

11 Siehe: *Rodiek*, Die Produkthaftung im Europäischen Kollisionsrecht, S. 151–159; *Sammeck*, Die internationale Produkthaftung nach Inkrafttreten der Rom II-VO im Vergleich zu der Rechtslage in den USA, S. 47f.

A. Sicherheits- und Verhaltensregeln im Produkthaftungsrecht

Gegenstand dieser Arbeit sind Sicherheits- und Verhaltensregeln bei der Haftung für fehlerhafte Produkte. Die Behandlung von Sicherheits- und Verhaltensnormen wird im Internationalen Privatrecht bereits seit langer Zeit diskutiert. Dabei variieren Bezeichnung und Umfang des Diskussionsgegenstandes. Schon Art. 3 Abs. 1 Code Napoléon sieht die unbedingte territoriale Geltung von Ordnungs- und Sicherheitsgesetzen vor („*Les lois de police et de sûreté obligent tous ceux qui habitent le territoire*"). Große Bedeutung hat dies zunächst bei Verkehrsunfällen zwischen zwei Inländern im Ausland.[12] Das Verhalten der Verkehrsteilnehmer muss an den örtlichen Verkehrsregeln gemessen werden, selbst wenn das Deliktsstatut an einen anderen Ort als den Unfallort anknüpft.[13] So findet sich im Haager Übereinkommen über das auf Straßenverkehrsunfälle anwendbare Recht von 1971[14] eine Sonderbestimmung zu Verkehrs- und Sicherheitsvorschriften (*règles de circulation et de sécurité*). Nach dem Übereinkommen sind unabhängig vom Deliktsstatut die am Ort und zur Zeit des Unfalls geltenden Verkehrs- und Sicherheitsvorschriften zu berücksichtigen (Art. 7). Obwohl Deutschland nie Vertragspartei dieses Übereinkommens geworden ist, differenziert die Rechtsprechung des Bundesgerichtshofes bei Auslandsunfällen entsprechend zwischen örtlichen Verkehrsregeln und dem auf die Haftungsfolgen anwendbaren Recht.[15] Neuere Kollisionsrechtsakte wie die Rom II-VO oder das Schweizer IPRG enthalten nunmehr ausdrückliche allgemeine Bestimmungen zur Berücksichtigung von Sicherheits- und Verhaltensregeln am Handlungsort.[16]

---

12 Dazu: *Pfeiffer* FS Schurig, 2012, 229 – Datumtheorie und „local data" in der Rom II-VO – am Beispiel von Straßenverkehrsunfällen; *Stoll* in von Caemmerer (Hrsg.), Vorschläge und Gutachten zur Reform des deutschen internationalen Privatrechts der außervertraglichen Schuldverhältnisse, S. 160ff.

13 BGHZ 57, 265 = BGH NJW 1972, 387; BGH VersR 1978, 541; BGH NJW-RR 1996, 732; aus der neueren Rechtsprechung zur Rom II-VO: OLG München, NZV 2017, 53; OLG München, Urteil v. 15.12.2017 – 10 U 2443/17.

14 In deutscher Übersetzung abgedruckt bei: *Jayme/Hausmann*, Internationales Privat- und Verfahrensrecht, Nr. 100. Die Bundesrepublik Deutschland hat das Übereinkommen bisher nicht gezeichnet.

15 BGHZ 57, 265 = BGH NJW 1972, 387; BGH VersR 1978, 541; BGH NJW-RR 1996, 732.

16 Art. 17 Rom II-VO; Art. 142 II IPRG (Schweiz).

Ausgangspunkt der Arbeit ist eine Abgrenzung der kollisionsrechtlichen Kategorie von Sicherheits- und Verhaltensregeln nach allgemeinen Kriterien, die auf die Produkthaftung angewendet werden (I). Der kollisionsrechtlichen Behandlung von Sicherheits- und Verhaltensregeln kommt bei der Produkthaftung entscheidende Bedeutung zu, soweit signifikante Unterschiede zwischen diesen Verhaltensregeln in unterschiedlichen Rechtsordnungen existieren. Daher wird in einem zweiten Schritt das Verhältnis von Harmonisierungsbestrebungen, innerhalb der Europäischen Union durch die Produkthaftungsrichtlinie (ProdHaftRL),[17] und dem Fortbestehen von Rechtsunterschieden im Bereich der Haftung für fehlerhafte Produkte in ausgewählten Rechtsordnungen zu untersuchen sein (II).

I. Qualifikation als Sicherheits- und Verhaltensregeln

Zunächst stellt sich die Frage, was relevante Sicherheits- und Verhaltensregeln bei der Produkthaftung sind. Aus Sicht des Kollisionsrechts bedeutet dies: Welcher Rechtsstoff kann als Sicherheits- bzw. Verhaltensregel qualifiziert werden? Beiträge zum Internationalen Produkthaftungsrecht beantworten diese Frage bislang kaum. In den nachfolgenden Ausführungen soll der Begriff der „Sicherheits- und Verhaltensregeln" im Sinne von Art. 17 Rom II-VO zunächst nach allgemeinen Kriterien abgegrenzt werden, bevor eine konkrete Einordnung von Verhaltensnormen bei der Produkthaftung erfolgt.

1. Die kollisionsrechtliche Kategorie der Sicherheits- und Verhaltensregeln im Sinne von Art. 17 Rom II-VO

Das geltende Kollisionsrecht der außervertraglichen Schuldverhältnisse ist seit dem Inkrafttreten der Rom II-VO im Jahr 2009 unionsrechtlich harmonisiert. Nach Art. 17 Rom II-VO sind bei der Beurteilung des Verhaltens der Person, deren Haftung geltend gemacht wird „Sicherheits- und Verhaltensregeln" am Ort der haftungsbegründenden Handlung „faktisch und soweit angemessen" zu berücksichtigen. Auf die Funktion dieser Berücksichtigungsnorm und deren Rechtsfolgen wird im weiteren Verlauf dieser Untersuchung noch detailliert eingegangen.[18] Zur Abgrenzung des Untersuchungsgegenstandes geht es an

17 Richtlinie 85/374/EWG des Rates vom 25. Juli 1985 zur Angleichung der Rechts- und Verwaltungsvorschriften der Mitgliedstaaten über die Haftung für fehlerhafte Produkte, ABl. 1985 L 210, 29.

18 Siehe Gliederungspunkt D.I.1.

dieser Stelle zunächst nur um die Kategorie der bezeichneten „Sicherheits- und Verhaltensregeln".

a) *Wortlaut*

Vorschriften des Unionsrechts sind nach der Rechtsprechung des Europäischen Gerichtshofs (EuGH) in der Regel „autonom" und einheitlich, d.h. ohne Rückgriff auf das Recht der Mitgliedstaaten auszulegen.[19] Ausgangspunkt für die Auslegung ist der Wortlaut einer unionsrechtlichen Norm unter Beachtung der gleichberechtigten Sprachfassungen der EU-Amtssprachen.[20] Die Rom II-VO verwendet den Begriff der „Sicherheits- und Verhaltensregeln", ohne eine ausdrückliche Definition im Verordnungstext zu enthalten. Erwägungsgrund 34 der Verordnung umschreibt sie als „Vorschriften, die in Zusammenhang mit Sicherheit und Verhalten stehen, einschließlich beispielsweise der Straßenverkehrssicherheit im Falle eines Unfalls". Jenseits von Verkehrsunfällen als klassischem Anwendungsbereich des Art. 17 Rom II-VO hilft diese vage Umschreibung wenig weiter. Die deutsche Fassung des Erwägungsgrundes 34 Rom II-VO setzt die Sicherheits- und Verhaltensregeln mit „Vorschriften" gleich. Dies könnte nahelegen, dass die Sicherheits- und Verhaltensregeln den Charakter von Ordnungsgesetzen haben müssen. Allerdings lässt ein Vergleich mit anderen Sprachfassungen („rules of conduct and safety", „règles de sécurité et de comportement") diesen Schluss nicht zu. Inhaltlich kann es keinen Unterschied machen, ob in einer Rechtsordnung Sicherheits- und Verhaltensregeln durch Gesetz oder richterrechtlich ausgestaltet sind.[21] Ferner können solche Regeln – wie im Fall der Straßenverkehrsregeln – dem öffentlichen Recht angehören, sie können aber ebenso privatrechtlicher Natur sein.[22]

b) *Entstehungsgeschichte*

Neben dem Wortlaut sind für die Auslegung sekundärrechtlicher Vorschriften des Unionsrechts systematische, historisch-genetische und teleologische

---

19 EuGH, Urteil v. 6.10.1982 – Rs. 283/81, Slg. 1982, 3415 Rn. 19 – C.I.L.F.I.T.; Urteil v. 18.1.1984 – Rs. 327/82, Slg. 1984, 107 Rn. 11 – Ekro; Urteil v. 27.1.2005 – Rs. C-188/03, Slg. 2005, I-885 Rn. 29 – Junk; und seither ständige Rspr.

20 *Riesenhuber*, in Riesenhuber (Hrsg.), Europäische Methodenlehre, S. 204f.

21 *Dickinson*, The Rome II Regulation, Rn. 15.32.

22 MüKo-BGB/*Junker*, Art. 17 Rom II-VO Rn. 10.

Argumente heranzuziehen.[23] Hinsichtlich der Entstehungsgeschichte des Art. 17 Rom II-VO ist die Begründung des Kommissionsvorschlags aufschlussreich. Demnach „basiert" die Berücksichtigungsnorm für Sicherheits- und Verhaltensregeln auf den „entsprechenden Artikeln" der Haager Übereinkommen über das auf Verkehrsunfälle und das auf die Produkthaftung anwendbare Recht.[24] „Entsprechende Grundsätze" seien im Kollisionsrecht fast aller Mitgliedstaaten entweder ausdrücklich festgeschrieben oder von der Rechtsprechung anerkannt.[25] Diese Gesetzesbegründung relativiert das Gebot „autonomer" Auslegung und macht deutlich, dass bei der Anwendung des Art. 17 Rom II-VO auch Rechtsprechung und Literatur zu Sicherheits- und Verhaltensregeln, die vor Inkrafttreten der Rom II-VO entstanden sind, nicht ausgeblendet werden dürfen.

c) Regelungszweck und Systematik

Bei einer Abgrenzung der „Sicherheits- und Verhaltensregeln" ist der Regelungszweck des Art. 17 Rom II-VO zu beachten. Die Vorschrift beruht auf dem Gedanken, dass sich die Parteien eines möglichen Haftungsverhältnisses auf die am Ort und zum Zeitpunkt des haftungsbegründenden Ereignisses geltenden Sicherheits- und Verhaltensregeln einstellen müssen.[26] Der Geschädigte hat ein berechtigtes Vertrauen auf die Einhaltung bestimmter örtlicher Regeln. Der potentiell Haftpflichtige andererseits richtet sein Verhalten an diesen Regeln aus, um eine deliktische Haftung zu vermeiden.

In der international-privatrechtlichen Literatur wird die Berücksichtigung örtlicher Verkehrsregeln seit jeher als Ausdruck eines kollisionsrechtlichen Vertrauensprinzips verstanden.[27] *Von Hoffmann* knüpft die Erwartung der Parteien,

---

23 Siehe im Einzelnen: *Riesenhuber*, in Riesenhuber (Hrsg.), Europäische Methodenlehre, S. 204–224.

24 Vorschlag für eine Verordnung des Europäischen Parlaments und des Rates über das auf außervertragliche Schuldverhältnisse anzuwendende Recht, KOM(2003) 427 endgültig, S. 28.

25 AaO.

26 Rauscher/*Jakob/Picht* Europäisches Zivilprozess- und Kollisionsrecht, Art. 17 Rom II-VO Rn. 4; der Ort des „haftungsbegründenden Ereignisses" iSv Art. 17 Rom II-VO bezeichnet gemäß Erwägungsgrund 34 den Ort, an dem die „schädigende Handlung" begangen wurde, vgl. dazu noch Gliederungspunkt D.II.

27 V*on Hein* FS Hoffmann 2011, 139 (140); *Stoll* in von Caemmerer (Hrsg.), Vorschläge und Gutachten zur Reform des deutschen internationalen Privatrechts der außervertraglichen Schuldverhältnisse, S. 160 (173f.); *Umbricht/Rodriguez/Krüsi* in Honsell (Hrsg.), Internationales Privatrecht (Basler Kommentar), Art. 142 Rn. 16.

die auf die Geltung von Sicherheitsregeln am Tatort gerichtet ist, an den verhaltenssteuernden Charakter dieser Regeln.[28] Im Ergebnis stellt er damit auf einen teleologischen Begriff der „Sicherheits- und Verhaltensregeln" ab, der sich auf den Normzweck der Verhaltensregulierung bezieht.[29] Entsprechend definieren *Jakob* und *Picht* eine Verhaltensregel im Sinne von Art. 17 Rom II-VO als jegliche „verhaltensleitende" Norm, gleich ob sie ein Verhalten vorschreibt, erlaubt oder verbietet.[30] Dieser funktionalen Definition schließt sich der Oberste Gerichtshof Österreichs in einem Urteil vom 9. Oktober 2014 an.[31] Für ein solches Verständnis lässt sich eine Parallele zur Abgrenzung von verhaltenssteuernden (*conduct regulating*) und schadenszuweisenden (*loss allocating*) Regeln im US-amerikanischen Kollisionsrecht ziehen.[32] Vergleicht man Verhaltensregeln mit den *conduct regulating rules*, so steuern diese Regeln das Verhalten der Parteien unmittelbar und dienen dadurch der Schadensprävention (*admonitory effect*).[33] Die Begriffseinheit „Sicherheits- und Verhaltensregeln" in Art. 17 Rom II-VO stellt lediglich klar, dass es sich um Verhaltensregeln handelt, die auf Sicherheit im weiteren Sinne bezogen sind.[34]

Eine teleologische Betrachtung erlaubt eine Abgrenzung der Verhaltensregeln von solchen Normen, die nach Eintritt des Schadensfalls Art und Weise der Kompensation regeln (z.B. § 249 BGB).[35] Ferner abzugrenzen sind solche Normen, die den Inhalt der Haftung beschränken (z.B. § 253 BGB) und besondere Haftungszuweisungen darstellen. Zu dieser Gruppe von haftungszuweisenden Normen zählt im Unionsrecht beispielsweise Art. 3 Abs. 3 ProdHaftRL, der die Haftung für ein fehlerhaftes Produkt auf den Lieferanten überleitet, wenn sich der Hersteller des Produktes nicht ermitteln lässt. Verfolgt eine Norm im Einzelfall mehrere Zwecke, so ist nach dem Schwerpunkt ihrer Zielsetzung zu entscheiden.[36]

---

28 *Von Hein* FS Hoffmann 2011, 139 (140).

29 Weitergehend zu den Funktionen des Art. 17 Rom II-VO: Gliederungspunkt D.I.1.

30 Rauscher/*Jakob*/*Picht* Europäisches Zivilprozess- und Kollisionsrecht, Art. 17 Rom II-VO Rn. 4.

31 OGH (Österreich), Urt. v. 9.10.2014 - 3Ob8/14v, unalex AT-962.

32 NK-BGB/*Lehmann*, Art. 17 Rom II-VO Rn. 36; siehe dazu noch ausführlich Gliederungspunkt C.II.4.

33 Vgl. *Schultz v. Boy Scouts of America*, 65 N.Y.2d 189, 198 (1985).

34 MüKo-BGB/*Junker*, Art. 17 Rom II-VO Rn. 11.

35 Vgl. vor Inkrafttreten der Rom II-VO: BGHZ 57, 265 = BGH NJW 1972, 387 – der zwischen Verhaltensnormen, der Haftung selbst und ihren Folgen unterscheidet.

36 Z.B. kann eine Bestimmung von Schadensersatz – gerade in Form von *punitive damages* – neben der Schadenszuweisung zwar auch der Verhaltenssteuerung dienen,

Der Normzweck der Verhaltensregulierung bietet folglich einen brauchbaren Ausgangspunkt für die Einordnung als „Sicherheits- und Verhaltensregeln". Die Verhaltensregulierung geschieht insbesondere durch Verkehrsregeln, aus denen sich ein situationsbezogener Sorgfaltsmaßstab für das Verhalten der beteiligten Personen ableiten lässt.[37] An diesem Maßstab wird das Verhalten gemessen und dadurch die Pflichtwidrigkeit einer schädigenden Handlung beurteilt.[38] Im Ergebnis umschreiben Sicherheits- und Verhaltensregeln den am Handlungsort einzuhaltenden Pflichtenmaßstab.

Über diesen Pflichtenmaßstab hinaus qualifizieren einzelne Autoren den gesamten Haftungsgrund von Deliktsnormen als Verhaltensregel.[39] So argumentiert *Dornis* unter Verweis auf strafrechtliche Dogmatik, dass der gesamte haftungsbegründende Tatbestand, der ein bestimmtes Verhalten für „unzulässig" erklärt, das Verhalten der Verkehrsteilnehmer unmittelbar steuere und folglich als Verhaltensnorm einzuordnen sei. Gegen eine solche Ausdehnung des Begriffs der „Sicherheits- und Verhaltensregeln" im Sinne von Art. 17 Rom II-VO sprechen aber systematische Gründe. Gemäß Art. 15 lit. a Rom II-VO sind „Grund" und „Umfang" der Haftung ausdrücklich dem zur Anwendung berufenen Haftungsrecht unterstellt. Es ist zentrale Aufgabe des Deliktsstatutes, den Kreis rechtlich geschützter Güter oder Schadenspositionen zu bestimmen.[40] Den gesamten haftungsbegründenden Tatbestand von Deliktsnormen als Verhaltensregel zu qualifizieren und diese nach Art. 17 Rom II-VO ggf. einer statutsfremden Rechtsordnung zu entnehmen, wäre damit schlechthin unvereinbar. Weiterhin sind objektive Verhaltensregeln schon begrifflich von der subjektiven Vorwerfbarkeit ihrer Übertretung zu trennen. Damit sind der Grad des Verschuldens, der für eine Haftung erforderlich ist, und die subjektiven Elemente des Verschuldens von den Verhaltensregeln zu unterscheiden.[41]

---

allerdings ist ihre Signalwirkung für die Verhaltenssteuerung gegenüber Sicherheits- und Verhaltensregeln reduziert, siehe: *Dornis*, SZIER 2015, 183 (202).

37 Zu Verkehrsunfällen: BGH NJW-RR 1996, 732 (733); *Pfeiffer* FS Schurig 2012, 229 (232).

38 Vgl. *Umbricht/Rodriguez/Krüsi* in Honsell (Hrsg.), Internationales Privatrecht (Basler Kommentar), Art. 142 Rn. 16; *Wagner*, IPrax 2008, 1 (6).

39 *Von Bar* JZ 1985, 961 (968); *Dornis*, SZIER 2015, 183 (201–203).

40 *Kegel/Schurig*, Internationales Privatrecht, § 18 IV 2.

41 So auch: MüKo-BGB/*Junker*, Art. 17 Rom II-VO Rn. 17; *Pfeiffer* FS Schurig 2012, 229 (232); bereits vor Inkrafttreten der Rom II-VO: BGH VersR 1978, 541.

d) Schlussfolgerung

Die Rom II-VO verwendet in Art. 17 den Begriff der „Sicherheits- und Verhaltensregeln", ohne ihn präzise zu definieren. Von den anerkannten Auslegungskriterien des Unionsrechts eignet sich zur Begriffsbildung insbesondere die teleologische Auslegung. Nach dem von Art. 17 Rom II-VO verfolgten Zweck der örtlichen Verhaltenssteuerung umschreiben „Sicherheits- und Verhaltensregeln" den am Handlungsort einzuhaltenden objektiven Pflichtenmaßstab.

Damit stellt sich die Frage, welchen Inhalt die bezeichneten Regeln im Bereich der Produkthaftung haben. In diesem Rechtsgebiet werden ganz unterschiedliche Verhaltensanforderungen aufgestellt, die der Prävention von Schäden durch fehlerhafte Produkte dienen. *Wandt* stellt in seinen Ausführungen zum kollisionsrechtlich besten Verhaltenssteuerungsrecht bei der Produkthaftung – eher beiläufig – öffentlich-rechtliche Sicherheitsanforderungen und den haftungsrechtlichen Standard für die Sicherheit des allgemeinen Verkehrs gegenüber.[42] Diese Differenzierung zeigt, dass Sicherheits- und Verhaltensregeln bei der Produkthaftung sowohl dem Öffentlichen Recht als auch dem Privatrecht entspringen können. In Betracht kommen hier einerseits öffentlich-rechtliche Produktsicherheitsvorschriften sowie andererseits Verhaltensanforderungen an den Hersteller, die sich aus dem Deliktsrecht ergeben.

2. Produktsicherheitsvorschriften

Im Internationalen Produkthaftungsrecht existiert der Begriff der „Sicherheits- und Verhaltensregeln" bereits seit Jahrzehnten. Das Haager Übereinkommen über das auf die Produkthaftung anwendbare Recht vom 2.10.1973 (HPÜ)[43] enthält eine besondere Vorschrift über die Berücksichtigung von „Verhaltens- und Sicherheitsregeln" (Art. 9) am Ort des Inverkehrbringens. Zwar fand das Abkommen nur geringe Verbreitung, jedoch „basiert" Art. 17 Rom II-VO nach der Begründung der Kommission nicht zuletzt auf dieser Norm und enthält eine „entsprechende" Regelung.[44] In seinem erläuternden Bericht zu Art. 9 HPÜ schreibt der Berichterstatter *Reese* zum Begriff der „Verhaltens- und Sicherheitsregeln": *„The words ‚conduct and safety' should (...) be interpreted in a broad sense*

42 *Wandt*, Internationale Produkthaftung, § 14 Rn. 764.

43 Abgedruckt in: RabelsZ 37 (1973), 594.

44 Vorschlag für eine Verordnung des Europäischen Parlaments und des Rates über das auf außervertragliche Schuldverhältnisse anzuwendende Recht, KOM(2003) 427 endgültig, S. 28; siehe auch: *Symeonides*, Am. J. Comp. Law 56 (2008), 173 (176, 211).

to include all regulations having any relation with the safety of a product.“[45] Konstruktion, Beschaffenheit, Herstellung und Darbietung von Produkten unterliegen oftmals einer umfangreichen Regulierung.[46] Das öffentlich-rechtliche Produktsicherheitsrecht enthält produktbezogene Anforderungen – beispielsweise an die Bremsleistung eines Pkws – die auf das Inverkehrbringen und den Vertrieb von Produkten bezogen sind.[47] Davon abzugrenzen sind Bestimmungen des Arbeitsschutzes, die sich zwar auf die Gestaltung des Produktionsvorgangs auswirken mögen, aber nicht produktbezogen sind.[48]

Für die Qualifikation von Produktanforderungen als Sicherheitsregeln sind ihr Inhalt und ihre Einordnung am Beispiel des deutschen Produktsicherheitsrechts kurz darzustellen. Dabei ist zu beachten, dass sich die Regelungen des Produktsicherheitsrechtes auf einer der Haftung vorgelagerten Ebene befinden. Als öffentlich-rechtliches Warenvertriebsrecht[49] regelt das Produktsicherheitsrecht die *Verkehrsfähigkeit* von Produkten auf dem Markt und soll zunächst verhindern, dass Schäden durch fehlerhafte Produkte überhaupt erst entstehen. Die Entwicklung des Produktsicherheitsrechts ist stark durch europarechtliche Entwicklungen geprägt, wie im weiteren Verlauf der Untersuchung noch zu beschreiben ist.[50] Mit zunehmender Strukturierung übt das Produktsicherheitsrecht allerdings immer mehr Einfluss auf das Verhalten des Herstellers aus.[51] Damit steht es in einem engen Bezug zum Produkthaftungsrecht, das dazu dient, entstandene Schäden *ex post* auszugleichen.[52]

a) Allgemeine Vorschriften beim Warenvertrieb

Das Produktsicherheitsgesetz (ProdSG) stellt seit 2011 den Rahmen des technischen Sicherheitsrechtes in Deutschland dar. Auf Grundlage der Allgemeinen

---

45 *Reese*, Convention sur la loi applicable à la responsabilité du fait des produits - Rapport explicatif, S. 269.

46 *Duintjer Tebbens*, International product liability, S. 121.

47 *Reese*, Convention sur la loi applicable à la responsabilité du fait des produits - Rapport explicatif, S. 269.

48 Vgl. *Duintjer Tebbens*, International product liability, S. 351.

49 *Klindt*, EuZW 2002, 133 (136).

50 Siehe unten Gliederungspunkt A.II.1.a).

51 *Lenz*, Produkthaftung, § 8 Rn. 124.

52 *Stober*, Allgemeines Wirtschaftsverwaltungsrecht, § 55 III, 3; dieser Zusammenhang wird in Gliederungspunkt B.III. noch im Einzelnen untersucht.

Produktsicherheitsrichtlinie 2001/95/EG[53] enthält es zunächst eine Generalklausel. Gemäß § 3 Abs. 1 Nr. 2, Abs. 2 S. 1 ProdSG dürfen nur solche Produkte auf dem Markt bereitgestellt werden, die bei bestimmungsgemäßer oder vorhersehbarer Verwendung die Sicherheit und Gesundheit von Personen nicht gefährden. Nach der Bereitstellung auf dem Markt sind Hersteller und Vertreiber von Verbraucherprodukten[54] verpflichtet, Stichproben auf dem Markt durchzuführen, Beschwerden nachzugehen, zu Tage tretende Gefahren den Marktüberwachungsbehörden zu melden und ggf. Rückrufe zu veranlassen (§ 6 Abs. 2–4 ProdSG).

b) Produktspezifische Vorschriften und technische Normen

Neben den allgemeinen Bestimmungen müssen Hersteller produktspezifische Vorschriften beachten. Auf der Grundlage der Verordnungsermächtigung des § 8 ProdSG existiert eine Reihe von Sicherheitsverordnungen (ProdSV), die zur Umsetzung produktgruppenspezifischer Richtlinien dienen.[55] Als wichtiges Beispiel kann die Maschinenrichtlinie 2006/42/EG[56] genannt werden, welche durch die 9. ProdSV umgesetzt wird. Diese Richtlinien beschränken sich auf die Normierung von grundlegenden Sicherheitserwartungen, welche für die spezifische Produktgruppe gelten.[57]

Für die Konkretisierung dieser Sicherheitserwartungen spielen technische Normen (*standards*) eine zentrale Rolle. Unter dem Dach des *Comité européen de normalisation* (CEN) sind die Normungsverbände der Mitgliedstaaten wie z.B. das Deutsche Institut für Normung e.V. organisiert. Branchenvertreter erarbeiten dort Industriestandards mit detaillierten technischen Spezifikationen. Die private Normungstätigkeit erfolgt auf Veranlassung von Verbandsmitgliedern oder auf Vorschlag der EU-Kommission (vgl. Art. 4 Abs. 1 lit. b Richtlinie 2001/95/EG).[58]

---

53 Richtlinie 2001/95/EG des Europäischen Parlaments und Rats vom 3. Dezember 2001 über die allgemeine Produktsicherheit, ABl. 2002 L 11, 4.

54 Der Begriff des Verbraucherproduktes ist so weit, dass auch zahlreiche für kommerzielle Verwender bestimmte („B2B“) Produkte darunterfallen, siehe: *Gauger/Hartmannsberger*, NJW 2014, 1137 (1138).

55 Dazu: Klindt/*Wende*, Produktsicherheitsgesetz, § 8 Rn. 16–40.

56 Richtlinie 2006/42/EG des Europäischen Parlaments und des Rates vom 17. Mai 2006 über Maschinen und zur Änderung der Richtlinie 95/16/EG, ABl. 2006 L 157, 24.

57 Zur Entwicklung dieser *nouvelle approche* im EU-Produktsicherheitsrecht siehe unten Gliederungspunkt A.II.1.a).

58 *Schepel*, The constitution of private governance, S. 104.

Dabei ist zu beachten, dass technische Normen keine zwingenden Rechtsnormen darstellen.[59] Sofern der Hersteller anerkannte technische Normen beachtet hat, wird allerdings vermutet, dass sein Produkt den Anforderungen des Produktsicherheitsrechtes entspricht. Diese Konformitätsvermutung gilt zunächst für europäisch-harmonisierte Normen, die im Amtsblatt der Europäischen Union veröffentlicht wurden (§ 4 Abs. 2 ProdSG). Dieselbe Wirkung hat die Einhaltung deutscher technischer Normen, deren Fundstelle im Gemeinsamen Ministerialblatt publiziert wurde (§ 5 Abs. 2 ProdSG). Im Ergebnis ergänzen technische Normen den Rahmen des öffentlich-rechtlichen Produktsicherheitsrechtes und entlasten den Gesetzgeber von einer detaillierten Normierung produktspezifischer Sicherheitsvorschriften.[60]

c) Schlussfolgerung

Sowohl die allgemeinen als auch die spezifischen Produktsicherheitsanforderungen beschreiben den beim Vertrieb von Waren auf einem Absatzmarkt einzuhaltenden Pflichtenmaßstab. Als Gefahrenabwehrrecht dienen die Produktsicherheitsvorschriften der Prävention von Schäden durch gefährliche Produkte.[61] Aus der Sicht des Internationalen Produkthaftungsrechtes sind sie folglich als Sicherheits- und Verhaltensregeln im Sinne von Art. 17 Rom II-VO zu qualifizieren.[62] Technische Normen spielen aufgrund der gesetzlichen Konformitätsvermutung eine wichtige Rolle, um diese Sicherheitsvorschriften in Bezug auf konkrete Produktgruppen auszuformen.

3. Deliktische Verhaltensregeln

Auch auf der Ebene des sachrechtlichen Produkthaftungsrechtes selbst finden sich zahlreiche Verhaltensregeln. Sicherheits- und Verhaltensregeln beschreiben den am Handlungsort einzuhaltenden objektiven Pflichtenmaßstab. Im Bereich

59 BVerwG, NVwZ-RR 1997, 214.

60 Vgl. *Anselmann* in Müller-Graff (Hrsg.), Technische Regeln im Binnenmarkt, S. 101 (105–107); *Schepel*, The constitution of private governance, S. 74.

61 Vgl. Erwägungsgründe 3, 18 und 20 Richtlinie 2001/95/EG; sowie: *Stober/Eisenmenger*, Besonderes Wirtschaftsverwaltungsrecht, § 54 III 2.

62 So auch: *Stoll* in von Caemmerer (Hrsg.), Vorschläge und Gutachten zur Reform des deutschen internationalen Privatrechts der außervertraglichen Schuldverhältnisse, S. 160 (176) - für das Gesetz über technische Arbeitsmittel vom 24.6.1968, BGBl. I. 717; *Umbricht/Rodriguez/Krüsi* in Honsell (Hrsg.), Internationales Privatrecht (Basler Kommentar), Art. 142 Rn. 15.

der (Fahrlässigkeits-)Haftung für fehlerhafte Produkte existieren verschiedene an den Hersteller und andere Personen der Vertriebskette gerichtete Verhaltensanforderungen. Im Einzelnen ist zwischen der allgemeinen deliktischen Produzentenhaftung und der verschuldensunabhängigen Produkthaftung im engeren Sinne zu unterscheiden.

a) Produzentenhaftung

Die Grundsätze der Produzentenhaftung wurden im deutschen Recht als Richterrecht aus dem allgemeinen Deliktsrecht entwickelt.[63] Schäden durch fehlerhafte Produkte können dem Produzenten nur mittelbar zugerechnet werden. Bei solchen mittelbaren Rechtsgutverletzungen muss die Existenz und Reichweite deliktischer Verhaltenspflichten gesondert festgestellt werden.[64] Die Festlegung des maßgeblichen Verhaltensstandards als das unter den gegebenen Umständen rechtlich erforderliche Verhalten ist für die Fahrlässigkeitshaftung von zentraler Bedeutung.[65]

Zur Konkretisierung dieses rechtlich erforderlichen Verhaltens wurden im deutschen Deliktsrecht situationsbezogene Verkehrspflichten entwickelt. Ob diese Verkehrspflichten als Teil des Tatbestandes (Lehre vom Erfolgsunrecht)[66] oder als Teil der Rechtswidrigkeit (Lehre vom Handlungsunrecht)[67] anzusehen sind, kann hier offenbleiben. Jedenfalls umschreiben die Verkehrspflichten bei der Produkthaftung die Erwartungen eines Absatzmarktes an die Sicherheit der dort vertriebenen Produkte.[68] Sie definieren einen objektiven Pflichtenmaßstab, der unmittelbar auf die Prävention von Schäden durch fehlerhafte Produkte gerichtet ist. Folglich sind sie aus der Sicht des Art. 17 Rom II-VO als Verhaltensregeln zu qualifizieren.[69] Dass Verkehrspflichten durch Richterrecht ausgeformt werden, darf für diese Einordnung keinen Unterschied machen.[70]

---

63 Grundlegend: BGHZ 51, 91 = BGH NJW 1969, 269 – „Hühnerpest".

64 Vgl. MüKo-BGB/*Wagner*, § 823 BGB Rn. 22.

65 *Brüggemeier*, Prinzipien des Haftungsrechts, S. 63.

66 *Larenz/Canaris*, Lehrbuch des Schuldrechts II/2 § 75 II 3 c; Erman/*Schiemann* § 823 BGB Rn. 76; MüKo-BGB/*Wagner*, § 823 Rn. 391.

67 *Von Bar*, Verkehrspflichten, S. 174f.; *Esser/Weyers*, Schuldrecht BT/2 § 55 II 2.

68 Siehe Gliederungspunkt C.I. zur Frage, warum der Marktstaat am besten geeignet ist, diesen Verhaltensstandard zu definieren.

69 So bereits zu Art. 9 Haager Produkthaftungsübereinkommen: *Sack* FS Eugen Ulmer 1973, 495 (499).

70 *Dickinson*, The Rome II Regulation, Rn. 15.32 – unter ausdrücklichem Bezug auf den deutschen Begriff der Verkehrspflichten.

In der allgemeinen deliktischen Produzentenhaftung existieren differenzierte Verkehrspflichten in Bezug auf Entwicklung, Herstellung und Vertrieb von Produkten. Der Warenhersteller muss diejenigen Maßnahmen treffen, die im konkreten Fall zur Vermeidung bzw. Beseitigung einer Gefahr sowohl erforderlich als auch zumutbar sind.[71] Verletzt er diesen Verhaltensstandard, so wird zwischen Konstruktionsfehlern, Fabrikationsfehlern und Instruktionsfehlern unterschieden.[72]

Die Rechtsprechung hat detaillierte Vorgaben zu diesen verbreiteten Kategorien von verkehrswidrigem Verhalten entwickelt. Hinsichtlich Konstruktionsfehlern verpflichtet der Bundesgerichtshof den Hersteller in seinem Airbag-Urteil aus dem Jahr 2009 jegliche Sicherungsmaßnahmen zu ergreifen, „die nach dem im Zeitpunkt des Inverkehrbringens des Produkts vorhandenen neuesten Stand der Wissenschaft und Technik konstruktiv möglich sind".[73] Diesem Maßstab ist nicht genügt, „wenn nach gesichertem Fachwissen der einschlägigen Fachkreise (…) eine sicherheitstechnisch überlegene Alternativkonstruktion zum Serieneinsatz bereit ist".[74] Im Gegenzug muss eine Sicherheitsmaßnahme unter Abwägung aller Umstände des Einzelfalls wirtschaftlich zumutbar sein. Dabei darf sich der Hersteller unter anderem auf Produktionskosten und Absatzchancen für ein entsprechend verändertes Produkt stützen.[75] Der Bundesgerichtshof erwähnt in diesem Zusammenhang ausdrücklich die im amerikanischen Recht unter Einfluss der rechtsökonomischen Analyse entwickelte Kosten-Nutzen-Abwägung.[76] Praktiker haben zu Recht die branchenübergreifende Bedeutung dieser Vorgaben für Produktdesign und Haftungsvermeidung betont.[77]

Im Gegensatz zum Warenhersteller unterliegen andere Personen der Vertriebskette, wie Großhändler oder Importeure, keinen umfassenden Verkehrspflichten aus § 823 Abs. 1 BGB zur Überprüfung des Produktes auf Konstruktions- oder Fabrikationsfehler. Sie sind grundsätzlich nur für solche Mängel verantwortlich, die sie ohne eingehende Prüfung erkennen können oder wenn die Umstände des Falles eine (stichprobenartige) Überprüfung

---

71 *Lenz,* Produkthaftung, § 3 Rn. 187 mit weiteren Nachweisen.

72 *Foerste* in Foerste/Graf von Westphalen (Hrsg.), Produkthaftungshandbuch, § 24 Rn. 69.

73 BGHZ 181, 253 (259) = BGH NJW 2009, 2952 (2953) Rn. 16.

74 AaO.

75 BGHZ 181, 253 (260) = BGH NJW 2009, 2952 (2954) Rn. 18.

76 Dazu näher siehe Gliederungspunkt A.II.2.a)aa).

77 *Klindt/Handorn* NJW 2010, 1105 (1107, 1108).

nahelegen.[78] Eine weitergehende Verantwortlichkeit für die konstruktive Sicherheit eines Produktes besteht nach der Rechtsprechung allerdings dann, wenn das Produkt unter dem eigenen Markennamen vertrieben wird und damit eine besondere Erwartung an dessen Sicherheit erzeugt wird.[79]

Nach dem Inverkehrbringen des Produktes bestehen Verkehrspflichten im Hinblick auf die Beobachtung des Produktes. Wenn sich ein Produkt im Nachhinein als gefährlich erweist, bestehen zunächst Hinweis- und Warnpflichten.[80] Noch weitergehend leitet der Bundesgerichtshof aus § 823 Abs. 1 BGB eine positive Pflicht des Warenherstellers zum Produktrückruf ab, soweit eine bloße Warnung zur Gefahrabwendung nicht ausreichend ist.[81] Eine solche Pflicht bestehe, wenn die Warnung den Benutzern des Produktes nicht ermöglicht, die Risiken hinreichend einzuschätzen oder die naheliegende Gefahr besteht, dass sie sich über die Warnung hinwegsetzen und dadurch Dritte gefährden.[82] Auch Vertriebshändler mit Monopolstellung und Importeure können passive Produktbeobachtungspflichten treffen, Kundenbeschwerden zu sammeln und an den Hersteller weiterzuleiten.[83]

Die dargestellten Fallgruppen beschreiben Verhaltensanforderungen in den Bereichen der Konstruktion, Fabrikation, Instruktion und Produktbeobachtung. So umschreibt die Gesamtheit der richterrechtlich entwickelten Verhaltensregeln den deliktisch erforderlichen und zumutbaren Maßstab von Produktsicherheit. Dieser Maßstab dient der Vermeidung von Schäden durch fehlerhafte Produkte. Damit sind die Verkehrspflichten des Warenherstellers und weiterer Personen der Vertriebskette unter den Begriff der Sicherheits- und Verhaltensregeln i.S.v. Art. 17 Rom II-VO zu subsumieren.[84]

Es mag den Begriff der Verhaltensregeln weit erscheinen lassen, die Vielfalt der aufgezeigten Verkehrspflichten aus einer allgemeinen Deliktsnorm zu

---

78 MüKo-BGB/*Wagner*, Band 5, § 823 BGB Rn. 791, 794.

79 BGH NJW-RR 1995, 342 (343).

80 *Foerste* in Foerste/Graf von Westphalen (Hrsg.), Produkthaftungshandbuch, § 24 Rn. 309–325.

81 BGHZ 179, 157 (160) = BGH NJW 2009, 1080 Rn. 11.

82 Kritisch zur Reichweite einer solchen Pflicht: *Foerste* in Foerste/Graf von Westphalen (Hrsg.), Produkthaftungshandbuch, § 24 Rn. 340–364 – unter Hinweis auf den Verantwortungsbereich des Produktverwenders.

83 BGH NJW 1994, 517 (519) – „Gewindeschneidemittel I"; BGH NJW-RR 1995, 342 (343) – „Gewindeschneidemittel II".

84 So auch: *Dickinson*, The Rome II Regulation, Rn. 15.32 – unter ausdrücklichem Bezug auf den deutschen Begriff der Verkehrspflichten.

erfassen. Dies spiegelt aber die Tatsache wider, dass § 823 BGB einen sanktionsbewehrten Verhaltensmaßstab enthält,[85] an dem Hersteller ihren Warenvertrieb im Rahmen einer *Compliance*-Strategie ausrichten.[86] Ein weites Verständnis von Verhaltensnormen ist schließlich auch insofern gerechtfertigt, als Art. 17 Rom II-VO deren Berücksichtigung nicht umfassend, sondern lediglich „soweit angemessen" vorsieht.[87] Der Umfang einer solchen Berücksichtigung wird an späterer Stelle dieser Untersuchung beleuchtet.[88]

b) Produkthaftungsrichtlinie

Neben der Haftung aus allgemeinem Deliktsrecht wurde auf Grundlage der Produkthaftungsrichtlinie 85/374/EG (ProdHaftRL)[89] eine Gefährdungshaftung des Herstellers für fehlerhafte Produkte nach dem Produkthaftungsgesetz (ProdHaftG) geschaffen. Allerdings kommt der Produzentenhaftung nach dem allgemeinen Deliktsrecht weiterhin praktische Bedeutung zu, weil die Haftung nach der Richtlinie verschiedene Beschränkungen hat. So beinhaltet die Richtlinie keine Verhaltenspflichten zur Produktbeobachtung.[90] Sie erstreckt sich nicht auf Sachschäden durch gewerblich genutzte Güter (Art. 9 lit. b ProdHaftRL).[91] Weiterhin macht der deutsche Gesetzgeber von der Option der Richtlinie Gebrauch, eine Haftungsobergrenze von 85 Millionen Euro (§ 10 ProdHaftG) sowie eine Selbstbeteiligung des Geschädigten bei Sachschäden (§ 11 ProdHaftG) vorzusehen.

Bei der Richtlinienhaftung fällt die Qualifikation von Verhaltensregeln schwerer als im allgemeinen Deliktsrecht, da nur ein mittelbarer Bezug der Haftung zum Verhalten des Herstellers erkennbar ist. So handelt es sich nach den Vorstellungen des Gemeinschaftsgesetzgebers um eine „verschuldensunabhängige" (Gefährdungs-)Haftung.[92] Maßgeblich wird an die Fehlerhaftigkeit eines Produktes und nicht an ein individuell vorwerfbares Fehlverhalten

---

85 Vgl. *Wagner*, IPrax 2008, 1 (6).

86 Dazu aus Praktikersicht: *Klindt/Handorn* NJW 2010, 1105 (1108).

87 Vgl. NK-BGB/*Lehmann*, Art. 17 Rom II-VO Rn. 32, 34.

88 Siehe Gliederungspunkt D.IV.

89 Richtlinie 85/374/EWG des Rates vom 25. Juli 1985 zur Angleichung der Rechts- und Verwaltungsvorschriften der Mitgliedstaaten über die Haftung für fehlerhafte Produkte, ABl. 1985 L 210, 29.

90 EuGH, Urt. v. 25.4.2002 – Rs. C-52/00, Slg. I-2002, 3827 Rn. 47.

91 Dazu: EuGH, Urt. v. 4.6.2009 – Rs. C-285/08 Slg. I-2009, 4735 – Moteurs Leroy Somer/ Dalkia France.

92 Erwägungsgrund 2 Richtlinie 85/374/EG; BT-Drucksache 11/2447, S. 10.

angeknüpft.[93] Dies zeigt sich insbesondere an der über das allgemeine Deliktsrecht hinausgehenden Haftung für sog. „Ausreißer“, d.h. Fabrikationsfehler, die trotz sorgfältigem Herstellerverhalten nicht vermieden werden konnten.[94]

Damit ist fraglich, ob die Produkthaftung im engeren Sinne überhaupt als Quelle von Verhaltensregeln in Betracht kommt. So zweifelt die US-amerikanische Rechtsprechung und Lehre bei der Zuordnung der *strict liability* zu den *conduct regulating rules*.[95] Wenn die verschuldensunabhängige Produkthaftung kein individuell vorwerfbares Fehlverhalten des Produzenten sanktioniert, so könnte man in Bezug auf die Qualifikation als Verhaltensregeln vertreten, dass es am erforderlichen Verhaltensbezug fehlt.

Dem ist jedoch entgegenzuhalten, dass der Begriff der Sicherheits- und Verhaltensvorschriften im Sinne von Art. 17 Rom II-VO vor dem Hintergrund der Vorgängerregelung des Art. 9 HPÜ weit auszulegen ist. Selbst verschuldensunabhängige Haftung erfordert einen Zurechnungsgrund. Die Richtlinienhaftung weist sowohl durch ihren Fehlerbegriff als auch durch die Entlastungsmöglichkeiten des Herstellers einen Verhaltensbezug auf. Gemäß Art. 6 ProdHaftRL ist ein Produkt zum Zeitpunkt der Vermarktung fehlerhaft, „wenn es nicht die Sicherheit bietet, die man unter Berücksichtigung aller Umstände (...) zu erwarten berechtigt ist.“ Lediglich wenn das Verhalten des Herstellers von diesem Maßstab der berechtigten Sicherheitserwartungen des Verwenders abweicht, ist er haftbar. Nach *Wagner* spiegelt der Fehlerbegriff der ProdHaftRL damit insbesondere bei Konstruktions- und Fabrikationsfehlern Sorgfaltspflichten des Herstellers wider.[96] Dem ist entgegenzuhalten, dass Sicherheitserwartungen nicht vonseiten des Herstellers, sondern vonseiten des Verwenders bestehen.[97] Dennoch weist der Fehlerbegriff – unabhängig von der umstrittenen Rechtsnatur der Produkthaftung[98] –

---

93 *Lenz*, Produkthaftung, § 3 Rn. 304; *Taschner*, ZEuP 2005, 560 (562, 566).

94 Vgl. MüKo-BGB/*Wagner*, Gesetz über die Haftung für fehlerhafte Produkte, Einleitung Rn. 19.

95 *Perdue*, Lousiana Law Rev. 60, 1999, 1251 (1253) mit Verweis auf divergierende Rechtsprechung.

96 MüKo-BGB/*Wagner*, Gesetz über die Haftung für fehlerhafte Produkte, Einleitung Rn. 18.

97 Vgl. EuGH, Urt. v. 5.3.2015 – C-503/13, ECLI:EU:2015:148 Rn. 37–38 – Boston Scientific Medizintechnik GmbH v. AOK Sachsen-Anhalt und Betriebskrankenkasse; siehe rechtsvergleichend Gliederungspunkt A.II.2.b)bb).

98 Dazu: *Graf von Westphalen* in Foerste/Graf von Westphalen (Hrsg.), Produkthaftungshandbuch, § 45 Rn. 1–9; Staudinger/*Oechsler*, Einl. ProdHaftG Rn. 27ff; *Whittaker*, The Development of Product Liability, S. 32–35.

zumindest einen Bezug zum Verhalten des Herstellers auf.[99] Dies zeigt sich besonders daran, dass für die Fehlerhaftigkeit nach Art. 6 Abs. 1 lit. a ProdHaftRL die „Darbietung des Produktes“ zu berücksichtigen ist.[100] Die Art und Weise der Darbietung enthält einen Pflichtenmaßstab, der auf die Sicherheit der Produktverwender gerichtet ist. Bedenkt man weiterhin, dass die Richtlinienhaftung auch der Prävention von Schäden dient,[101] so ist dieser Pflichtenmaßstab als eine Verhaltensregel im Sinne von Art. 17 Rom II-VO zu betrachten.

Verhaltensstandards können sich nicht nur aus der Haftungsgrundlage einer Norm, sondern auch aus den äußeren Grenzen ihres Tatbestands ergeben.[102] Zur Illustration kann der Haftungsausschluss für Entwicklungsrisiken nach § 1 Abs. 2 Nr. 5 ProdHaftG dienen. Das ProdHaftG macht von der Möglichkeit nach Art. 7 lit. e; Art. 15 Abs. 1 lit. b ProdHaftRL Gebrauch, Entwicklungsrisiken von der Produkthaftung auszunehmen. Demnach besteht keine Haftung für solche Risiken, die nach dem Stand der Wissenschaft und Technik zum Zeitpunkt der Vermarktung nicht erkannt werden konnten. Die Rechtsprechung des Europäischen Gerichtshofes setzt insofern strenge Maßstäbe. Haftungsbefreiend ist nicht die Einhaltung der branchenüblichen Sicherheitsstandards, sondern nur die Einhaltung des höchsten Stands von Wissenschaft und Technik zum Zeitpunkt des Inverkehrbringens.[103] Zugleich hat das Gericht anerkannt, dass in Frage stehende wissenschaftliche Erkenntnisse für den Hersteller zugänglich gewesen sein müssen.[104] *Wagner* erkennt in dieser Bedingung zu Recht einen subjektiven Einschlag des Haftungstatbestands, der von den Erkenntnismöglichkeiten eines sorgfältig handelnden Herstellers abhängt.[105] Es wird damit eine Verhaltenspflicht aufgestellt, sich fortwährend über neue wissenschaftliche Erkenntnisse zur Sicherheit der eigenen Produkte zu informieren und das eigene Produktdesign diesen Erkenntnissen anzupassen.

---

99 Staudinger/*Oechsler*, Einl. ProdHaftG Rn. 33.

100 AaO.

101 Schlussanträge des Generalanwalt *Bot* v. 21.10.2014 - C-503/13, ECLI:EU:C:2014:2306 Rn. 38 – Boston Scientific.

102 NK-BGB/*Lehmann*, Art. 17 Rom II-VO Rn. 24.

103 EuGH, Urt. v. 27.5.1997 – Rs. C-300/95, Slg. 1997, I-2649 Rn. 26.

104 AaO Rn. 28f.

105 MüKo-BGB/*Wagner*, Gesetz über die Haftung für fehlerhafte Produkte, Einleitung Rn. 18.

4. Zwischenergebnis

Nach Auslegung unter maßgeblicher Berücksichtigung des Regelungszwecks umschreiben „Sicherheits- und Verhaltensregeln" im Sinne von Art. 17 Rom II-VO den objektiven, am Handlungsort einzuhaltenden Pflichtenmaßstab und dienen damit unmittelbar der Schadensprävention. Dabei ist zwischen einer der deliktischen Haftung vorgelagerten Ebene des öffentlich-rechtlichen Produktsicherheitsrechts und der zivilrechtlichen Haftung zu unterscheiden. Das Produktsicherheitsrecht enthält Sicherheitsvorschriften in Form von allgemeinen und produktspezifischen Verhaltensanforderungen für den Vertrieb von Waren auf einem Absatzmarkt. Im Bereich der allgemeinen deliktischen Produzentenhaftung sind die detaillierten richterrechtlichen Verkehrspflichten zu Konstruktion, Fabrikation, Instruktion und Produktbeobachtung als Verhaltensregeln zu qualifizieren. Auch der Fehlerbegriff des Art. 6 ProdHaftRL sowie die Haftungsgrenzen für Entwicklungsrisiken beinhalten Verhaltensregeln. In der Summe spielen diese Sicherheits- und Verhaltensregeln bei der Haftung für fehlerhafte Produkte eine erhebliche Rolle.

II. Harmonisierung und sachrechtliche Divergenz von Sicherheits- und Verhaltensregeln

Diese Untersuchung betrachtet Sicherheits- und Verhaltensregeln aus der Sicht des Internationalen Produkthaftungsrechtes. Die Frage nach der kollisionsrechtlichen Behandlung von Sicherheits- und Verhaltensregeln ist für die Rechtsanwendung maßgeblich, soweit sachrechtliche Divergenzen zwischen den Verhaltensanforderungen verschiedener Rechtsordnungen existieren. Sowohl im Produktsicherheits- als auch im Produkthaftungsrecht ist eine gewisse, aber keine umfassende europäische Harmonisierung von Rechtsnormen anzutreffen. Dabei ist zu beachten, dass im Umgang mit unterschiedlichen Rechtsvorschriften von EU-Mitgliedstaaten Vollharmonisierung und Kollisionsrecht zwei alternative Regelungsansätze darstellen.[106] Soweit sachrechtliche Divergenzen durch eine Harmonisierung beseitigt wurden, entfällt ein kollisionsrechtlicher Regelungsbedarf.[107] In der folgenden sachlich und regional differenzierten Betrachtung ist demnach ein besonderes Augenmerk auf eine Harmonisierung von Verhaltensregeln zu legen.

---

106 *Whittaker*, Cambridge Yearbook of European Legal Studies 13 (2010), 435 (441).

107 Siehe für das Internationale Verwaltungsrecht: *Ohler*, Die Kollisionsordnung des Allgemeinen Verwaltungsrechts, S. 8.

Im Internationalen Produkthaftungsrecht werden häufig die erheblichen Differenzen zwischen den Schadensrechten verschiedener Staaten diskutiert. So sind bestimmte US-amerikanische Bundesstaaten wegen der Verhängung von exorbitanten Strafschadensersatzansprüchen (*punitive damages*) von Warenherstellern gefürchtet. Auch zwischen den Sicherheits- und Verhaltensregeln Deutschlands und anderer Staaten bestehen Rechtsunterschiede bei der Produkthaftung. Als Referenzen für diese Betrachtung wurden die Rechtsordnungen Frankreichs, Großbritanniens und der USA gewählt. Die genannten Staaten stellen die größten Absatzmärkte für deutsche Produkte weltweit dar[108] und sind damit für die Internationale Produkthaftung von besonderer Relevanz in der Praxis.

1. Produktsicherheitsrecht

Zunächst werden Harmonisierung und verbleibende sachrechtliche Divergenzen der untersuchten Rechtsordnungen im Bereich des öffentlich-rechtlichen Produktsicherheitsrechtes gegenübergestellt.

a) Innerhalb des Europäischen Binnenmarktes

Wie bereits angedeutet, ist das Produktsicherheitsrecht der EU-Mitgliedstaaten mittlerweile in hohem Maße durch das Unionsrecht harmonisiert. Dabei ist zu bedenken, dass nicht-harmonisierte Anforderungen an die Herstellung von Produkten handelsbeschränkende Maßnahmen gleicher Wirkung i.S.v. Art. 34 AEUV darstellen können. So ist die Verwirklichung des freien Warenverkehrs innerhalb des Europäischen Binnenmarktes eng mit der Harmonisierung des Produktsicherheitsrechtes verbunden.

aa) Harmonisierung grundlegender Sicherheitsanforderungen

Bereits zu Beginn der 1960er Jahre erließ die Europäische Wirtschaftsgemeinschaft Harmonisierungsvorschriften, welche möglichst detailliert die technischen Anforderungen an bestimmte Produkte festschrieben (sog. „Alte Konzeption“).[109] Seitdem wird innerhalb des Europäischen Wirtschaftsraumes zwischen harmonisierten und nicht-harmonisierten Produktvorschriften unterschieden. Eine solch

108 *Statistisches Bundesamt*, Rangfolge der Handelspartner im Außenhandel der Bundesrepublik Deutschland (2015), S. 2.

109 *Langner/Klindt* in Dauses (Hrsg.), EU-Wirtschaftsrecht, C. VI. Technische Sicherheitsvorschriften und Normen Rn. 2f.

detaillierte Vollharmonisierung, Produkt für Produkt, war allerdings sehr zeitintensiv und konnte mit dem Stand der Technik kaum Schritt halten.[110]

So leitete der Ratsbeschluss vom 7. Mai 1985 über eine neue Konzeption auf dem Gebiet der technischen Harmonisierung und der Normung[111] einen grundlegenden Wandel des Europäischen Produktsicherheitsrechtes ein. Die seitdem von der Kommission verfolgte „Neue Konzeption" *(nouvelle approche)* beschränkt das gesetzgeberische Handeln auf die Festschreibung von grundlegenden, im Hinblick auf allgemeine Schutzziele formulierte Produktanforderungen.[112] Mittlerweile wurden nach der „Neuen Konzeption" Richtlinien für zahlreiche wichtige Produktgruppen wie Maschinen, Elektrogeräte oder Spielzeug erlassen.[113]

In verfahrensrechtlicher Hinsicht hat die Europäische Gemeinschaft mit dem „Globalen Konzept" (*global approach*) für Prüfung und Zertifizierung einheitliche Rahmenbedingungen geschaffen, wie und durch welche zertifizierten Stellen die Einhaltung der harmonisierten Anforderungen geprüft und mit dem CE-Kennzeichen (*conformité européenne*) zertifiziert werden kann.[114] Die CE-Kennzeichnung ermöglicht den Vertrieb im gesamten Binnenmarkt, ohne bei der Einfuhr in andere Mitgliedstaaten erneut die Einhaltung der harmonisierten Regeln belegen zu müssen.[115] Dazu ist bei Produkten mit besonderem Gefahrenpotential eine Konformitätsprüfung durch eine akkreditierte Prüfstelle Voraussetzung.[116] Wesentliche Meilensteine für ein einheitliches Marktüberwachungssystem stellen schließlich der „Neue Rechtsrahmen"[117] und das 2013 von

---

110 *Craig/De Búrca*, EU law, S. 620; *Schepel*, The constitution of private governance, S. 63.

111 Entschließung des Rates vom 7.5.1985, ABl. 1985, C 136, 1.

112 *Rott/Glinski*, ZEuP 2015, 192 (199); *Struck*, Product regulations and standards in WTO law, § 4.01 [F].

113 *Langner/Klindt* in Dauses (Hrsg.), EU-Wirtschaftsrecht, C. VI. Technische Sicherheitsvorschriften und Normen Rn. 1.

114 Vgl. Entschließung des Rates vom 21. Dezember 1989 zu einem Gesamtkonzept für die Konformitätsbewertung, ABl. 1990, C 10, 1.

115 Zu den haftungsrechtlichen Konsequenzen siehe Gliederungspunkt E.II.3.

116 *Klindt/Kapoor*, EuZW 2008, 649 (650f.); vgl. beispielsweise für Maschinen: Art. 12 Richtlinie 2006/42/EG in Verbindung mit Anhängen IV, IX, X.

117 Beschluss 768/2008/EG des Europäischen Parlaments und des Rates vom 9. Juli 2008 über einen gemeinsamen Rechtsrahmen für die Vermarktung von Produkten, ABl. 2008, L 218, 82; Verordnung (EG) Nr. 765/2008 des Europäischen Parlaments und des Rates vom 9. Juli 2008 über die Vorschriften für die Akkreditierung und Marktüberwachung im Zusammenhang mit der Vermarktung von Produkten, ABl. 2008, L 218, 30.

der Kommission vorgeschlagene Maßnahmenpaket[118] dar. Damit nähert sich die Union einem in hohem Maße harmonisierten System von Normsetzung und -vollzug im Produktsicherheitsrecht an.

Der verbleibende Anteil nicht harmonisierter Produkte am Handel innerhalb der EU wird auf 20% geschätzt.[119] Als Beispiele für nicht harmonisierte Produkte können einfache Möbel, mechanische Gerätschaften ohne Fremdantrieb und Spielplatzgeräte genannt werden.[120] Gebrauchte, d.h. bereits durch einen Endnutzer in Betrieb genommene Produkte fallen allgemein nicht unter die harmonisierten Produktgruppen.[121] Daneben sind Regelungslücken bestehender Harmonisierung mögliche Einfallstore für eine nationale Produktnormierung. Deren zulässiger Umfang ist immer wieder umstritten.[122]

bb) Produktbegriff des Sicherheitsrechtes

Weitere systematische Differenzen können sich aus dem Anwendungsbereich der Produktsicherheitsrechte verschiedener EU-Mitgliedstaaten ergeben. Die Allgemeine Produktsicherheitsrichtlinie 2001/95/EG erstreckt sich zwar auf harmonisierte und nicht-harmonisierte Produkte. Ihr Anwendungsbereich umfasst aber nur Verbraucherprodukte im weiteren Sinne; dies sind Produkte, die „für Verbraucher bestimmt" sind „oder unter vernünftigerweise vorhersehbaren Bedingungen von Verbrauchern benutzt werden" könnten (Art. 2 lit. a). Erforderlich ist also wenigstens ein potentieller Umgang von Verbrauchern mit dem Produkt. Lediglich bestimmte produktspezifische europäische Regulierungen, wie die Maschinenrichtlinie, erstrecken sich auch auf Nicht-Verbraucherprodukte.[123]

Das britische Recht orientiert sich eng an der Allgemeinen Produktsicherheitsrichtlinie. Nach Regulation 2 General Product Safety Regulations[124] findet das allgemeine britische Produktsicherheitsrecht nur auf Verbraucherprodukte Anwendung. Andere Mitgliedstaaten haben ihr Produktsicherheitsrecht dagegen weiter gefasst. Über die Vorgaben des Unionsrechtes hinaus umfasst das deutsche

---

118 Vgl. Mitteilung der EU-Kommission, Mehr Produktsicherheit und bessere Marktüberwachung im Binnenmarkt für Produkte, KOM/2013/074 final.

119 *Pelkmans/Correia de Brito*, Enforcement in the EU single market, S. 109.

120 *Klindt*, Produktsicherheitsgesetz, § 3 Rn. 20.

121 *Klindt*, Produktsicherheitsgesetz, § 3 Rn. 25.

122 Vgl. zur abschließenden Regelung der Bauprodukteverordnung: EuGH, Urt. v. 16.10.2014 – Rs. C-100/13, ECLI:EU:C:2014:2293.

123 Vgl. Produktbegriff in Art. 2 Richtlinie 2006/42/EG des Europäischen Parlaments und des Rates vom 17. Mai 2006 über Maschinen, ABl. 2006 L 157, 24.

124 Statutory Instrument 2005, No. 1803.

Produktsicherheitsrecht jegliche Produkte. So definiert § 2 Nr. 22 ProdSG Produkte als „Waren, Stoffe oder Zubereitungen, die durch einen Fertigungsprozess hergestellt worden sind". Unter die weite Definition fallen auch nicht verwendungsfertige Zulieferprodukte.[125] Ferner sind rein gewerblich genutzte Arbeitsmittel umfasst, da das deutsche Produktsicherheitsrecht herkömmlich nicht nur dem Verbraucherschutz, sondern auch dem Schutz von Arbeitnehmern im Betrieb dient.[126] Auch das französische Recht geht über die Vorgaben des Unionsrechtes hinaus. Das allgemeine französische Produktsicherheitsrecht erstreckt sich auf jegliche „Produkte" (Article L-221 alinéa 1 Code de la Consommation). Damit werden die Anforderungen der Richtlinie 2001/95/EG in Frankreich und Deutschland auf mehr Produkte im gewerblichen Bereich angewendet als in Großbritannien.

cc) Informationsrichtlinie 98/34/EG

Im Rahmen der ihnen verbliebenen Kompetenzen sind die EU-Mitgliedstaaten weiterhin aktive Gesetzgeber im Bereich der Produktsicherheit.[127] Die Informationsrichtlinie 98/34/EG[128] verfolgt in diesem Kontext das Ziel, die Entstehung von Rechtsunterschieden durch neue nationale Produktsicherheitsvorschriften und technische Normen zu verhindern. Um den Vorrang europäischer Harmonisierung zu gewährleisten verpflichtet sie die Mitgliedstaaten, neue Produktsicherheitsvorschriften gegenüber der EU-Kommission zu notifizieren (Art. 8). Bei einer Verletzung dieser Informationspflicht dürfen nationale Gerichte die Produktsicherheitsvorschrift nicht auf Produkte aus anderen Mitgliedstaaten anwenden.[129] Möchte die EU-Kommission harmonisierte Anforderungen für die betroffenen Produkte schaffen, so müssen die Mitgliedstaaten ihre Gesetzgebung aussetzen (Art. 9).

Ebenso bedeutsam ist die Informationsrichtlinie für die Harmonisierung von technischen Normen (*standards*). Normungsverbände in den Mitgliedstaaten müssen sich bei der Erarbeitung nationaler technischer Normen mit den europäischen Normungsgremien abstimmen (Art. 2). Die Kommission kann den Normungsgremien daraufhin die Schaffung einer europäisch-harmonisierten

125 *Kapoor/Klindt*, NVwZ 2012, 719 (720).

126 *Klindt*, Produktsicherheitsgesetz, Einführung Rn. 1–6.

127 *Pelkmans/Correia de Brito*, Enforcement in the EU single market, S. 111.

128 Richtlinie 98/34/EG des Europäischen Parlaments und des Rates vom 22. Juni 1998 über ein Informationsverfahren auf dem Gebiet der Normen und technischen Vorschriften, ABl. 1998, L 204, 37.

129 EuGH, Urt. v. 30.04.1996, Rs. 194/94, Slg. 1996 I-2201 – CIA-Security, Rn. 39, 42.

Norm vorschlagen (Art. 6 Abs. 3). Aufgrund des außerordentlichen Erfolgs dieses Mechanismus ist die einheitliche Erarbeitung technischer Normen durch die europäischen Normungsverbände mittlerweile weit fortgeschritten.[130] Bedeutende Differenzen zwischen Produktstandards sind damit innerhalb des EU-Binnenmarktes selten geworden.

Die Produktvielfalt in Europa kann allerdings im Zusammenspiel von Produktsicherheitsanforderungen und technischen Normen im Einzelfall immer noch zu sachrechtlichen Divergenzen führen. Als Beispiel können die Anforderungen an das Brandverhalten von Polstermöbeln genannt werden. Das Vereinigte Königreich erließ 1988 die Furniture and Furnishings Fire Safety Regulations,[131] die zwingende Anforderungen an die Entflammbarkeit von Polstermöbeln festlegen. Ein Hausbrand kann sich insofern als Produkthaftungsfall entpuppen. Aufgrund des Widerstands zahlreicher Mitgliedstaaten gegen chemische Brandschutzmittel scheiterte eine Harmonisierung durch die Europäische Gemeinschaft. Lediglich als (freiwillige) technische Norm (DIN EN-1021 Teile 1 und Teile 2) sind mittlerweile bestimmte Testverfahren (Entflammbarkeit durch Zigaretten und Streichhölzer) vereinheitlicht. Der britische Standard „BS 5852 crip 5“ stellt allerdings strengere Anforderungen. In Frankreich wiederum ergeben sich solche höheren Anforderungen für Polstermöbel, die in öffentlichen Gebäuden aufgestellt werden, unmittelbar und zwingend aus dem Produktsicherheitsrecht.[132] In Deutschland können sich entsprechende Anforderungen dagegen nur ausnahmsweise und verwendungsbezogen aus dem Bausicherheitsrecht der Länder ergeben.[133]

b) *Im Handelsverkehr mit den Vereinigten Staaten*

Viele Staaten außerhalb des Europäischen Wirtschaftsraumes besitzen eine eigenständige Produktsicherheitsregulierung. Wie hier beispielhaft für den Handelsverkehr mit den Vereinigten Staaten von Amerika aufgezeigt wird, ergeben

---

130 Siehe: *Schepel*, The constitution of private governance, S. 51, 108f. – mit statistischen Angaben.

131 Statutory Instrument No. 1324.

132 Vgl. Arrêté du 6 mars 2006 portant approbation de diverses dispositions complétant et modifiant le règlement de sécurité contre les risques d’incendie et de panique dans les établissements recevant du public (meubles rembourrés, ascenseurs et autres), JORF N° 88 (13. April 2006), S. 5536.

133 Siehe z.B. § 33 SBauVO NRW – der vorschreibt, dass Sitze in Versammlungsstätten mit mehr als 5000 Sitzen schwerentflammbar sein müssen.

sich daraus gegenüber der deutschen Rechtsordnung weitergehende Differenzen hinsichtlich den auf ein Produkt anwendbaren Sicherheitsvorschriften.

Seit 1972 stellt der Consumer Product Safety Act einen allgemeinen Rahmen des Produktsicherheitsrechts in den Vereinigten Staaten dar. Sein Anwendungsbereich ist allerdings auf Produkte beschränkt, die ausdrücklich für die Verwendung von Verbrauchern bestimmt sind (Sec 3(5) Consumer Product Safety Act). Der Produktbegriff des US-amerikanischen Sicherheitsrechtes ist damit enger als im Unionsrecht[134] und deutlich enger als in Deutschland und Frankreich. Für gewerblich genutzte Güter können sich Sicherheitsanforderungen in den Vereinigten Staaten lediglich aus besonderem Verwaltungsrecht oder dem Arbeitsschutzrecht ergeben.[135]

Section 7(a) Consumer Product Safety Act ermächtigt die Consumer Product Safety Commission, zwingende Produktsicherheitsregeln *(standards)* in Form von Rechtsverordnungen zu erlassen, soweit dies für die Sicherheit der Verbraucher erforderlich ist. Diese Sicherheitsregeln verweisen auf branchenübliche technische Normen, vor allem von Mitgliedern des Dachverbands American National Standard Institute (ANSI).

Die Dichte verwaltungsrechtlicher Regulierung produktspezifischer Sicherheitsanforderungen ist in den USA geringer als in der EU. Dies ist auch dadurch zu erklären, dass das Deliktsrecht in den Vereinigten Staaten als funktionsäquivalent mit einer verwaltungsrechtlichen Regulierung von Produktsicherheit angesehen wird.[136] Treten Produktmängel auf, so dürften Warenhersteller private Schadensersatzansprüche mehr als die Maßnahmen einer Marktaufsichtsbehörde fürchten. Im Ergebnis wird Produktsicherheit stärker durch private Schadensersatzprozesse als durch verwaltungsrechtliche Regulierung verfolgt.[137]

Nur für einzelne Produkte, wie z.B. Geländewagen,[138] Rasenmäher[139] oder Kinderspielzeug[140] wurden technische Normen als zwingende Vorschriften in das Produktsicherheitsrecht inkorporiert. Je nach Branche bestehen dafür Zuständigkeiten einer Reihe von spezialisierten Behörden, z.B. der National Highway Traffic Safety Administration. Bei der überwiegenden Zahl von Produkten verweist die Consumer Product Safety Commission dagegen lediglich auf die

134 Siehe oben A.II.1.a)bb).
135 Vgl. Title 29 Code of Federal Regulations (CFR), § 1910.11.
136 *Schepel*, The constitution of private governance, S. 339 mit weiteren Nachweisen.
137 *Howells*, Washburn LJ 39 (1999), 305 (344).
138 Title 16 CFR, §§ 1420.1–1420.4.
139 Title 16 CFR, §§ 1205.1–1205.36.
140 Title 15 U.S. Code § 2056b.

Einhaltung branchenüblicher Normen (vgl. Section 7(b) Consumer Product Safety Act).

Im Gegensatz zum Europäischen Wirtschaftsraum ist die Ausarbeitung von technischen Normen in den USA kaum staatlich reguliert (Privates Normungssystem). Konkurrierende private Normungsorganisationen erarbeiten technische Normen und betreiben Lobbying dafür, dass „ihre" Normen in das Produktsicherheitsrecht inkorporiert werden.[141] In der Folge bestehen zahlreiche Differenzen zwischen den Produktsicherheitsanforderungen in den USA und den harmonisierten Normen innerhalb der EU. Aufgrund der unterschiedlichen rechtlichen Rahmenbedingungen und regulatorischen Präferenzen ist eine materiell-rechtliche Harmonisierung von vielen technischen Normen auf kurze Sicht kaum realisierbar.[142] Umstritten ist, ob die gegenseitige Anerkennung von Normen oder Konformitätsprüfungen des Handelspartners einen möglichen Ausweg bietet.[143]

2. Produkthaftungsrecht

Unterschiede bestehen nicht nur zwischen Produktsicherheitsvorschriften, sondern auch zwischen deliktischen Verhaltensregeln in Deutschland, Frankreich, Großbritannien und den USA. Eine umfassende Gegenüberstellung der Haftungsregime dieser Staaten würde den Rahmen dieser Untersuchung sprengen. Daher konzentriert sich die Darstellung darauf, beispielhafte Rechtsunterschiede aufzuzeigen. Teilweise findet sich in der Literatur die Auffassung, die Produkthaftung sei ein global einheitliches Phänomen, dessen rechtliche Grundlagen über die Grenzen von Rechtsordnungen hinaus übereinstimmen.[144] Doch trotz der Harmonisierung durch die ProdHaftRL und einem rechtsvergleichenden Diskurs, der sich auch über den Atlantik hinweg gebildet hat, bestehen relevante sachrechtliche Unterschiede zwischen den in den untersuchten Rechtsordnungen anwendbaren Verhaltensregeln. Im Einzelnen muss zwischen der allgemeinen deliktischen bzw. außervertraglichen

141 Vgl. *Schepel*, The constitution of private governance, S. 145, 163–165.

142 *Thielen*, Technische Standards und TTIP (KANBrief 2/14), S. 3.

143 Vgl. noch Gliederungspunkt B.I.4.c) zu Mechanismen „gegenseitiger Anerkennung" im transatlantischen Freihandel.

144 In diesem Sinne: *Reimann*, Am. J. Comp. Law 51 (2003), 751 – „Liability for Defective Products at the Beginning of the Twenty-First century: Emergence of a Worldwide Standard?"

Produzentenhaftung (a) und der verschuldensunabhängigen Produkthaftung in engeren Sinne (b) unterschieden werden.

a) Allgemeine außervertragliche Produzentenhaftung

Nicht nur in Deutschland, sondern auch in anderen Rechtsordnungen waren allgemeine zivilrechtliche Haftungsgrundlagen Ausgangspunkt der Entwicklung einer besonderen Haftung für fehlerhafte Produkte. Die meisten dieser Haftungsgrundlagen bestehen heute neben der verschuldensunabhängigen Haftung fort. So lässt Art. 13 ProdHaftRL mitgliedstaatliche Haftungsansprüche unberührt, die auf anderen Grundlagen als der Fehlerhaftigkeit des Produktes, insbesondere auf einem Vertrag der beteiligten Parteien oder einem Verschulden des Herstellers beruhen. Die in Deutschland bedeutsame Produzentenhaftung nach § 823 Abs. 1 BGB mit ihren detaillierten richterrechtlichen Verhaltensregeln wurde bereits beschrieben.[145] Demgegenüber weist die außervertragliche Haftung des Produzenten in Großbritannien, Frankreich und den Vereinigten Staaten grundlegende systematische Unterschiede auf. Dies liegt nicht zuletzt an den unterschiedlichen Wurzeln der untersuchten Rechtsordnungen.

aa) Common law

In Großbritannien und den Vereinigten Staaten stützt sich die allgemeine Produzentenhaftung auf einen Fahrlässigkeitsvorwurf gegenüber dem Produzenten (*negligence*). Diese Haftungsform hat in beiden Staaten gemeinsame historische Wurzeln im richterrechtlichen *common law*. In den Vereinigten Staaten ist die Haftung für *negligence* noch heute sogar die wichtigste Anspruchsgrundlage in Produkthaftungsklagen.[146] Ihr Tatbestand ist maßgeblich von Verhaltensregeln geprägt, die sich auf Produktsicherheit beziehen.

Eine Eigenart der deutschen Haftungsdogmatik stellt es dar, den anwendbaren Verhaltensstandard vom Fahrlässigkeitsbegriff zu trennen.[147] Im *common law* erfolgt die Ermittlung einer Sorgfaltspflicht des Schädigers (*duty of care*) gegenüber dem Geschädigten dagegen im Rahmen der Fahrlässigkeitsprüfung.[148] Zwei wegweisende Urteile der ersten Hälfte des 20. Jahrhunderts erkannten eine solche Sorgfaltspflicht des Herstellers gegenüber Personen an, die durch dessen fehlerhafte Produkte geschädigt wurden: In *MacPherson v. Buick Motor Co*

145 Siehe oben Gliederungspunkt A.I.3.a).

146 *Owen*, Products liability law, S. 29.

147 *Brüggemeier*, Prinzipien des Haftungsrechts, S. 73–77.

148 Vgl. *Deakin/Johnston/Markesinis*, Tort law, S. 99–101.

(1919)[149] war das Rad eines frühen Automobils gebrochen und hatte zu einem Unfall mit Verletzung des Fahrers geführt. Der New Yorker Court of Appeal stellte fest, dass den Hersteller eines vorhersehbar gefährlichen Produktes eine allgemeine Sorgfaltspflicht trifft und zwar unabhängig von einem bestehenden Vertragsverhältnis zum Geschädigten.[150] In Großbritannien formulierte *Lord Atkin* unter Verweis auf dieses Diktum das berühmt gewordene *neighbour principle.* Nach diesem Grundsatz muss jedermann angemessene Sorgfalt („reasonable care“) an den Tag legen, um Schäden bei seinem Nächsten („neighbour“), d.h. einer Person, die unmittelbar und direkt von seinem Handeln betroffen sind, zu vermeiden (*Donoghue v. Stephenson (1932).*[151] So wurde in beiden Ländern eine deliktische Sorgfaltspflicht des Herstellers in Produkthaftungsfällen geschaffen.

Der konkrete Pflichtenmaßstab ist dabei auf den Hersteller eines vergleichbaren Produktes bezogen, der die Sorgfalt eines Fachmanns einhält.[152] Die Beweisführung wird dem Geschädigten durch Anscheinsbeweis („inference of negligence“) erleichtert.[153] Weitergehend wurde in zahlreichen amerikanischen Bundesstaaten sogar eine echte Beweislastumkehr (*res ipsa loquitur)* anerkannt.[154] Eine Haftungsbeschränkung stellt schließlich die Bedingung dar, dass der Haftungsumfang und der Kausalzusammenhang für den Hersteller vernünftigerweise vorhersehbar („foreseeable“) sein mussten.[155]

Eine Besonderheit der amerikanischen Negligence-Haftung ist die Verwendung rechtsökonomischer Methodik. So wird der Maßstab „angemessener“ Sorgfalt verbreitet durch eine Kosten-Nutzen-Abwägung (*cost-benefit analysis*) bestimmt.[156] Im Kontext der Produkthaftung, insbesondere bei Konstruktionsfehlern, wird dafür der Begriff des *risk-utility test* verwendet. Nach der zugrundeliegenden Learned-Hand-Formel liegt Fahrlässigkeit dann vor, wenn die Kosten einer Sicherheitsmaßnahme (K_M) kleiner sind als die Wahrscheinlichkeit (P_S) multipliziert mit den Kosten des Schadens (K_S), den die Sicherheitsmaßnahme vermieden hätte.[157] Der Maßstab umschreibt damit ein Verhalten des Herstellers, das nutzenmaximierend wäre, wenn der Schaden durch das Produkt

149 217 NY 382.

150 AaO. Rn. 389.

151 [1932] A.C. 562, 580; siehe dazu *Deakin/Johnston/Markesinis*, Tort law, S. 109f.

152 *Owen*, Products liability law, S. 68f.

153 Vgl. Grant v. Australian Knitting Mills Ltd [1936] AC 85.

154 *Owen*, Products liability law, S. 97.

155 *Deakin/Johnston/Markesinis*, Tort law, S. 247–251.

156 AaO S. 71–74.

157 United States v. Carroll Towing Co., 159 F.2d 169 (1947) Rn. 173.

bei ihm selbst eingetreten wäre. Als Formel ausgedrückt trifft den Hersteller ein Fahrlässigkeitsvorwurf, sofern $K_M < P_S * K_S$.

Eine solche rechtsökonomische Methodik zur Bestimmung von Verhaltensanforderungen findet in Europa bislang nur punktuelle Akzeptanz. Ansätze finden sich vereinzelt in Großbritannien. So sind zwei Fälle bekannt, in denen das House of Lords eine Fahrlässigkeitshaftung des Schädigers ablehnte, weil ein rechtmäßiges Alternativverhalten mit hohem finanziellen Aufwand für den Schädiger verbunden gewesen wäre.[158] In abgeschwächter Weise formuliert dies der englische Gesetzgeber heute in Section 1 Compensation Act 2006. Demnach können Gerichte bei der Definition eines Verhaltensmaßstabs berücksichtigen („may have regard to"), ob dadurch eine erwünschte wirtschaftliche Tätigkeit („desirable activity") beschränkt wird. Der deutsche Bundesgerichtshof erwähnt in seinem Airbag-Urteil aus dem Jahr 2009 erstmals Kosten-Nutzen-Abwägungen, macht dazu aber keine durch erstinstanzliche Gerichte handhabbaren Ausführungen.[159] Dies zeigt, dass jedenfalls eine formelartige Verrechnung von Kosten und Nutzen einer Sicherheitsmaßnahme zur Bestimmung von Verhaltenspflichten europäischen Gerichten fremd ist.

bb) Französisches Recht

Das französische Recht löst die Produzentenhaftung auf völlig anderem Wege als die Rechtsordnungen des *common law* oder das deutsche Recht. Bei Schäden des Erwerbers kann die Haftung des Produzenten zunächst auf die Konstruktion einer Vertragskette (*châine de contrats*) gestützt werden. Grundlage dafür ist ein Urteil der Cour de cassation von 1884 zur Haftung eines Produzenten von Lokomotiven.[160] Im Fall hatte die Compagnie du Nord (Klägerin) Lokomotiven aus der Konkursmasse der Compagnie de Lille erworben. Eine der gelieferten Lokomotiven explodierte bei der Klägerin. Der Gerichtshof sprach ihr einen Ersatzanspruch gegen die belgische Produzentin zu, obwohl zwischen den beiden Parteien kein direktes Vertragsverhältnis bestand. Nach der französischen Rechtsprechung wird die Relativität der Schuldverhältnisse durch eine akzessorische Abtretung der Gewährleistungsansprüche entlang der Lieferkette

---

158 *Deakin/Johnston/Markesinis*, Tort law, S. 212f.

159 Siehe: BGH NJW 2009, 2952 (2954); vgl. zum Urteil bereits Gliederungspunkt A.I.3.a).

160 Cour de cassation, Urt. v. 12.11.1884, Sirey 1886, I, 149.

durchbrochen.[161] Im Ergebnis kann der Letzterwerber Haftungsansprüche direkt gegen den Hersteller geltend machen (*action directe contractuelle*).[162]

Dabei ist die vertragliche Grundlage der *action directe* für ihre unionskollisionsrechtliche Qualifikation – und damit ihre Behandlung in dieser Untersuchung – nicht ausschlaggebend. Vielmehr entschied der Europäische Gerichtshof in Bezug auf das Brüsseler Übereinkommen, dass die Haftung des Produzenten gegenüber dem Letzterwerber im Rahmen der *action directe* keine freiwillig von einer Partei gegenüber der anderen eingegangene vertragliche Verpflichtung darstellt.[163] Der Gerichtshof verwies darauf, dass die Produzentenhaftung in den meisten Mitgliedstaaten deliktischer Natur sei.[164] Nach Erwägungsgrund 7 sind die Bestimmungen der Rom II-VO in Einklang mit der Brüssel I-VO auszulegen. Dies spricht dafür, die *action directe* auch im Rahmen dieser Untersuchung als „außervertraglich" zu behandeln.

Diese Qualifikation wird dadurch gestützt, dass typische Beschränkungen vertraglicher Haftung, wie Verjährungsfristen und Haftungsbeschränkungen, von der Rechtsprechung der Cour de cassation relativiert wurden.[165] Durch die *action directe* wird die Relativität des Schuldverhältnisses zwischen dem Verkäufer und dem Erwerber des Produktes durchbrochen. Dies gilt auch in Bezug auf das Verschulden. Zwar bestimmt Art. 1645 Code civil, dass der Käufer Schadensersatzansprüche jenseits seines Gewährleistungsinteresses nur bei Bösgläubigkeit des Verkäufers geltend machen kann, jedoch vermutet die französische Rechtsprechung unwiderleglich die Bösgläubigkeit des gewerblichen Verkäufers

161 *Von Bar*, Gemeineuropäisches Deliktsrecht, Erster Band, § 5 Rn. 485; Cour de cassation, Urt. v. 19.1.1988, 1re Chambre Civile, N° 86-13449 („l'action en garantie des vices cachés se transmet, en principe, avec la chose vendue au sous-aquéreur"); zur dogmatischen Begründung siehe im Einzelnen: *Schley*, Das französische Produkthaftungsrecht und die bei grenzüberschreitenden Vertragsketten im deutsch-französischen Rechtsverkehr auftretenden Probleme, S. 100–121.

162 *Bénabent*, Droit des obligations Rn. 264.

163 EuGH, Urt. v. 17.6.1992 – C-26/91, Slg 1992, I-3967 – Handte, Rn. 15.

164 AaO Rn. 20.

165 *Hübner*, Rechtsvergleichende Anmerkungen zur Produkthaftung in Frankreich, Gedächtnisschrift für Alexander Lüderitz, S. 321.

hinsichtlich Produktfehlern.[166] Auch auf Haftungsausschlüsse gegenüber seinem Vertragspartner kann sich ein Produzent damit nicht berufen.[167]

Die Haftung für Schäden von unbeteiligten Dritten („bystanders") richtet sich grundsätzlich nach dem französischen Deliktsrecht der Art. 1382f. Code civil, wobei ein Verschulden des Herstellers vermutet wird.[168] Neben der deliktischen Generalklausel (Art. 1382) ist die „Gardienhaftung" nach Art. 1384 Abs. 1 Alt. 2 Code civil hervorzuheben. Sie wird durch die Möglichkeit des Halters einer Sache begründet, einen Schaden durch die Sache zu verhindern („On est responsable (...) du dommage (...) qui est causé par le fait (...) des choses que l'on a sous sa garde").[169] Die französische Rechtsprechung versteht den Begriff des „gardien" äußerst weit.[170] Zwar geht die Haltereigenschaft im Kontext einer Lieferkette grundsätzlich durch die Übereignung auf den Erwerber eines Produktes über, jedoch fingiert die französische Rechtsprechung in Bezug auf bestimmte Produktschäden, dass die Eigenschaft als „gardien de la structure" beim Hersteller verbleibt.[171] Dies erklärt die Relevanz des Art. 1384 Code civil für die Produkthaftung.

Im Interesse eines starken Verbraucherschutzes tendierte das französische Recht früh zu einer Gefährdungshaftung.[172] Bei dieser rechtlichen Konstruktion fällt es nicht einfach, an den Hersteller gerichtete Verhaltensregeln im französischen Produzentenhaftungsrecht zu identifizieren. Erschwerend kommt die apodiktische Form höchstrichterlicher Urteile in Frankreich hinzu.[173]

Zur Illustration eines an den Hersteller gerichteten Verhaltensmaßstabs eignen sich die unterschiedlichen Verhaltenspflichten, die sich im französischen Recht aus der vertraglichen Nebenpflicht der *obligation de sécurité* ergeben. Bis

---

166 *Freitag*, Der Einfluss des Europäischen Gemeinschaftsrechts auf das internationale Produkthaftungsrecht, S. 34; *Schley*, Das französische Produkthaftungsrecht und die bei grenzüberschreitenden Vertragsketten im deutsch-französischen Rechtsverkehr auftretenden Probleme, S. 42–44.

167 Cour de cassation, Urt. v. 16.4.1996, 1re Chambre civile, N° 94-15.955.

168 *Brüggemeier*, Prinzipien des Haftungsrechts, S. 402f.

169 *Bénabent*, Droit des obligations Rn. 612.

170 *Von Bar*, Gemeineuropäisches Deliktsrecht, Erster Band, § 2 Rn. 114.

171 *Freitag*, Der Einfluss des Europäischen Gemeinschaftsrechts auf das internationale Produkthaftungsrecht, S. 50; *Schley*, Das französische Produkthaftungsrecht und die bei grenzüberschreitenden Vertragsketten im deutsch-französischen Rechtsverkehr auftretenden Probleme, S. 149–153.

172 *Borghetti* in Whittaker (Hrsg.), The development of product liability, S. 99f.

173 Vgl. *Howells* in Fairgrieve (Hrsg.), Product liability in Comparative perspective, S. 148f.

heute ist nicht völlig geklärt, in welchem Umfang die ProdHaftRL, umgesetzt in Art. 1386-1ff. Code civil, diese Haftungsgrundlage verdrängt.[174] Jedenfalls besteht die *obligation de sécurité* außerhalb des Anwendungsbereiches der Richtlinie fort.[175] Ein Beispiel dafür ist ein Urteil der Cour d'appel de Versailles im Bereich der Produktbeobachtungspflichten. Mit der Verletzung der *obligation de suivi* begründet das Gericht die Haftung eines Pharmaunternehmens für ein Medikament, das sich als krebserregend erwies.[176] Zwar konnten die Risiken erst nach dem Vertrieb des Produktes belegt werden. Der Produzent habe aber seine Sorgfaltspflicht verletzt, die Wirksamkeit des vertriebenen Produktes fortlaufend zu untersuchen und neueren Erkenntnissen der medizinisch-wissenschaftlichen Literatur bis zum Eintritt des Schadensfalles nachzugehen.

b) Verschuldensunabhängige Produkthaftung

Die allgemeinen Haftungsgrundlagen der Produzentenhaftung weisen in den untersuchten Rechtsordnungen grundlegende systematische Unterschiede auf. Daneben entwickelte sich als Reaktion auf die Komplexität moderner Güterproduktion eine neuartige Form der verschuldensunabhängigen Produkthaftung. Diese Haftungsform entstand im Laufe des 20. Jahrhunderts in der US-amerikanischen Rechtsprechung und inspirierte später die ProdHaftRL der Europäischen Wirtschaftsgemeinschaft.

aa) Die Entwicklung der strict liability *in den USA*

Geboren wurde die Idee einer verschuldensunabhängigen Verantwortung des Herstellers (*strict liability*) in den Vereinigten Staaten. In seinem Sondervotum legte Justice *Trayner* im Fall *Escola v Coca-Cola Bottling Co. (1944)* dar, dass ein durch Fabrikationsfehler begründetes Verletzungsrisiko vom Hersteller unbedingt zu verantworten sei und dieses Risiko für ihn auch versicherbar ist.[177] Nach der Entscheidung des Supreme Court of California in *Greenman v. Yuba Power Products (1963)*[178] fand das Konzept in den 1960er Jahren Eingang in die vom American Law Institute herausgegebenen Restatements of Tort Law, welche das bundesstaatliche Recht zusammenfassen. So haftet der Hersteller nach § 402A Restatement (Second) of Torts für Schäden durch unzumutbar gefährliche

---

174 *Borghetti*, ZEuP 2011, 919 (926).

175 Vgl. Cour de cassation, Urt. v. 29.5.2010, Chambre Commerciale, N° 07-11744.

176 Cour d'appel de Versailles, Urt. v. 30.4.2006, N° 2002-05925.

177 *Hay*, US-amerikanisches Recht, Rn. 395.

178 59 Cal.2d 57.

Produkte („unreasonably dangerous products"). Die Auslegung dieser Formel richtet sich nach der (tatsächlichen) Erwartung des Verbrauchers *(consumer expectations test)*.[179] Selbst die Einhaltung angemessener Sorgfalt *(reasonable care)* bei Herstellung und Vertrieb entlastet ihn nicht.

Die verschuldensunabhängige Haftung verbreitete sich schnell in bundesstaatlicher Rechtsprechung und Gesetzgebung. Mit ihrer Ausweitung auf Konstruktions- und Produktbeobachtungsfehler wurde der verschuldensunabhängige Charakter der *strict liability* erheblich aufgeweicht. Dies lag daran, dass sich aus Sicht der Gerichte die Prüfung der Erwartungen des Verbrauchers als schwierig zu handhaben und letztlich vage erwies.[180] In *Helicoid Gage Division of American Chain & Cable Co. v. Howell*[181] wurde bei der Produkthaftung erstmals eine Abwägung zwischen dem Risiko eines Schadens, den Kosten von zusätzlichen Sicherheitsmaßnahmen und dem Einfluss auf die Verwendbarkeit des Produktes angestellt (vgl. Learned-Hand-Formel). Darüber hinaus wurde die Haftung des Herstellers auf „vorhersehbare" Produktschäden beschränkt.[182]

Im Lichte dieser Entwicklung wurde 1997 das Restatement of the Law (3rd), Torts – Products Liability[183] formuliert. Darin wird zwischen den aus der Produzentenhaftung anerkannten Fehlertypen unterschieden: Nur für Fabrikationsfehler wird eine verschuldensunabhängige Haftung beibehalten (§ 2 lit. a). Bei Konstruktionsfehlern haftet der Hersteller dagegen nur für vorhersehbare Produktrisiken, die sich dadurch verwirklicht haben, dass er eine alternative, kalkulatorisch zumutbare („reasonable") Produktgestaltung nicht angewandt hat (§ 2 lit. b). Eine alternative Produktgestaltung ist dann zumutbar, wenn die Kosten zur Vermeidung des Unfalls kleiner als die dadurch vermiedenen Schäden sind. Dies entspricht im Ergebnis der Learned-Hand-Formel bei der Fahrlässigkeitshaftung.[184] Selbst wenn die US-amerikanischen Gerichte weiterhin von einer *„strict liability"* sprechen, beruht die Produkthaftung damit bei Konstruktions- und Produktbeobachtungsfällen heutzutage auf einem Fehlverhalten des Herstellers.[185]

---

179 *Owen*, Products liability law, S. 301.

180 AaO, S. 305–310.

181 511 S.W.2d 573 (Tex. Civ. App. 1974), 577.

182 Anderson v. Owens-Corning Fiberglas Corp., 810 P.2d 549 (Cal. 1991).

183 *American Law Institute*, Restatement of the Law of Torts – Products Liability.

184 *Wagner/Witte*, ZEuP 2005, 895 (903).

185 *American Law Institute*, Restatement of the Law of Torts – Products Liability, S. 305–310; *Deakin/Johnston/Markesinis*, Tort law, S. 605; *Reimann*, Am. J. Comp. Law 51, 2003, 751 (801f.).

bb) EG-Produkthaftungsrichtlinie

Mit der ProdHaftRL 85/374/EG wurde innerhalb der Europäischen Wirtschaftsgemeinschaft eine legislative Konzeption der verschuldensunabhängigen Haftung geschaffen. An dieser Stelle ist bedeutsam, dass es sich dabei nicht um eine bloße „Kopie" der amerikanischen *strict liability* handelt, sondern im Einzelnen Unterschiede zwischen den Haftungsmodellen und den durch sie verkörperten Verhaltensanforderungen an den Warenhersteller bestehen.

Zwar ist nicht zu verkennen, dass der Fehlerbegriff der ProdHaftRL deutlich vom US-amerikanischen Recht inspiriert ist. Die Bedeutung „des Gebrauchs, mit dem billigerweise gerechnet werden kann" beim Fehlerbegriff der Richtlinie (Art. 6 Abs. 1 lit. b) erinnert an den früheren *consumer expectations test*.[186] Allerdings hat sich im Haftungsrecht der US-Bundesstaaten der Fehlerbegriff seither deutlich verändert und wurde im Interesse des Herstellers begrenzt. Dessen Verhaltenspflichten werden heute durch Kriterien der Vorhersehbarkeit und Vermeidbarkeit beschränkt.

Auch in der Europäischen Union gibt es Stimmen im Schrifttum und der Rechtsprechung, die eine vergleichbare Auslegung des Fehlerbegriffs in Art. 6 ProdHaftRL befürworten. Eine solche „Auslegung" findet sich insbesondere im Urteil des Bundesgerichtshofes zur Haftung für die Fehlauslösung eines Airbags, das im Rahmen der Qualifikation von Verhaltensregeln bei der Produzentenhaftung dargestellt wurde.[187] Die nach der ProdHaftRL „maßgeblichen Sicherheitserwartungen" sollen sich demnach „grundsätzlich nach denselben objektiven Maßstäben wie die Verkehrspflichten des Herstellers im Rahmen der deliktischen Haftung" bestimmen.[188] So kann der Bundesgerichtshof auf seine eigene, langjährige Rechtsprechung zu § 823 Abs. 1 BGB zurückgreifen. Sogar die Kosten-Nutzen-Abwägung des amerikanischen Rechts wird erwähnt.[189] *Wagner* pflichtet diesem Ansatz bei und betont, dass der Hersteller auch nach der ProdHaftRL nur solche Sicherheitsmaßnahmen schulde, die ihm zumutbar sind und deren Nutzen in einem angemessenen Verhältnis zu den Kosten stehen.[190]

Für eine solche Auslegung des Fehlerbegriffs findet sich aber keine hinreichende Grundlage im Wortlaut der ProdHaftRL. Alleine die Ausschlussgründe

---

186 Dazu näher: *Whittaker*, The development of product liability, S. 45.

187 Siehe oben A.I.2.b).

188 BGH NJW 2009, 1669 (1670); BGHZ 181, 253 (257) = BGH NJW 2009, 2952 (2953) Rn. 12.

189 BGHZ 181, 253 (260) = BGH NJW 2009, 2952 (2954) Rn. 18.

190 MüKo-BGB/*Wagner*, § 3 ProdHaftG Rn. 7.

des Art. 7 ProdHaftRL stellen implizit auf die Sicht des Herstellers ab. Die im Europäischen Privatrecht geläufige Formel der „berechtigten Erwartungen" legt der Europäische Gerichtshof in verschiedenen Richtlinien dagegen maßgeblich aus der Sicht des Verbrauchers aus.[191] So verwundert es nicht, dass der Gerichtshof im Hinblick auf den Fehlerbegriff der ProdHaftRL ebenfalls alleine auf die (objektivierte) Perspektive des Verwenders abstellt.[192]

In der Rechtssache *A v National Blood Authority* beschäftigt sich auch der englische High Court ausführlich mit dem Fehlerbegriff der ProdHaftRL. *Justice Burton* stellt sich kritisch der Frage, ob die Berücksichtigung „aller Umstände" in Art. 6 ProdHaftRL die Zumutbarkeit einer Sicherheitsmaßnahme für den Hersteller umfasst.[193] Überzeugend legt er dar, dass der daraus entstehende Umfang einer Beweisführung durch den Hersteller und ihre Entkräftung durch das Opfer im Widerspruch zu den Zielen der Richtlinie stehen würde. Der von der Richtlinie geforderte effektive Rechtsschutz der Geschädigten erfordert eine tatsächliche Beweiserleichterung gegenüber der allgemeinen Fahrlässigkeitshaftung.[194] Eine Berufung des Herstellers auf Kosten-Nutzen-Erwägungen zum Zwecke der Haftungsbeschränkung sahen die Schöpfer der Richtlinie gerade nicht vor.[195] Gestützt auf Erwägungen des Verbraucherschutzes hat der Europäische Gerichtshof den Fehlerbegriff und die berechtigten Erwartungen der Verwender – im Gegenteil – sehr weit ausgelegt.[196] In der Rechtssache *Boston Scientific* (2015) entschied der Gerichtshof, dass sogar Produkte, die lediglich eine erhöhte Ausfallwahrscheinlichkeit aufweisen, fehlerhaft im Sinne von Art. 6 ProdHaftRL sein können.[197]

Im Ergebnis wird deutlich, dass sich die Haftung nach der ProdHaftRL *de lege lata* von ihrem amerikanischen „Vorbild" unterscheidet.[198] Da sich der europäische Gesetzgeber einstweilen gegen eine Veränderung der Richtlinie

---

191 *Heiderhoff*, Gemeinschaftsprivatrecht, S. 121.

192 EuGH, Urt. v. 5.3.2015 – C-503/13, ECLI:EU:C:2015:148 Rn. 37–38 – Boston Scientific.

193 [2001] EWHC QB 446 Rn. 57–63.

194 Vgl. Schlussanträge des Generalanwalts Tesauro v. 23.1.1997 – C-300/95 Slg. 1997 I-2651 Rn. 487.

195 *Howells* in Fairgrieve (Hrsg.), Product liability in Comparative perspective, S. 141f; *Taschner*, ZEuP 2012, 560 (564).

196 Vgl. Schlussanträge des Generalanwalt *Bot* v. 21.10.2014 - C-503/13, ECLI: EU:C:2014:2306 Rn. 34–38 – Boston Scientific.

197 EuGH Urt. v. 5.3.2015 – C-503/13, ECLI:EU:C:2015:148 Rn. 41 – Boston Scientific.

198 Vgl. dazu: *Justice Burton* in A v. National Blood Authority [2001] EWHC QB 446 Rn. 35.

entschieden hat,[199] könnte allenfalls der Europäische Gerichtshof im Wege der richterrechtlichen Rechtsfortbildung den Fehlerbegriff der Richtlinie fortentwickeln.[200]

cc) Rechtsunterschiede zwischen den Mitgliedstaaten

In diesem Zusammenhang stellt sich schließlich die Frage, ob auch zwischen Deutschland, Großbritannien[201] und Frankreich Rechtsunterschiede bei der Umsetzung der ProdHaftRL verbleiben. In Deutschland bestand zunächst die Ansicht, dass die Richtlinie lediglich mindestharmonisierend sei.[202] Die ProdHaftRL wurde aber auf Grundlage der Binnenmarktklausel gerade zur Angleichung der mitgliedstaatlichen Haftungsvorschriften erlassen. Insofern hat der Europäische Gerichtshof zu Recht entschieden, dass die Richtlinie innerhalb ihres Anwendungsbereiches vollharmonisierend ist und keine weitergehenden Regelungen im Interesse des Verbraucherschutzes zulässt.[203]

Auf der anderen Seite sieht die Richtlinie ausdrücklich gewisse Regelungsspielräume der Mitgliedstaaten vor. Einige dieser Spielräume betreffen lediglich den Umfang[204] oder die Höhe des ersatzfähigen Schadens (vgl. Art. 16 ProdHaftRL). Bedeutender für diese Arbeit ist dagegen Art. 13 ProdHaftRL. Nach

199 Vierter Bericht über die Anwendung der Richtlinie des Rates zur Angleichung der Rechts- und Verwaltungsvorschriften der Mitgliedstaaten über die Haftung für fehlerhafte Produkte, KOM(2011), 547 endg., Schlussfolgerungen.

200 Mitgliedstaatliche Gerichte müssen bei Zweifeln an der Auslegung des Fehlerbegriffs der Richtlinie – zu denen es einigen Anlass gibt – den EuGH im Wege der Vorabentscheidung nach Art. 267 AEUV befragen, um dessen Auslegungsmonopol hinsichtlich des Unionsrechts (vgl. Art. 19 EUV, Art. 344 AEUV) zu respektieren.

201 Das Vereinigte Königreich hat nach der Durchführung eines Referendums den Europäischen Rat am 29. März 2017 über seine Absicht informiert, die Europäische Union zu verlassen (Art. 50 Abs. 2 EUV). In dieser Untersuchung wird das Vereinigte Königreich – nach der gegenwärtigen Rechtslage – noch als Mitgliedstaat der Europäischen Union behandelt. Es ist zu erwarten, dass das Vereinigte Königreich nach Abschluss des Verhandlungsprozesses über seinen Austritt aus der Europäischen Union („Brexit“) die Vorgaben der Produkthaftungsrichtlinie im Rahmen des Consumer Protection Act weiter anwendet.

202 So: *Freitag*, Der Einfluss des Europäischen Gemeinschaftsrechts auf das internationale Produkthaftungsrecht, S. 63; *Sack*, VersR 1988, 439 (442).

203 EuGH, Urteile v. 25.4.2002 – C-52/00, Slg. 2002, I-3827 Rn. 15–24; C- 183/00, Slg. 2002, I-3879 Rn. 11–20; C-183/00 Slg. 2002, I-3901 Rn. 23–32.

204 So erstreckt das französische Recht die Haftung auf Schäden an rein gewerblich genutzten Gütern und dies ist mit der Richtlinie vereinbar: EuGH, Urt. v. 4.6.2009 – C-285/08, Slg. 2009 I-4733 Rn. 28.

dieser Bestimmung bleibt mitgliedstaatliche Haftung, die auf Vertrag oder Verschulden beruht, von der Harmonisierung der Richtlinie unberührt.[205] Davon erfasst sind die meisten der dargestellten allgemeinen Haftungsgrundlagen der Produzentenhaftung in den Mitgliedstaaten.[206] Ferner bestehen Ansprüche „aufgrund einer zum Zeitpunkt der Bekanntgabe dieser Richtlinie bestehenden besonderen Haftungsregelung" (Art. 13 ProdHaftRL) fort. Als solche bezeichnet Erwägungsgrund 13 die Gefährdungshaftung für Arzneimittel, wie sie das deutsche Recht in § 84 AMG vorsieht. Eine Harmonisierung besteht auch insoweit nicht.

Ein weiteres Beispiel für verbleibende Rechtsunterschiede ist der zulässige Ausschluss der Haftung für Entwicklungsrisiken nach Art. 15 Abs. 1 lit. b ProdHaftRL. Deutschland, Großbritannien und Frankreich haben von dieser Möglichkeit Gebrauch gemacht.[207] Nach der Auslegung des Europäischen Gerichtshofes enthält die Haftungsbeschränkung eine Verhaltenspflicht, das eigene Produktdesign fortlaufend neuesten wissenschaftlichen Erkenntnissen anzupassen. Ihre Grenze findet diese Verhaltenspflicht dagegen bei Erkenntnissen, zu denen der Hersteller noch keinen Zugang hatte.[208] Rechtsunterschiede ergeben sich daraus, dass im französischen Recht humanbiologische Produkte von der Haftungsbeschränkung ausgenommen sind (Art. 1386-12 Code civil).[209] Diese gesetzliche Bestimmung ist vor dem Hintergrund eines öffentlichen Skandals über kontaminierte Blutkonserven („affaire du sang contaminé") zu verstehen.[210]

Im Ergebnis kann für die verschuldensunabhängige Haftung Folgendes festgehalten werden: Im Rechtsverkehr mit den USA bestehen entscheidende sachrechtliche Differenzen zwischen der Auslegung der ProdHaftRL durch den Europäischen Gerichtshof und dem Produkthaftungsrecht wie im Restatement of the Law (3rd), Torts – Products Liability wiedergegeben. Zwischen Deutschland, Großbritannien und Frankreich bestehen dagegen im Geltungsbereich der ProdHaftRL keine inhaltlichen Differenzen, soweit die Harmonisierung der Richtlinie reicht. Dies kann aber nicht darüber hinwegtäuschen, dass die

---

205 EuGH, Urt. v. 25.4.2002 – C-52/00, Slg. 2002 I-3827 Rn. 22.

206 Siehe im Einzelnen oben Gliederungspunkt A.II.2.a) sowie *Whittaker*, The development of product liability, S. 26–28.

207 Vgl. § 1 Abs. 2 Nr. 5 ProdHaftG; Article 1386-11 N° 4 Code civil; Section 4(1)(e) Consumer Protection Act 1987.

208 Siehe oben Gliederungspunkt A.I.2.b).

209 *Freitag*, Der Einfluss des Europäischen Gemeinschaftsrechts auf das internationale Produkthaftungsrecht, S. 74.

210 Vgl. *Borghetti* in Whittaker (Hrsg.), The development of product liability, S. 105f.

mitgliedstaatlichen Gerichte *de facto* unterschiedliche Maßstäbe bei der Handhabung des Fehlerbegriffs anwenden.[211] Im Einzelfall kann dies zu abweichenden Urteilen über vergleichbare Sachverhalte führen.

3. Schlussfolgerung

Ein Vergleich der untersuchten Rechtsordnungen hat sowohl sachrechtliche Divergenzen als auch die teilweise Harmonisierung von Sicherheits- und Verhaltensregeln bei der Produkthaftung festgestellt. Unterschieden wurde zwischen Produktsicherheitsvorschriften und deliktischen Verhaltensregeln.

Die Produktsicherheitsvorschriften in den EU-Mitgliedstaaten sind zunächst durch ein hohes Maß von Harmonisierung innerhalb des Europäischen Binnenmarktes geprägt. Dennoch bestehen Unterschiede beim Anwendungsbereich des Produktsicherheitsrechtes einzelner Mitgliedstaaten. Differenzen verbleiben auch hinsichtlich nicht harmonisierter Sicherheitsaspekte bestimmter Produkte. Als Beispiel kann die Brandsicherheit von Polstermöbeln genannt werden. Im Handelsverkehr zwischen den Mitgliedstaaten der Europäischen Union und den Vereinigten Staaten bestehen darüber hinaus grundlegende und systematische Differenzen bei der Dichte verwaltungsrechtlicher Produktregulierung und der Organisation privater technischer Normierung. Dies unterstreicht die Bedeutung der Frage, welche Produktanforderungen im transatlantischen Handel zur Anwendung gelangen.

Hinsichtlich der deliktischen Verhaltenspflichten bei der Haftung für fehlerhafte Produkte verbleiben zwischen den Rechtsordnungen Deutschlands, Frankreichs, Großbritanniens und der Vereinigten Staaten Unterschiede. Im Rechtsverkehr mit den Vereinigten Staaten sind die sachrechtlichen Divergenzen, z.B. hinsichtlich der Verwendung der „Hand-Formel", besonders augenfällig. Im Übrigen führt auch innerhalb der Europäischen Union die richterrechtliche Ausgestaltung von Verkehrspflichten auf der Grundlage konkreter Einzelfälle zu unterschiedlichen Verhaltensmaßstäben. Dies gilt besonders für den Bereich der Produzentenhaftung, wo mangels einer europäischen Harmonisierung grundsätzliche systematische Differenzen verbleiben. Dabei ist zu bedenken, dass selbst einzelne sachrechtliche Differenzen der Verhaltensregeln eine prozessentscheidende Rolle spielen können. Gelingt dem Hersteller zum Beispiel der

211 Vgl. Dritter Bericht über die Anwendung der Richtlinie des Rates zur Angleichung der Rechts- und Verwaltungsvorschriften der Mitgliedstaaten über die Haftung für fehlerhafte Produkte, KOM/2006/0496 endg. Rn. 3.3; *Howells* in Fairgrieve (Hrsg.), Product liability in Comparative perspective, S. 148f., 152.

Entlastungsbeweis, dass ihm eine bestimmte Sicherheitsmaßnahme wirtschaftlich nicht zumutbar war, so kann er für den Vertrieb des Produktes nicht haftbar gemacht werden. Für den Geschädigten, den Hersteller und die gesamte betroffene Branche hat dies erhebliche wirtschaftliche Auswirkungen.

Bemerkenswert ist, dass zwischen den untersuchten Rechtsordnungen sowohl in der Literatur[212] als auch der Rechtsprechung[213] ein beachtlicher rechtsvergleichender Diskurs über die Produkthaftung entstanden ist. Dies lässt aber nicht unbedingt auf eine fortschreitende Konvergenz der Produkthaftungsrechte schließen. Vielmehr kann ein solcher Diskurs auch der Abgrenzung von anderen Rechtsordnungen dienen. Dies beweist der englische High Court in *A v. National Blood Authority* durch seine rechtsvergleichende Unterscheidung des Fehlerbegriffs in der ProdHaftRL einerseits und im US-amerikanischen Recht andererseits.[214]

Zusammenfassend kann festgehalten werden, dass Rechtsunterschiede sowohl zwischen den Produktsicherheitsvorschriften als auch den deliktischen Verhaltenspflichten im Bereich der Haftung für fehlerhafte Produkte fortbestehen. Dieser Befund ist Ausgangspunkt der weiteren kollisionsrechtlichen Untersuchung.

---

212 Exemplarisch: *Borghetti*, La responsabilité du fait des produits: Etude de droit comparé; *Fairgrieve (Hrsg.)*, Product liability in Comparative perspective; *Whittaker*, The development of product liability mit Gegenüberstellung der Entwicklung von Produkthaftung in England, Frankreich, Deutschland, den Niederlanden, Italien und Spanien.

213 Siehe A v. National Blood Authority, [2001] EWHC QB 446 Rn. 35, 39, 45, 114; sowie Schlussanträge des Generalanwalt *Bot* v. 21.10.2014 - C-503/13, ECLI:EU:C:2014:2306 Rn. 30 – Boston Scientific.

214 [2001] EWHC QB 446 Rn. 35; dazu: *Howells* in Fairgrieve (Hrsg.), Product liability in Comparative perspective, S. 141.

B. Zwei Anknüpfungssysteme

Durch die Globalisierung der Warenproduktion sind immer mehr Produkthaftungsfälle durch komplexe Auslandsbezüge gekennzeichnet. Im ersten Kapitel dieser Untersuchung wurde festgestellt, dass zwischen Deutschland, Frankreich, Großbritannien und den Vereinigten Staaten signifikante sachrechtliche Divergenzen bei der Haftung für fehlerhafte Produkte verbleiben. Folglich stellt sich die Frage, *welche* Sicherheits- und Verhaltensregeln bei der Haftung für fehlerhafte Produkte maßgeblich sind. Diese Frage soll das Kollisionsrecht beantworten. Dabei ist zu bedenken, dass die Quellen des als Sicherheits- und Verhaltensregeln qualifizierten Rechtsstoffes erhebliche Unterschiede aufweisen. Gegenstand dieses Kapitels sind die Produktsicherheitsvorschriften, die dem Öffentlichen Recht zuzuordnen sind. Das übrige Haftungsstatut ist dagegen Teil des Zivilrechts. Diese Differenzierung muss auf der Ebene des Kollisionsrechts fortgeführt werden. Es existieren hinsichtlich der öffentlich-rechtlichen Verkehrsfähigkeit auf der einen Seite und der privatrechtlichen Haftung auf der anderen Seite zwei Anknüpfungssysteme, die unterschiedliche Merkmale aufweisen und sich im Einzelnen unterscheiden.

I. (Öffentlich-rechtliche) Produktsicherheit

Die Verkehrsfähigkeit von Waren wird durch die Anforderungen öffentlich-rechtlicher Produktsicherheitsvorschriften bestimmt. Beim Produktsicherheitsrecht handelt es sich funktional um Gefahrenabwehrrecht, einem Teilgebiet des besonderen Verwaltungsrechts.[215] Welche Produktsicherheitsvorschriften in einem Sachverhalt mit Auslandsbezug anwendbar sind, ist folglich eine international-verwaltungsrechtliche Frage. Um diese Frage zu beantworten, ist es zunächst hilfreich, die Merkmale des Internationalen Verwaltungsrechtes zu skizzieren. Ferner muss zwischen dem allgemeinen Handelsverkehr und Binnenmarktsachverhalten unterschieden werden.

1. Merkmale des Internationalen Verwaltungsrechts

Das Internationale Verwaltungsrecht gilt als Teil des Internationalen Öffentlichen Rechts. Wie beim Internationalen Privatrecht handelt es sich um eine

215 Siehe Einordnung in: *Stober/Eisenmenger*, Besonderes Wirtschaftsverwaltungsrecht, § 54.

Kollisionsrechtsordnung.[216] So hat *Karl Neumeyer* ausgehend vom Internationalen Privatrecht in der ersten Hälfte des 20. Jahrhunderts grundlegende Prinzipien des Internationalen Verwaltungsrechts erarbeitet.[217] Allerdings unterscheiden sich beide Rechtsgebiete in wichtigen Punkten, weil das Internationale Verwaltungsrecht spezifischen völkerrechtlichen und verfassungsrechtlichen Vorgaben unterliegt.[218]

Das Internationale Privatrecht bestimmt nach dem „Prinzip der engsten Verbindung" die für die Anwendung auf einen Sachverhalt „angemessene" Rechtsordnung.[219] Es kann damit auch zur Anwendbarkeit einer anderen Rechtsordnung als der *lex fori* gelangen. Im Gegensatz dazu ist das Internationale Öffentliche Recht grundsätzlich vom Territorialitätsprinzip geprägt.[220] Herkömmlicherweise wenden Behörden daher nur inländische Normen des Öffentlichen Rechts an (einseitige Kollisionsregeln). Die hergebrachten Prinzipien des Internationalen Verwaltungsrechts haben sich durch transnationales Verwaltungshandeln allerdings fortentwickelt. So lassen sich verschiedene Fälle finden, in denen inländische Behörden und Gerichte ausländisches Verwaltungsrecht berücksichtigen oder durch die Anerkennung ausländischer Verwaltungsakte sogar anwenden.[221] Dafür ist das Grundgesetz, insbesondere mit dem Ziel der europäischen Einigung (Art. 23 GG) offen.[222]

Die Frage von Kollisionen des anzuwendenden Rechts stellt sich im Internationalen Verwaltungsrecht in anderer Weise als im Internationalen Privatrecht. Im Gegensatz zum Internationalen Privatrecht kommt es nicht unbedingt darauf an, für ein Rechtsverhältnis eine *ausschließlich* anwendbare Rechtsordnung zu

---

216 Für ein paralleles Verständnis: *Kment*, Grenzüberschreitendes Verwaltungshandeln S. 208, 251; *Menzel*, Internationales Öffentliches Recht, S. 893.

217 *Neumeyer*, Internationales Verwaltungsrecht, Bände 1–4 - veröffentlicht zwischen 1910 und 1936.

218 Die Differenzen betonend: *Ohler*, Die Kollisionsordnung des Allgemeinen Verwaltungsrechts, S. 369.

219 *Kropholler*, Internationales Privatrecht, § 4 I.

220 *Kegel/Schurig*, Internationales Privatrecht, S. 1095f.

221 Grundlegend unter der Bezeichnung „Überwirkung ausländischer Verwaltung": *Neumeyer*, Internationales Verwaltungsrecht: Allgemeiner Teil Band IV, S. 174–182; siehe auch *Ohler*, Die Kollisionsordnung des Allgemeinen Verwaltungsrechts, S. 311, 313f; zur weitergehenden Entwicklung mehrseitiger Kollisionsnormen: *Kment*, Grenzüberschreitendes Verwaltungshandeln, S. 251ff.

222 *Menzel*, Internationales Öffentliches Recht, S. 536.

bestimmen.[223] Das Völkerrecht lässt vielmehr konkurrierende Regelungskompetenzen verschiedener Staaten für internationale Sachverhalte zu.[224] Es kann im Internationalen Verwaltungsrecht also durchaus vorkommen, dass Behörden unterschiedlicher Staaten tätig werden und ihr jeweiliges Verwaltungsrecht auf einen bestimmten Sachverhalt anwenden. Der Rechtsunterworfene muss dann *kumulativ* die anwendbaren Rechte befolgen.[225]

Dies kann sich daraus ergeben, dass bei einem grenzüberschreitenden Sachverhalt das Territorium mehrerer Staaten betroffen ist. Wählt man als Anknüpfung die Auswirkungen auf einen Markt (*Auswirkungsprinzip*), wird die Kumulation anwendbarer Vorschriften besonders deutlich. So ist die Fusion international tätiger Unternehmen regelmäßig bei einer Vielzahl von Kartellbehörden anzumelden und ggf. von ihnen nach ihrem jeweiligen Wettbewerbsrecht zu genehmigen.[226] Auch im Internationalen Finanzmarktrecht kann das Auswirkungsprinzip die Regelungskompetenz verschiedener Staaten, z.B. hinsichtlich der Weitergabe von Insiderinformationen, begründen.[227]

Zur Beschränkung von Doppelbelastungen kann die Regelungskompetenz von Staaten in solchen Fällen - auf völkerrechtlicher Grundlage - koordiniert werden.[228] Durch die vereinbarte Anwendung eines bestimmten, supranationalen oder auch ausländischen Rechts kann darüber hinaus die Ausübung von Regelungskompetenz gebündelt werden, zum Beispiel durch Doppelbesteuerungsabkommen.[229] Einer solchen Bündelung von Regelungskompetenzen kommt innerhalb der Europäischen Union durch die Grundfreiheiten besondere Bedeutung zu, wie im Folgenden noch gezeigt wird.

---

223 *Ohler*, Die Kollisionsordnung des Allgemeinen Verwaltungsrechts; S. 346; *Kment*, Grenzüberschreitendes Verwaltungshandeln, S. 254.

224 *Brownlie*, Principles of public international law, S. 460, 486.

225 Kritisch: *Kment*, Grenzüberschreitendes Verwaltungshandeln, S. 238f.

226 Vgl. Immenga/Mestmäcker/*Rehbinder*, Wettbewerbsrecht. Bd. 1 Teil 1, S. 86; zur extraterritorialen Anwendung der EU-Fusionskontrollverordnung im Einzelnen: *Mestmäcker/Schweitzer*, Europäisches Wettbewerbsrecht, § 7 VIII.

227 Vgl. MüKo-BGB/*Lehmann*, IntFinMarktR Rn. 112.

228 Siehe z.B. Abkommen zwischen den Europäischen Gemeinschaften und der Regierung der Vereinigten Staaten von Amerika über die Anwendung ihrer Wettbewerbsregeln, ABl. 1995 L 95, 47.

229 *Menzel*, Internationales Öffentliches Recht, S. 737.

2. Anknüpfung an die Vermarktung des einzelnen Produkts

Im internationalen Handelsverkehr können bedeutende Unterschiede zwischen den öffentlich-rechtlichen Sicherheitsanforderungen bestehen, die unterschiedliche Rechtsordnungen an ein bestimmtes Produkt stellen.[230] Staaten dürfen nach dem Welthandelsrecht den Import von Produkten beschränken, um die Gesundheit ihrer Bürger zu schützen (Art. 20 lit. b General Agreement on Tariffs and Trade). Dies geschieht typischerweise durch die Festlegung allgemeiner und produktspezifischer Sicherheitsanforderungen. Die Definition eines territorialen Sicherheitsstandards ist Ausdruck einer Interessenabwägung zwischen Haftungsniveau, Produktauswahl und Kaufpreis.[231] Der dabei gebotene Maßstab kann von geographischen und volkswirtschaftlichen Faktoren abhängen.[232] Für diese Untersuchung ist daher bedeutsam, welche Sicherheitsvorschriften verschiedener Rechtsordnungen ein Hersteller beim internationalen Vertrieb seines Produkts beachten muss.

Ausgangspunkt ist der Schutzzweck des Produktsicherheitsrechts, die Verwender auf einem bestimmten Markt zu schützen.[233] Ein Produkt gilt nach Art. 3 Abs. 2 Produktsicherheitsrichtlinie 2001/95/EG als sicher, wenn es den „speziellen Rechtsvorschriften des Mitgliedstaats, in dessen Hoheitsgebiet das Produkt vermarktet wird, über die Gesundheits- und Sicherheitsanforderungen für die Vermarktung dieses Produkts entspricht". Diese Bestimmung des internationalen Anwendungsbereichs nationaler Produktsicherheitsvorschriften enthält eine implizite Anknüpfung an die Vermarktung des einzelnen Produktes. Entsprechend ist das deutsche Produktsicherheitsrecht nach § 1 Abs. 1 ProdSG in einem internationalen Sachverhalt dann anzuwenden, wenn Produkte innerhalb des Territoriums der Bundesrepublik auf dem Markt bereitgestellt, ausgestellt oder erstmals verwendet werden.[234]

---

230 Siehe oben Gliederungspunkt A.II.1. für die untersuchten Rechtsordnungen; noch erheblichere Unterschiede dürften sich gegenüber Schwellen- und Entwicklungsländern ergeben.

231 Vgl. Supreme Court of Jersey in *Rowe v. Hoffman-La Roche, Inc.*, 189 N.J. 615 (N.J. 2007) 631, 634.

232 *Roth*, Welthandelsordnung und IPR in von Heinegg (Hrsg.), Entschädigung nach bewaffneten Konflikten, S. 357.

233 *Wandt*, Internationale Produkthaftung, § 14 Rn. 649f.

234 Vgl. Klindt/*Schucht*, Produktsicherheitsgesetz, § 1 Rn. 35.

3. Modifikation im EU-Binnenmarkt durch das Prinzip gegenseitiger Anerkennung

Innerhalb des EU-Binnenmarkts steht die Reglungskompetenz des Marktstaats nach Art. 3 Abs. 2 Produktsicherheitsrichtlinie 2001/95/EG unter dem ausdrücklichen Vorbehalt der Vereinbarkeit mit dem freien Warenverkehr (Art. 34 AEUV). Dem liegen folgende Überlegungen zugrunde: Produkte, die in einem anderem EU-Mitgliedstaat in den Verkehr gebracht und dann auch in Deutschland vertrieben werden, erfüllen sowohl im Herkunfts- als auch im Marktstaat die Anknüpfung der Vermarktung.[235] Damit müssten die Produktsicherheitsvorschriften beider Staaten Anwendung finden. Dies stellt für wirtschaftliche Akteure eine handelsbeschränkende Doppelbelastung dar. Verschiedene Strategien der Marktintegration sind daher auf die Bündelung von Regelungskompetenzen gerichtet, um den freien Warenverkehr innerhalb des Binnenmarktes zu gewährleisten.

Für zahlreiche Produktgruppen haben die EU-Mitgliedstaaten durch die Harmonisierung grundlegender Sicherheitsanforderungen ihre Regelungskompetenzen zentralisiert.[236] Bei solchen Produkten sind nach Art. 3 Abs. 3 Produktsicherheitsrichtlinie ausschließlich die harmonisierten Sicherheitsanforderungen zu beachten. Der Hersteller bescheinigt, ggf. unter Beteiligung einer akkreditierten Prüfstelle im Herkunftsland, die Konformität mit diesen Anforderungen.[237] Die Ware wird mit der CE-Kennzeichnung versehen, die den Vertrieb im gesamten Binnenmarkt erlaubt.

a) Grundlegung der gegenseitigen Anerkennung in der Warenverkehrsfreiheit

Anders verhält es sich mit nicht-harmonisierten Sicherheitsvorschriften. Differenzen zwischen nationalen Sicherheitsstandards führen zu faktischen Beschränkungen des freien Warenverkehrs (Art. 34 AEUV). Hier ist das Prinzip *gegenseitiger Anerkennung* zu beachten, das im Kontext der Warenverkehrsfreiheit seinen Ursprung in der Rechtsprechung des Europäischen Gerichtshofes hat.[238] Nach der Cassis-de-Dijon-Entscheidung aus dem Jahr 1979 sind Produkte,

---

235 Herkunftsland im Sinne des Unionsrechts ist der Mitgliedstaat, in dem das Produkt erstmals vermarktet wurde - *Dethloff*, JZ 2000, 179 (184).

236 Zu dieser Entwicklung siehe oben: Gliederungspunkt A.II.1.a)aa).

237 Siehe oben: Gliederungspunkt A.II.1.a).

238 *Dashwood/Dougan/Rodger/Spaventa/Wyatt*, European Union law, S. 412; allerdings spricht der Europäische Gerichtshof erst seit 2009 ausdrücklich von „gegenseitiger

die rechtmäßig in einem Mitgliedstaat in den Verkehr gebracht wurden, auch in den anderen Mitgliedstaaten verkehrsfähig.[239] Dies bedeutet, dass der Marktstaat gleichwertige Produktsicherheitsanforderungen von EU-Herkunftsländern anerkennen muss.[240] Die Grundlage des Prinzips *gegenseitiger Anerkennung* war geschaffen. Zwar können Produktsicherheitsregeln des Marktstaates auf den Schutz von Gesundheit und Leben von Menschen (Art. 36 AEUV) gestützt werden, sie sind nach dem Verhältnismäßigkeitsprinzip aber dann nicht „erforderlich", wenn der Herkunftsstaat eigene gleichwertige Anforderungen stellt.[241] Eine Gleichwertigkeit der Sicherheitsanforderungen in den Mitgliedstaaten wird nach dem Grundsatz *gegenseitiger Anerkennung* vermutet.[242]

Nach der Fra.bo-Entscheidung des Europäischen Gerichtshofes von 2012 sind auch private Normungsverbände an die Warenverkehrsfreiheit gebunden, wenn an die Einhaltung ihrer Normen gesetzliche Vermutungsregeln geknüpft werden.[243] Im deutschen Produktsicherheitsrecht gilt dies beispielsweise nach § 5 Abs. 2 ProdSG für alle technischen Normen, die vom Ausschuss für Produktsicherheit ermittelt und deren Fundstellen im Gemeinsamen Ministerialblatt bekannt gemacht worden sind. Nach den Vorgaben der Warenverkehrsfreiheit darf der Einhaltung technischer Normen aus anderen EU-Mitgliedstaaten eine entsprechende Vermutungswirkung nicht versagt werden.[244]

So muss sich die *gegenseitige Anerkennung* nicht zwingend auf die Anerkennung von Rechtsnormen des Herkunftslandes beziehen. Selbst wenn ein Produkt lediglich auf der Grundlage einer technischen Norm im EU-Herkunftsland zugelassen wurde, spricht eine Vermutung für die Verkehrsfähigkeit des

---

Anerkennung" – vgl. EuGH, Urt. v. 10.2.2009 – Rs. C-110/05, Slg. 2009 I-519 Rn. 34 - Kommission/Italien; Urt. vom 2.12.2010 – Rs. C-108/09, Slg. 2010 I-12213 Rn. 48 - Ker-Optika.

239 EuGH, Urt. v. 20.2.1979 – Rs. C-120/78, Slg. 1979, 649 Rn. 14 - Rewe-Zentral AG v Bundesmonopolverwaltung für Branntwein.

240 *Barnard*, The substantive law of the EU, S. 93.

241 Streinz/*Schröder*, EUV/AEUV, Art. 36 AEUV Rn. 50.

242 *Barnard*, The substantive law of the EU, S. 93 – "presumption of *equivalence* or *mutual recognition*".

243 EuGH, Urt. v. 12.7.2012 – Rs. C-171/11 ECLI:EU:C:2012:453 Rn. 32 – Fra.bo, dazu: *Schweitzer*, EuZW 2012, 797.

244 Klindt/*Menz* Produktsicherheitsgesetz, § 5 Rn. 15, 17 und der *Länderausschuss für Arbeitsschutz und Sicherheitstechnik*, Leitlinien zum Produktsicherheitsgesetz, 3. Auflage, S. 20; der Einhaltung von Produktstandards eines außereuropäischen Herkunftsstaates misst die Rechtsprechung dagegen zu Recht keinen besonderen Beweiswert zu, siehe VG Hamburg, Urteil vom 28.9.2010 – 10 K 1128/09.

Produktes im Marktstaat. Folgendes Beispiel kann dafür aus der Verwaltungsrechtsprechung genannt werden: Dem Halter eines umgerüsteten Motorrads mit Karbon-Rädern, die in einem anderen Mitgliedstaat im Einklang mit dessen technischen Normen im Straßenverkehr eingesetzt werden, darf in Deutschland die Betriebszulassung nicht unter Hinweis darauf verweigert werden, dass eine solche Umrüstung nach der deutschen StVO nicht zulässig ist.[245]

b) Sekundärrechtliche Festschreibung

Seit der Einführung der *nouvelle approche* im EU-Produktsicherheitsrecht beschränkt sich der Unionsgesetzgeber auf die Harmonisierung grundlegender Sicherheitsmerkmale.[246] Dadurch wurde die *gegenseitige Anerkennung* von einem richterrechtlichen zu einem legislativen Konzept.[247] Beruht das Prinzip *gegenseitiger Anerkennung* auf der Rechtsprechung des Europäischen Gerichtshofes zum freien Warenverkehr, so wird es im Kontext des EU-Produktsicherheitsrechtes durch das Sekundärrecht verfestigt.[248]

Für nicht-harmonisierte Sicherheitsaspekte geschah dies zunächst durch Entscheidung 3052/95/EG[249] über Informationspflichten der Mitgliedstaaten bei Marktaufsichtsmaßnahmen gegen nicht-harmonisierte Produkte aus anderen Mitgliedstaaten. Weitergehende materielle und verfahrensrechtliche Garantien der gegenseitigen Anerkennung ergeben sich heute aus Verordnung (EG) 764/2008.[250] Nur durch individuelle Verwaltungsentscheidung kann der Marktstaat den Vertrieb von Produkten beschränken, die den Sicherheitsvorschriften eines EU-Herkunftsstaates genügen (Art. 2 Abs. 1). Dazu müssen die Behörden zunächst anhand geeigneter technischer oder wissenschaftlicher

---

245 VG Stuttgart, Urt. v. 1.7.2009, Az. 8 K 1815/08; dazu: *Haak/Klöck*, EuZW 2010, 53; VGH Baden-Württemberg, Urteil vom 31.5.2011 – 10 S 1857/09.

246 Zu dieser Entwicklung siehe oben Gliederungspunkt A.II.1.a) aa).

247 *Weiler* in Padoa-Schioppa (Hrsg.), The principles of mutual recognition in the European integration process, S. 50f.

248 Vgl. *Barnard*, The substantive law of the EU, S. 195–197; *Craig/De Búrca*, EU law, S. 623.

249 Entscheidung Nr. 3052/95/EG des Europäischen Parlaments und des Rates vom 13. Dezember 1995 zur Einführung eines Verfahrens der gegenseitigen Unterrichtung über einzelstaatliche Maßnahmen, die vom Grundsatz des freien Warenverkehrs in der Gemeinschaft abweichen, ABl. 1995 L 321, 1.

250 Verordnung (EG) 764/2008 des Europäischen Parlaments und des Rates vom 9. Juli 2008 zur Festlegung von Verfahren in Zusammenhang mit der Anwendung bestimmter nationaler technischer Vorschriften für Produkte, die in einem anderen Mitgliedstaat rechtmäßig in den Verkehr gebracht wurden, ABl. 2008 L 218, 21.

Belege gegenüber dem Importeur beweisen, dass von seinem Produkt erhebliche Sicherheitsrisiken ausgehen und ihm eine angemessene Frist zur Stellungnahme einräumen (Art. 6 Abs. 1, 2). Wird dieses Verfahren nicht eingehalten, so darf das Produkt uneingeschränkt vermarktet werden (Art. 6 Abs. 4). Eine vorübergehende Aussetzung des Vertriebs ist den Behörden nur aus übergeordneten Gründen des Gemeinwohls gestattet (Art. 7). Dies zeigt, wie weitreichend Verordnung 764/2008 die Anerkennung der Produktsicherheitsvorschriften des Herkunftslandes festschreibt.

c) Äquivalenzklauseln im Marktrecht

Eine solche Anerkennung von Sicherheitsstandards des Herkunftslandes kann durch Äquivalenzklauseln des Marktrechtes erleichtert werden. Als Beispiel ist das deutsche Lebens- und Futtermittelgesetzbuch (LFGB) anzuführen. Nach § 54 Abs. 1 LFGB „dürfen [bestimmte] Lebensmittel, kosmetische Mittel oder Bedarfsgegenstände, die in einem anderen Mitgliedstaat der Europäischen Union (...) rechtmäßig in den Verkehr gebracht werden, (...) in das Inland verbracht und hier in den Verkehr gebracht werden, auch wenn sie den in der Bundesrepublik Deutschland geltenden Vorschriften für Lebensmittel, kosmetische Mittel oder Bedarfsgegenstände nicht entsprechen." Nach der Formulierung der Klausel verweist das Recht des Marktstaates ausdrücklich auf das Recht des Herkunftslandes. Die erfassten Produkte aus anderen EU-Mitgliedstaaten sind im Gegenzug von der Einhaltung der Sicherheitsstandards des (deutschen) Marktortes befreit.

Nach der Entscheidung des Europäischen Gerichtshofs in der Rechtssache „Foie gras" folgt aus der Warenverkehrsfreiheit eine unmittelbare Verpflichtung der Mitgliedstaaten, solche Äquivalenzklauseln in ihr nicht-harmonisiertes Produktsicherheitsrecht aufzunehmen.[251] In darauf folgenden Entscheidungen hat der Gerichtshof jedoch nicht darauf beharrt, dass jegliche nationale Produktregulierung im Lichte der Warenverkehrsfreiheit eine Äquivalenzklausel enthalten müsse.[252] Dies zeigt, dass Äquivalenzklauseln keine konstitutive, sondern lediglich deklaratorische Wirkung haben.[253] Sie verdeutlichen lediglich das Prinzip

---

251 EuGH, Urteil v. 22.10.1998 - C-184/96, Slg. 1998, I-6197 Rn. 28.

252 Vgl. EuGH, Urteil v. 5.2.2004, C-270/02 Slg. 2004 I-1559 Rn. 23; ausdrücklich: Schlussantrag v. Generalanwalt *Mischo* v. 26.6.2001 – Rs. C-24/00, Slg. 2001 I-1280 Rn. 54.

253 *Leible/Streinz* in Grabitz/Hilf/Nettesheim, Das Recht der Europäischen Union, Art. 34 AEUV Rn. 72.

gegenseitiger Anerkennung und erleichtern dessen Durchsetzung vor mitgliedstaatlichen Behörden.

d) Schlussfolgerung

Es stellt sich die Frage, welche kollisionsrechtlichen Schlussfolgerungen aus diesen Befunden zu ziehen sind. Nach Stimmen des international-privatrechtlichen Schrifttums dient das Produktsicherheitsrecht des Herkunftslandes im Rahmen der Cassis-de-Dijon-Rechtsprechung als „Messlatte, um unnötige Rechtsunterschiede zwischen den Mitgliedstaaten festzustellen".[254] Es verbleibe bei einer durch das Verhältnismäßigkeitsprinzip modifizierten Anknüpfung an den Absatzmarkt.[255]

Klarzustellen ist, dass es an dieser Stelle nicht um die Diskussion eines „kollisionsrechtlichen Herkunftslandprinzips" auf der Ebene des Haftungsrechtes geht. Die weitere Untersuchung wird diese Frage noch thematisieren.[256] Hier geht es lediglich um die Verteilung von Regelungskompetenzen auf einer der Haftung vorgelagerten Ebene des Produktsicherheitsrechtes. Ob sich allein aus Art. 34, 36 AEUV eine international-verwaltungsrechtliche Kollisionsregel zugunsten des Herkunftslandes ableiten lässt, muss im Rahmen dieser Untersuchung nicht entschieden werden.[257] Aus der Gesamtschau von Primär- und Sekundärrecht jedenfalls genügt bei nicht-harmonisierten Produkten die Einhaltung der Produktsicherheitsvorschriften des Mitgliedstaates der ersten Vermarktung (Herkunftsland) zum Vertrieb im gesamten Binnenmarkt.

---

254 *Wandt*, Internationale Produkthaftung, § 14 Rn. 732f.

255 *Roth*, Die Grundfreiheiten und das Internationale Privatrecht, in: Gedächtnisschrift Lüderitz, S. 644.

256 Siehe unten Gliederungspunkt C.III.1.

257 Dafür: *Basedow*, RabelsZ 59 (1995), 1 (14f.) „versteckte kollisionsrechtliche Verweisung"; Calliess/Ruffert/*Kingreen*, EUV/AEUV, Art. 36 AEUV Rn. 149 - eine „Doppelbelastungen vermeidende Kollisionsregel"; *Martiny* in von Bar (Hrsg.), Europäisches Gemeinschaftsrecht und internationales Privatrecht, S. 217 – „ein Stück Kollisionsregel"; *Michaels*, J. Priv. Int. Law 2 (2006), 195 (213f.); kritisch dagegen: *Bernel*, Le principe d'équivalence ou de „reconnaissance mutuelle" en droit communautaire, S. 115f; *Freitag*, Der Einfluss des Europäischen Gemeinschaftsrechts auf das internationale Produkthaftungsrecht, S. 309; *Grandpierre*, Herkunftsprinzip kontra Marktortanknüpfung, S. 185; im Hinblick auf die Unterschiede zwischen ordre-public im IPR und Art. 36 EGV bereits: *Roth*, Freier Warenverkehr und staatliche Regelungsgewalt in einem Gemeinsamen Markt, S. 17 f.

Eine Beschränkung des Produktvertriebs auf der Grundlage strengerer Regeln des Marktortes ist nach Verordnung (EG) 764/2008 ausschließlich durch eine individuelle, wissenschaftlich begründete Verwaltungsentscheidung der Behörden des Marktstaates möglich. In dieser Form verwirklicht das EU-Produktsicherheitsrecht das Integrationskonzept einer Kontrolle durch das Herkunftsland.[258] Das Herkunftsland übernimmt treuhänderisch für den gesamten Binnenmarkt eine „Quellverantwortung" für Risiken, die von seinem Territorium ausgehen, während der Marktstaat auf eine eigene Regelungskompetenz verzichtet.[259] Dieser Befund macht deutlich, welcher kollisionsrechtliche Gehalt dem Prinzip *gegenseitiger Anerkennung* im spezifischen Kontext des EU-Produktsicherheitsrechts zukommt: Die Marktanknüpfung wird dahingehend modifiziert, dass zugunsten des Herstellers an den *erstmaligen* Vertrieb eines Produktes der gleichen Gattung innerhalb des Binnenmarktes angeknüpft wird.[260]

4. „Gegenseitige Anerkennung" in Freihandelsabkommen

Auch jenseits des EU-Binnenmarktes existieren im Bereich der Produktsicherheit Mechanismen der „gegenseitigen Anerkennung" auf der Grundlage präferentieller Freihandelsabkommen. Der völkerrechtliche Begriff „gegenseitiger Anerkennung" kann aber nur teilweise mit dem EU-Produktsicherheitsrecht verglichen werden. Vor dem Hintergrund der Ratifizierung des *Comprehensive Economic and Trade Agreement* (CETA) zwischen der Europäischen Union und Kanada soll für die Produktsicherheit im transatlantischen Warenverkehr aufgezeigt werden, dass sich aus solchen Freihandelsabkommen lediglich sehr beschränkte Kompetenzverschiebungen vom Absatzmarkt zum Herkunftsland ergeben.

a) Hintergrund des multilateralen Welthandelsrechtes

Hintergrund von Bestimmungen präferentieller Freihandelsabkommen ist das Welthandelsrecht. Art. XI GATT enthält ein allgemeines Verbot nicht-tarifärer Handelsbeschränkungen. Solche Handelsbeschränkungen müssen durch einen der in Art. XX GATT abschließend aufgezählten Rechtfertigungsgründe gedeckt und zudem verhältnismäßig sein.[261] Um den Grundsatz der Verhältnismäßigkeit zu wahren, ist der Marktstaat verpflichtet, Produktsicherheitsanforderungen

---

258 *Barnard*, The substantive law of the EU, S. 93f; *Craig/De Búrca*, EU law, S. 622; *Purnhagen*, The Politics of Systematization in EU Product Safety Regulation, S. 55, 58.
259 *Micklitz*, Internationales Produktsicherheitsrecht, S. 244.
260 Vgl. *Wandt*, Internationale Produkthaftung, § 14 Rn. 666.
261 Dazu: *Tietje*, Internationales Wirtschaftsrecht, § 3 Rn. 91–95.

des Herkunftslands, die den gleichen Schutzzweck wie die eigene Regulierung verfolgen, zu berücksichtigen.[262] So stellte der WTO Appellate Body in der US-Shrimps-Entscheidung fest, dass es eine willkürliche Diskriminierung beim Marktzutritt darstelle, von einem Herkunftsland die vollständige Übernahme der Fangvorschriften des Absatzmarktes zu verlangen.[263] Das Übereinkommen über technische Handelshemmnisse (TBT-Abkommen) konkretisiert das Verbot von Handelsbeschränkungen in Bezug auf technische Vorschriften und Normen. Technische Vorschriften dürfen den Handel nicht stärker behindern, als dies zur Erreichung ihres Zweckes – im Rahmen dieser Untersuchung die Produktsicherheit – erforderlich ist (Art. 2.2 TBT).[264] Nationale technische Normen müssen fortlaufend auf ihre Erforderlichkeit überprüft werden und soweit möglich auf internationalen Standards basieren (Art. 2.4 TBT).[265]

b) *Formen „gegenseitiger Anerkennung“*

Über diese allgemeinen Bestimmungen des Welthandelsrechts hinaus bestehen bilaterale Mechanismen „gegenseitiger Anerkennung“. Solche Mechanismen können im Rahmen von präferentiellen Freihandelsabkommen eine Alternative zur Harmonisierung von Produktanforderungen sein oder solche Bemühungen ergänzen.[266] Die Vereinbarung gegenseitiger Anerkennung bietet sich für Staaten an, soweit die Inländergleichbehandlung (*national treatment*) für den effektiven Marktzugang beim Handelspartner unzureichend ist und zugleich eine Harmonisierung nicht möglich oder wünschenswert erscheint.[267] Gegenseitige Anerkennung ist damit eine geeignete Option, mit regulatorischen Differenzen zwischen zwei ebenbürtigen Handelspartnern umzugehen.[268]

Der Begriff der „gegenseitigen Anerkennung“ wird allerdings nicht einheitlich gebraucht. Zu unterscheiden ist zwischen der Anerkennung von „fremden“

---

262 *Roth*, Welthandelsordnung und IPR, in: Heintschell von Heinegg/Kadelbach/Hess (Hrsg.) Entschädigung nach bewaffneten Konflikten, S. 331 (365).

263 Report of the Appelate Body – United States – Import Prohibition of Certain Shrimp and Shrimp Products, 12 October 1998, Rn. 177.

264 Dazu: *Tietje*, Internationales Wirtschaftsrecht, § 3 Rn. 125f.

265 *Jessen* in Hilf/Oeter (Hrsg.), WTO-Recht, § 18 Rn. 19–21.

266 *Struck*, Product regulations and standards in WTO law, § 4.06 [E].

267 Vgl. *Nicolaidis/Shaffer*, Law and Contemporary Problems 68 (2005), 263, (269f.).

268 *Mathis*, Legal Issues of Economic Integration 39 (2012), 73 (78) – der die gegenseitige Anerkennung trotz Schwierigkeiten bei der praktischen Umsetzung als vorzugswürdige Form der regulatorischen Zusammenarbeit zwischen ebenbürtigen Handelspartnern betrachtet.

Produktsicherheitsanforderungen des Handelspartners als gleichwertig (*equivalence*) und der Anerkennung von Konformitätsprüfungen auf dem Territorium des Handelspartners nach den „eigenen" Standards des Absatzmarktes (*mutual recognition*).[269] Beide unterschiedlichen Mechanismen sind im TBT-Abkommen angelegt. WTO-Mitglieder sind nach Art. 2.7 TBT angehalten („shall give positive consideration"), die Einführung einer Anerkennung ausländischer technischer Vorschriften zu prüfen. Eine solche Anerkennung von materiell-rechtlich abweichenden Produktsicherheitsanforderungen des Herkunftsstaates als gleichwertig (*equivalence*) existiert bislang nur innerhalb des EU-Binnenmarktes und zwischen Australien und Neuseeland (Transtasmanische Freihandelszone).[270] In beiden Fällen ist die Normanerkennung in einen Rahmen intensiver regulatorischer Kooperation bzw. Zentralisierung eingebettet und ergänzt das Bestreben, wesentliche Sicherheitsanforderungen in einem Binnenmarkt zu harmonisieren. Im EU-Binnenmarkt wird die Anerkennung äquivalenter Produktsicherheitsvorschriften des Herkunftslands durch die Warenverkehrsfreiheit (Art. 34 AEUV) und die Anwendung der Verordnung (EG) 764/2008 gewährleistet.[271]

Im internationalen Handelsverkehr ist hingegen die Anerkennung von Konformitätsprüfungen deutlich verbreiteter als eine Anerkennung ausländischer Sicherheitsstandards. Art. 6.3 TBT ermutigt die WTO-Mitglieder Abkommen auszuhandeln, nach denen die Ergebnisse von Konformitätsprüfungen im Herkunftsland anerkannt werden. Entsprechende Vereinbarungen wurden seit Bestehen des TBT-Abkommens in Form von Mutual Recognition Agreements (MRAs) zwischen Handelspartnern in Amerika und Europa, aber auch in Asien oder auf dem afrikanischen Kontinent geschlossen.[272] Entscheidend ist dabei, dass die Zertifizierung nach den Regeln des Absatzmarktes erfolgt. Dies erleichtert den Handel insofern, als ein Produkt bereits im Herkunftsland auf seine Konformität mit den Anforderungen verschiedener Absatzmärkte geprüft und zertifiziert werden kann.[273] Dagegen lassen MRAs die Normsetzungskompetenz

---

269 *Jessen* in Hilf/Oeter (Hrsg.), WTO-Recht, § 18 [E][1][3]; *Mathis*, Journal of World Trade 32 (1998), 5 (16–21); *Zúñiga Schroder*, Harmonization, equivalence and mutual recognition of standards in WTO law, S. 97f.

270 *Correia de Brito/Kauffmann/Pelkmans*, OECD Regulatory Policy Working Papers No. 2, 2016, S. 16.

271 Vgl. oben Gliederungspunkt A.II.1.a).

272 *Tietje*, Internationales Wirtschaftsrecht, § 3 Rn. 133; *Zúñiga Schroder*, Harmonization, equivalence and mutual recognition of standards in WTO law, S. 131ff.

273 Vgl. *Struck*, Product regulations and standards in WTO law, § 4.06 [E][4].

der beteiligten Handelspartner unberührt und führen nicht zu einer Verweisung auf die Produktsicherheitsvorschriften des Herkunftsstaates.[274]

c) Transatlantischer Freihandel

Zwischen den Handelspartnern auf beiden Seiten des Atlantiks spielen diese Mechanismen gegenseitiger Anerkennung eine erhebliche Rolle. Bereits 1998 schloss die Europäische Union mit den Vereinigten Staaten und Kanada bilaterale Mutual Recognition Agreements.[275] Diese Abkommen hatten zunächst nur begrenzten Erfolg. Aufgrund fehlenden Vertrauens zwischen den Regulierungsbehörden und Differenzen über die Modalitäten von Konformitätsprüfungen wird die in diesen Abkommen vereinbarte gegenseitige Anerkennung der Ergebnisse von Konformitätsprüfungen bislang nur für einzelne Produktgruppen praktiziert.[276]

Nach dem Abschluss weiterer sektorspezifischer Abkommen wuchs die politische Ambition, umfassende Freihandelsabkommen zu vereinbaren.[277] Dies führte im Jahr 2014 zum erfolgreichen Abschluss der Verhandlungen über das *Comprehensive Economic and Trade Agreement* (CETA) mit Kanada. Nach der Ratifizierung durch das EU-Parlament werden die für diese Untersuchung maßgeblichen Teile des Abkommens seit dem 21. September 2017 vorläufig angewendet.[278] Dagegen konnten die Verhandlungen über eine *Transatlantic Trade*

274 *Chase/Pelkmans*, Centre for European Policy Studies Special Report No. 110, S. 4; beispielhaft: Art. 3.3 Abkommen zwischen der Europäischen Gemeinschaft und den Vereinigten Staaten von Amerika über die gegenseitige Anerkennung, ABl. 1999 L 31, 3; etwas anderes gilt lediglich für sogenannte „Enhanced MRAs", welche die Europäische Union mit Nachbarstaaten abschließt, die bereit sind, den Normenbestand der Union in ihr eigenes Recht zu übernehmen.

275 Abkommen zwischen der Europäischen Gemeinschaft und Kanada über die gegenseitige Anerkennung, ABl. 1998 L 280, 3; Abkommen zwischen der Europäischen Gemeinschaft und den Vereinigten Staaten von Amerika über die gegenseitige Anerkennung, ABl. 2009 L 31, 3.

276 Zum Beispiel gegenüber den USA für Telekommunikationsgeräte, elektromagnetische Kompatibilität und Sportboote.

277 Vgl. *Chase/Pelkmans*, Centre for European Policy Studies Special Report No. 110, S. 6f.

278 Vgl. Art. 218 Abs. 5 AEUV; als „gemischtes" Abkommen bedarf CETA noch der Ratifizierung durch alle EU-Mitgliedstaaten. Erst dann tritt das Abkommen einschließlich der Bestimmungen zum Investitionsschutz in Kraft.

and Investment Partnership (TTIP) mit der von Donald Trump geführten US-Regierung nicht abgeschlossen worden.[279]

Ob sich im transatlantischen Handel aus CETA eine Verweisung auf Produktsicherheitsanforderungen des Herkunftsstaates ergibt, hängt davon ab, ob abweichende materiell-rechtliche Produktsicherheitsanforderungen der Handelspartner als gleichwertig anerkannt werden. In diesem Sinne postulierte die EU-Kommission bereits 1998 das Ziel eines „Neuen Transatlantischen Markts", welcher durch die Ausdehnung des Prinzips *gegenseitiger Anerkennung* geschaffen werden sollte.[280] Entsprechend der Cassis-de-Djion-Rechtsprechung sollte jedes Produkt, das rechtmäßig auf dem Territorium eines Handelspartners vertrieben wird, möglichst ohne weitere Anforderungen den Atlantik überqueren können.

Aber weder CETA noch die Entwürfe zu TTIP verpflichten die Vertragsparteien zu einer derartigen Verweisung auf das Produktsicherheitsrecht des Herkunftslandes. Die Anerkennung von Gleichwertigkeit („recognition of equivalence") wird lediglich als Option regulatorischer Kooperation in Art. 2 Abs. 4 lit. b Kapitel XXI CETA[281] genannt. Entsprechend formuliert der TTIP-Entwurf der Europäischen Union, dass die gegenseitige Anerkennung der Gleichwertigkeit von Verwaltungsvorschriften („mutual recognition of equivalence of regulatory acts") und die Anerkennung von Konformitätsprüfungen Mittel der Zusammenarbeit darstellen können.[282] Die Unterscheidung beider Instrumente legt nahe, dass eine Anerkennung abweichender ausländischer Normen

279 Nachdem die Verhandlungen im Jahr 2017 nach der Wahl von Donald Trump zum US-Präsidenten unterbrochen wurden, hat US-Handelsminister Wilbur Ross im Mai 2017 immerhin erklärt, dass die Vereinigten Staaten für eine Wiederaufnahme der Verhandlungen offen seien.

280 The New Transantlantic Market Place, Communication from the Commission to the Council, the European Parliament and the Economic and Social Committee, COM(1998), 125 final, S. 14.

281 Abgedruckt im Anhang.

282 Art. X5 Abs. 1 TTIP - EU proposal for Chapter Regulatory Cooperation: „Cooperation activities towards furthering regulatory compatibility will be conducted by the relevant regulatory authorities of both Parties. These activities should promote regulatory compatibility through different means and approaches, inter alia: a) Common principles, guidelines, or codes of conduct; b) Mutual recognition of equivalence or harmonization of regulatory measures in whole or in part; c) Mutual recognition or reliance on each other's implementing tools, to avoid unnecessary duplication of regulatory requirements; such as testing, certification, qualifications, audits or inspections."

als gleichwertig angedacht ist.[283] Allerdings handelt es sich in beiden Abkommen um bloße Absichtserklärungen, die Handlungsoptionen beschreiben.[284]

Art. 4 Kapitel IV CETA[285] präzisiert die Verpflichtung des Art. 2.7 TBT, Anfragen des Handelspartners zur Anerkennung der Gleichwertigkeit einer bestimmten Sicherheitsvorschrift zu prüfen. Zugleich behalten sich die Parteien aber das Recht einer begründeten Ablehnung vor. Völkerrechtliche Verpflichtungen, die über das TBT-Abkommen hinausgehen, ergeben sich dagegen aus Art. 5 Kapitel IV CETA. Dort wird unter Bezugnahme auf ein entsprechendes Protokoll eine Ausweitung der Anerkennung von Konformitätsprüfungen auf wichtige Produktgruppen wie Maschinen und Elektrogeräte festgeschrieben.[286] Eine Anerkennung ausländischer Normen ist damit aber nicht verbunden (Art. 2 Abs. 6 Protocol on the Mutual Acceptance).[287] Es verbleibt bei einer Prüfung nach den Regeln des Absatzmarktes.

Die verschiedenartigen Mechanismen von *mutual recognition* und *equivalence* werden begrifflich nicht immer trennscharf unterschieden. Ein gutes Beispiel dafür ist das Protokoll über die Anerkennung von sogenannten GMP-Zertifikaten für pharmazeutische Produkte.[288] Solche Zertifikate belegen, dass ein Arzneimittel nach anerkannten Regeln für die Produktion („good manufacturing practices") hergestellt wurde und sind in Deutschland nach § 72a Arzneimittelgesetz (AMG) Voraussetzung für die Einfuhr ausländischer Medikamente. Bei der Produkthaftung kann der Nachweis eines Qualitätsmanagements im Sinne der GMP-Regeln zur Entlastung des Herstellers führen.[289]

283 *Alemanno*, J. Int. Econ. Law 18 (2015), 625 (632) – Fußnote 36.

284 Die mögliche Anerkennung einzelner gesundheitspolizeilicher Maßnahmen des Handelspartners beim Import von Agrarprodukten nach CETA Art. 5 Abs. 6 SPS-Kapitel in Verbindung mit Annex 5-E geht über den Untersuchungsgegenstand dieser Arbeit hinaus. Die meisten dieser Maßnahmen werden ausdrücklich unter dem Vorbehalt der Einhaltung von Produktsicherheitsanforderungen des Absatzmarktes anerkannt. Obwohl das Abkommen also von einer Gleichwertigkeit (*equivalence*) von Regeln spricht, verfolgt es daher eher den Ansatz einer verfahrensmäßigen Anerkennung von gesundheitspolizeilichen Prüfungen (*mutual recognition*).

285 Abgedruckt im Anhang.

286 *Correia de Brito/Kauffmann/Pelkmans*, OECD Regulatory Policy Working Papers No. 2, 2016, S. 30 – nach denen das Abkommen damit mehr Sektoren als jedes MRA zuvor umfasst.

287 Abgedruckt im Anhang.

288 Protocol on the mutual recognition of the compliance and enforcement programme regarding good manufacturing practices for pharmaceutical products.

289 Streinz/*Hammerl*, Lebensmittelrechts-Handbuch III.A. Rn. 57, 57a.

Aufgrund des internationalen Charakters der Praktiken guter Herstellung streben bestehende Mutual Recognition Agreements eine Anerkennung der GMP-*Regeln* des Handelspartners als gleichwertig an *(equivalence)*. Folgerichtig enthält § 72a des deutschen Arzneimittelgesetzes eine Äquivalenzklausel für „gleichwertige" GMP-Regeln von Handelspartnern. Im transatlantischen Handel mit den USA und Kanada verhinderten allerdings Differenzen über die GMP-Regeln und fehlendes institutionelles Vertrauen, dass der angestrebte Mechanismus gegenseitiger Anerkennung tatsächlich in Kraft trat.[290] Das nun in CETA enthaltene Protokoll über die gegenseitige Anerkennung von GMP-Zertifikaten scheint – im Gegensatz zur Vorgängerregelung von 1998 – eine Anerkennung abweichender Standards des Herkunftsstaates auszuschließen.[291] Stattdessen bevorzugen die Handelspartner eine verstärkte regulatorische Kooperation bei der Setzung neuer Regeln. Das Beispiel der GMP-Regeln belegt damit die praktischen Schwierigkeiten, abweichende Regeln des Handelspartners anzuerkennen.

5. Zwischenergebnis

Das Internationale Produktsicherheitsrecht knüpft grundsätzlich an die Vermarktung des einzelnen Produktes an. Allerdings haben im EU-Binnenmarkt Integrationsbemühungen zu einer Modifikation dieser Regelungskompetenz des Marktstaates geführt. Existieren keine europäisch harmonisierten Sicherheitsanforderungen, so gilt das vom Europäischen Gerichtshof geschaffene und durch das EU-Produktsicherheitsrecht verfestigte Prinzip *gegenseitiger Anerkennung*. Dadurch wird die Marktanknüpfung dahingehend modifiziert, dass zugunsten des Herstellers an den *erstmaligen* Vertrieb eines Produktes der gleichen Gattung innerhalb des Binnenmarktes angeknüpft wird.

---

290 *Pelkmans/Correia de Brito*, Centre for European Policy Studies Special Report No. 101, S. 8; die in § 72a Abs. 1 S. 1 Nr. 1 AMG enthaltene Äquivalenzklausel ist daher bislang nur auf die GMP-Regeln der Schweiz (harmonisiert), Australiens und Neuseelands vollständig anwendbar – siehe Kügel/Müller/Hoffmann/*Kügel* Arzneimittelgesetz, § 72a AMG Rn. 20.

291 Vgl. Art. 5.1 Protocol on the mutual recognition of the compliance and enforcement programme regarding good manufacturing practices for pharmaceutical products.: „A Party shall accept a certificate of GMP compliance issued by an equivalent regulatory authority of the other Party (…) as demonstrating that the manufacturing facility, that is covered by the certificate and located in the territory of either Party, complies with the good manufacturing practices *identified in the certificate*." (Keine Hervorhebung im Original); Vorschrift auch im Anhang abgedruckt.

Auch in präferentiellen Freihandelsabkommen existieren Mechanismen „gegenseitiger Anerkennung". Begrifflich zu unterscheiden ist dort zwischen der Anerkennung von „fremden" Sicherheitsnormen des Handelspartners als gleichwertig (*equivalence*) und der Anerkennung von Konformitätsprüfungen auf dem Territorium des Handelspartners nach den „eigenen" Standards des Absatzmarktes (*mutual recognition*). In dem zwischen der Europäischen Union und Kanada abgeschlossenen *Comprehensive Economic and Trade Agreement* (CETA) ist eine Anerkennung von Produktsicherheitsanforderungen des Handelspartners als gleichwertig (*equivalence*) nur als Handlungsoption der Vertragsparteien vereinbart. Dagegen wird die Anerkennung von Konformitätsprüfungen auf dem Territorium des Handelspartners (*mutual recognition*) bereits für einige Produktgruppen praktiziert.

II. (Privatrechtliche) Produkthaftung

Im Gegensatz zu den Produktsicherheitsvorschriften, deren Anwendbarkeit sich nach dem Internationalen Öffentlichen Recht richtet, unterliegt die zivilrechtliche Haftung dem Internationalen Privatrecht. Zwischen den beiden Anknüpfungssystemen gibt es systematische und inhaltliche Differenzen: Im öffentlichen Produktsicherheitsrecht dient der Vertrieb des einzelnen Produktes als Anknüpfung und Begründung für eine Maßnahme der Marktaufsicht zur Gefahrenabwehr auf dem ihrer Kompetenz unterstellten Territorium. Das Internationale Produkthaftungsrecht ist demgegenüber flexibler. Anhand einer Reihe unterschiedlicher Anknüpfungselemente bezweckt es die Ermittlung der Rechtsordnung mit der „engsten Verbindung" zum Haftungsfall.[292] Für die Produkthaftung existieren spezifische Kollisionsregeln, welche den faktischen Besonderheiten der Haftung für fehlerhafte Produkte Rechnung tragen sollen. Von entscheidender Bedeutung für diese Untersuchung ist, ob sich daraus die Berufung unterschiedlicher Rechtsordnungen für die Produktsicherheit auf der einen Seite und die Produkthaftung auf der anderen Seite ergeben.

In sachlicher Hinsicht beschränkt sich diese Untersuchung auf die außervertragliche Produkthaftung. Soweit ein Produkt nicht direkt, sondern über eine Vertriebskette vermarktet wird, fehlt es typischerweise an einer vertraglichen Beziehung zwischen dem Hersteller und dem geschädigten Endkunden.[293] Mangels vertraglicher Bindung der Parteien sind Produkthaftungsansprüche damit

292 *Kropholler*, Internationales Privatrecht, § 4 I.

293 Rauscher/*Unberath/Cziupka/Pabst* Europäisches Zivilprozess- und Kollisionsrecht, Art. 5 Rom II-VO Rn. 75, 79.

regelmäßig außervertraglich. Für solche Ansprüche ist an die Stelle autonomer Kollisionsnormen der EU-Mitgliedstaaten seit 2009 die Rom II-VO als harmonisiertes Kollisionsrecht getreten.

Eines der Vorbilder dieser Verordnung ist das Haager Übereinkommen vom 2. Oktober 1973 über das auf die Produkthaftung anwendbare Recht („HPÜ").[294] Zu den Vertragsparteien zählen unter anderem die EU-Mitgliedstaaten Frankreich, Italien und Spanien. In diesen Staaten bleibt das Haager Übereinkommen in Kraft und verdrängt die Rom II-VO (Art. 28 Abs. 1).[295] In der Folge existieren innerhalb der Europäischen Union auch heute zwei unterschiedliche Anknüpfungssysteme des Internationalen Produkthaftungsrechts.[296]

1. Haager Übereinkommen über das auf die Produkthaftung anwendbare Recht (HPÜ)

Das Haager Übereinkommen über das auf Produkthaftung anwendbare Recht gilt für Schäden durch fehlerhafte Produkte oder durch fehlerhafte Produktbeschreibung bzw. Aufklärung (Art. 1 Abs. 1 HPÜ). Der Vertragstext sieht zur Ermittlung des anwendbaren Rechts eine komplexe Kumulation verschiedener Anknüpfungsmomente vor.[297] Als Kompromiss zwischen den Verhandlungsparteien kommen bestimmte Wahlmöglichkeiten des Geschädigten hinzu.[298]

Im Einzelnen sieht das Übereinkommen folgende Anknüpfungsleiter für Produkthaftungsansprüche vor: Vorrangig ist an den gewöhnlichen Aufenthaltsort des Geschädigten anzuknüpfen, sofern der Geschäftssitz des Ersatzpflichtigen oder der Ort, an dem der unmittelbar Geschädigte das Produkt erworben hat, in diesem Staat belegen ist (Art. 5 HPÜ). Anderenfalls wird an den Schadensort angeknüpft, sofern auch der gewöhnliche Aufenthalt des Geschädigten, der Geschäftssitz des Ersatzpflichtigen oder der Ort, an dem der unmittelbar Geschädigte das Produkt erworben hat, in diesem Staat belegen sind (Art. 4 HPÜ). Subsidiär wird nach Wahl des Geschädigten allein an den Geschäftssitz oder den Schadensort angeknüpft (Art. 6 HPÜ). Schließlich kann der Ersatzpflichtige der Anwendung eines Rechts widersprechen, wenn sein Produkt oder ein

294 NK-BGB/*Lehmann*, Art. 5 Rom II-VO Rn. 6; Art. 17 Rom II-VO, Rn. 3.

295 *Marenghi*, Yearbook of Private International Law 16 (2014/2015), 511 (515).

296 Dazu kritisch: *Dickinson*, The Rome II Regulation, Rn. 5.53.

297 *Duintjer Tebbens*, International product liability, S. 357 – mit Zweifeln an der Handhabbarkeit des Übereinkommens in der Rechtspraxis.

298 *Lorenz*, RabelsZ 37 (1973), 317 (338–340).

gleichartiges Produkt nicht für ihn vorhersehbar auf dem Gebiet des jeweiligen Staates kommerziell vermarktet wurde (Art. 7 HPÜ).

2. Rom II-VO

Aufgrund der Komplexität der dargestellten Anknüpfungsregeln überrascht es nicht, dass nur wenige Staaten das Haager Übereinkommen in Kraft gesetzt haben. In allen anderen Mitgliedstaaten der Europäischen Union - wie auch Deutschland - gilt heute die Rom II-VO als einheitliches Kollisionsrecht der außervertraglichen Schuldverhältnisse. Als allgemeine Kollisionsregel für solche Schuldverhältnisse sieht Art. 4 Rom II-VO die Anwendung des Rechts am unmittelbaren Schadensort vor. Eine solche Anknüpfung kann aber bei Produkthaftungsfällen weder für den Geschädigten hinreichenden Schutz bieten, noch ist sie für den Produzenten vorhersehbar.[299]

a) Beschränkte Bedeutung des Marktortes im Rahmen von Art. 5 Rom II-VO

Daher sieht Art. 5 Rom II-VO eine besondere Anknüpfungsleiter für Schäden vor, die durch fehlerhafte Produkte verursacht werden. Diese Norm ist sowohl auf Gefährdungs- als auch Verschuldenshaftung anwendbar.[300] Ihr Anwendungsbereich erstreckt sich weiterhin auf Haftungsansprüche, die nach nationalem Recht auf eine vertragliche Grundlage gestützt werden, aber nicht durch eine freiwillige vertragliche Verpflichtung gekennzeichnet sind.[301] Ähnlich wie die Haager Konferenz hat man sich in einem politischen Kompromiss für eine kumulative Anknüpfungsleiter entschieden.[302] Dieses Anknüpfungssystem soll einen fairen Ausgleich zwischen Aspekten des Verbraucherschutzes und den Herstellerinteressen gewährleisten.[303] Ungeachtet entsprechender Forderungen aus der Literatur hat sich der Unionsgesetzgeber gegen eine allgemeine Anknüpfung an den Marktort des schadensursächlichen Produktes entschieden.[304]

299 *Heiderhoff* GPR 2005, 92 (93).

300 Nomos-HK-BGB/*Dörner*, Art. 5 Rom II-VO Rn. 2.

301 Siehe Gliederungspunkt A.II.2.a)bb) zur unionsautonomen Einordnung der französischen *action directe* als „außervertragliches Schuldverhältnis".

302 Dazu *Dickinson*, The Rome II Regulation, 5.03; *Illmer*, RabelsZ 73 (2009), 269 (274–279).

303 *Sammeck*, Die Internationale Produkthaftung nach Inkrafttreten der Rom II-VO im Vergleich zu der Rechtslage in den USA, S. 17, 185.

304 NK-BGB/*Lehmann*, Art. 5 Rom II-VO Rn. 11f.

Vorrangig ist zunächst der gewöhnliche Aufenthaltsort des Geschädigten (Art. 5 Abs. 1 S. 1 lit. a Rom II-VO) heranzuziehen. Erst sekundär kommen der Erwerbsort (lit. b), der Schadensort (lit. c) sowie ausnahmsweise der gewöhnliche Aufenthaltsort des Ersatzpflichtigen (Art. 5 Abs. 1 S. 2 Rom II-VO) in Betracht. Damit kommt lediglich der Erwerbsort als sekundäres Anknüpfungskriterium einer Anknüpfung an die Vermarktung nahe.

b) Vermarktungsvorbehalt

Zu beachten ist allerdings, dass in den Fällen des Art. 5 Abs. 1 S. 1 lit. a–c Rom II-VO ein „Inverkehrbringen" des Produktes zum jeweiligen Anknüpfungsmoment hinzutreten muss.[305] Besonders bedeutsam ist die Frage, ob sich daraus ein Gleichlauf mit dem Internationalen Produktsicherheitsrecht ergeben kann. Dies hängt von der Auslegung des „Inverkehrbringens" im Sinne von Art. 5 Rom II-VO ab. Ein Rückgriff auf denselben Begriff in der ProdHaftRL und die dazu ergangene Rechtsprechung ist dazu nicht geeignet. Lediglich in den deutschen Sprachfassungen der Rom II-VO ist der Begriff deckungsgleich mit der Richtlinie.[306] Vor allem aber ist zu bedenken, dass dem Kriterium des „Inverkehrbringens" im Rahmen der ProdHaftRL eine zeitliche, im Rahmen der Rom II-VO dagegen eine räumlich-geographische Funktion zukommt.[307]

Zur Auslegung des „Inverkehrbringens" im Sinne von Art. 5 Rom II-VO muss maßgeblich die Systematik der Kollisionsregel berücksichtigt werden. Um eine hinreichende Abgrenzung zur nachrangigen Anknüpfung an den Sitz des Herstellers nach Art. 5 Abs. 1 S. 2 Rom II-VO zu ermöglichen, kommt nicht allein der erstmalige Vertrieb im Herkunftsland in Betracht.[308] Vielmehr ist ein „Inverkehrbringen" im Sinne von Art. 5 Rom II-VO in jedem Staat zu bejahen, in dem das Produkt angeboten wird. In Anklang an Art. 7 HPÜ ist dabei ein kommerzielles und öffentliches Angebot des Produktes erforderlich.[309]

---

305 *Rodiek*, Die Produkthaftung im Europäischen Kollisionsrecht, S. 35.

306 Vgl. z.B. die englischen Fassungen: „putting the product into circulation" (Art. 6, 7, 10, 15 Richtlinie) vs. „marketing of the product" (Rom II-VO).

307 *Dickinson*, The Rome II Regulation, 5.23.

308 *Illmer*, RabelsZ 73 (2009), 269 (290).

309 NK-BGB/*Lehmann*, Art. 5 Rom II-VO Rn. 76; *Marenghi*, Yearbook of Private International Law 16 (2014/2015), 511 (525f.) – nach Art. 7 HPÜ ist das nach den allgemeinen Regeln der Art. 4–6 HPÜ berufene Recht dann nicht anwendbar, wenn der Haftpflichtige beweist, dass er vernünftigerweise nicht vorhersehen konnte, dass das Produkt oder seine eigenen Produkte des gleichen Typs in jedem Staat kommerziell angeboten würden („made available in the State through commercial channels").

Von erheblicher Bedeutung für einen Vergleich mit dem Internationalen Produktsicherheitsrecht ist außerdem die Frage, ob die Vermarktung des individuellen, für den Schadensfall ursächlichen Produktes oder lediglich eines gleichartigen Produktes gleichen Typs erforderlich ist, um zu einer Anknüpfung nach Art. 5 Abs. 1 S. 1 lit. a–c Rom II-VO zu gelangen. Der Wortlaut scheint eher für eine enge Auslegung zu sprechen. Während sich Art. 5 Abs. 1 S. 2 ausdrücklich auf „gleichartige Produkte" bezieht, spricht Art. 5 Abs. 1 S. 1 lit. a–c nur von einem „Produkt".[310] Diese unterschiedliche Formulierung ist aber irreführend und möglicherweise „überhastet" formuliert.[311] Eine enge Auslegung des Vermarktungsvorbehalts ist mit der Entstehungsgeschichte und der Struktur der Kollisionsregel unvereinbar.[312] Die endgültige Fassung des Art. 5 Rom II-VO beruht auf einer gemeinsamen Position des Europäischen Rates, der sich bewusst für eine dreistufige Anknüpfungsleiter entschieden hat.[313] Die Vermarktung des schadensursächlichen Produktes steht in so engem Zusammenhang mit dessen Erwerb, dass sich bei einer engen Auslegung des Vermarktungsvorbehalts die Anknüpfung nach Art. 5 Abs. 1 S. 1 lit. b faktisch immer durchsetzen würde. Das differenzierende Kaskadensystem verlöre damit seinen vom Gesetzgeber intendierten Zweck.[314]

Dieses Ergebnis wird durch ein teleologisches Argument gestärkt. Wie *Lehmann* aufzeigt, spiegelt die Anknüpfungsleiter des Art. 5 Rom II-VO die Konzeption der EU wider, den Binnenmarkt der Abnehmer zu stärken.[315] Wenn ein Abnehmer in einem anderen Mitgliedstaat ein Produkt erwirbt, das auch in seinem Heimatland vertrieben wird, so soll er auf ein vergleichbares Haftungsniveau vertrauen dürfen. Dieses Ergebnis erzielt der Gesetzgeber durch eine primäre Anknüpfung an den gewöhnlichen Aufenthaltsort des Geschädigten

310 *Hartley*, Int'l & Comp. L.Q. 57 (2008), 899 (904); *von Hein*, ZEuP 2009, 6 (27).

311 NK-BGB/*Lehmann*, Art. 5 Rom II-VO Rn. 83.

312 Rauscher/*Unberath/Cziupka/Pabst* Europäisches Zivilprozess- und Kollisionsrecht, Art. 5 Rom II-VO Rn. 90.

313 *Illmer*, RabelsZ 73 (2009), 269 (278).

314 *Huber/Illmer*, Yearbook of Private International Law 9 (2007), 31 (42); *von Hein* möchte einen systemwidrigen Vorrang des Art. 5 I 1 lit. b mit der Korrelation von Haftungsniveau und Preis am Erwerbsort rechtfertigen (*von Hein*, ZEuP 2009, 6 (28). Dieses ökonomische Argument ist schlüssig (vgl. noch Teil C.I.4), kann aber angesichts der Struktur der Rom II-VO besser im Rahmen des Art. 17 Rom II-VO fruchtbar gemacht werden; siehe dazu im Einzelnen Teil D.II.

315 NK-BGB/*Lehmann*, Art. 5 Rom II-VO Rn. 82.

(Art. 5 Abs. 1 S. 1 lit. a) in Verbindung mit dem Erfordernis einer Vermarktung von Produkten des gleichen Typs.

Unter Berücksichtigung dieser Befunde muss der Vermarktungsvorbehalt auf jegliche „gleichartige" Produkte bezogen werden.[316] Die Bestimmung einer nach Art. 5 Abs. 1 S. 1 lit. a–c Rom II-VO zur Anwendung berufenen Rechtsordnung steht also (lediglich) unter dem Vorbehalt der Vermarktung von Produkten der gleichen Gattung auf ihrem Territorium. Dabei wird eine Produktgattung durch ihre Sicherheitsmerkmale, insbesondere solche Design- und Qualitätsmerkmale, die für das abstrakte Schädigungspotential ausschlaggebend sind, bestimmt.[317]

3. Vergleich

Im Ergebnis kommt es zu divergierenden Anknüpfungen von Produktsicherheit und Produkthaftung. So ist die Berufung eines Produkthaftungsstatutes denkbar, das keinen Bezug zur Vermarktung des schadensursächlichen Einzelproduktes aufweist. In bestimmten Konstellationen kann es sogar an einem Bezug zur Vermarktung der Produktgattung insgesamt fehlen. In solchen Situationen sind Koordinationsprobleme von öffentlichem Recht und Privatrecht zu befürchten.[318]

a) Produkthaftungsstatut ohne Bezug zur Vermarktung des schadensursächlichen Einzelproduktes

Aufgrund der weiten Auslegung des Vermarktungsvorbehalts in Art. 5 Abs. 1 S. 1 Rom II-VO ist die Berufung eines Produkthaftungsstatuts möglich, das keinen Bezug zur Vermarktung des schadensursächlichen Einzelprodukts aufweist. Dies kann folgendermaßen erläutert werden: Durch seine Anknüpfung an die Abgabe des individuellen Produktes erfordert das öffentliche Produktsicherheitsrecht in jedem Fall die Anwendung der Sicherheitsvorschriften am Marktort des einzelnen Produkts.[319] Im europäischen Kollisionsrecht der Produkthaftung spielt die Vermarktung des Produktes dagegen nur die Rolle eines Korrektivs

316 So die ganz herrschende Auffasung, siehe: MüKo-BGB/*Junker*, Art. 5 Rom II-VO Rn. 27; NK-BGB/*Lehmann*, Art. 5 Rom II-VO Rn. 83; *Sammeck*, Die Internationale Produkthaftung nach Inkrafttreten der Rom II-VO im Vergleich zu der Rechtslage in den USA, S. 33; BeckOK-BGB/*Spickhoff*, VO (EG) 864/2007 Art. 5 Rn. 8; *Wagner*, IPRax 2008, 1 (7).

317 Vgl. im Einzelnen: *Rodiek*, Die Produkthaftung im Europäischen Kollisionsrecht, S. 82–88.

318 Vgl. *Wolf*, Deliktsstatut und internationales Umweltrecht, S. 105.

319 Vgl. oben Gliederungspunkt B.I.2.

bei der Berufung des anzuwendenden Rechts (Art. 7 HPÜ; Art. 5 Abs. 1 S. 1 lit. a–c Rom II-VO). Aufgrund der aufgezeigten systematischen Gründe genügt die Vermarktung eines Produktes der gleichen Gattung, um zur Anknüpfung an den gewöhnlichen Aufenthaltsort des Geschädigten oder an den Schadensort zu gelangen. In der Folge kann es zu divergierenden Anknüpfungen von Produktsicherheit und Produkthaftung kommen.

Eine solche Divergenz muss nicht *per se* korrekturbedürftig sein. Die Kumulation der Anknüpfungen nach Art. 5 Abs. 1 S. 1 lit. a–c Rom II-VO mit dem Vermarktungsvorbehalt entspricht dem Gedanken der Kommission, dass ein Hersteller, der seine Produkte in unterschiedlichen Staaten vermarkten will, seine Produktgestaltung ohnehin auf unterschiedliche Produktsicherheitsregeln einstellen muss.[320] Wird ein US-Amerikaner von einem deutschen Produkt in Deutschland geschädigt, das auch in den USA vertrieben wird, so musste der Produzent ohnehin für die Verkehrsfähigkeit des „Produktes" in den Vereinigten Staaten sorgen.

Soweit Produktsicherheitsregeln – und dies ist der Regelfall – als Mindestanforderungen konzipiert sind, ist keine Pflichtenkollision im engeren Sinne zu befürchten. Allerdings muss der Ersatzpflichtige wirtschaftliche Mehrbelastungen hinnehmen, wenn er die gesamte Produktgattung an den Produktsicherheitsregeln desjenigen Vertriebsstaates mit den höchsten Anforderungen ausrichten muss.[321] Außerdem wird der Zusammenhang zwischen Verkaufspreis und Haftungsniveau durchbrochen.[322]

b) Produkthaftungsstatut ohne Bezug zur Vermarktung der Produktgattung insgesamt

Noch problematischer als der Bezugspunkt des Vermarktungsvorbehalts in Art. 5 Abs. 1 S. 1 Rom II-VO ist die Tatsache, dass dieses Korrektiv Anwendungslücken aufweist. Dadurch kann ein Haftungsstatut berufen werden, das weder einen Bezug zur Vermarktung des schadensursächlichen Produkts noch von Produkten der gleichen Gattung aufweist.

---

320 Siehe: Vorschlag für eine Verordnung des Europäischen Parlaments und des Rates über das auf außervertragliche Schuldverhältnisse anzuwendende Recht, KOM(2003) 427 endgültig, S. 16; Rauscher/*Unberath/Cziupka/Pabst* Europäisches Zivilprozess- und Kollisionsrecht, Art. 5 Rom II Rn. 16.

321 *Illmer*, RabelsZ 73 (2009), 269 (294).

322 Siehe im Einzelnen noch Gliederungspunkt C.I.4. zu den Vorteilen einer marktspezifischen Preisbildung.

Dies kann zunächst durch eine von den Parteien einvernehmlich getroffene Wahl eines „vermarktungsfernen" Rechts nach Art. 14 Rom II-VO geschehen. In einem solchen Fall ist durch Auslegung der Parteivereinbarung zu ermitteln, ob auch Produktsicherheitsregeln von der Rechtswahlvereinbarung erfasst werden sollten. Nicht in der Hand der Parteien liegt dagegen die nach Art. 5 Abs. 1 S. 1, Art. 4 Abs. 2 Rom II-VO vorrangige Anknüpfung an den gemeinsamen gewöhnlichen Aufenthalt der Parteien *(lex domicilii communis)*.

Ferner erfolgt nach Art. 5 Abs. 1 S. 2 Rom II-VO eine Anknüpfung an den Sitz des Herstellers, wenn der Vertrieb des Produktes in keinem der in Art. 5 Abs. 1 S. 1 lit. a–c genannten Staaten für ihn vernünftigerweise vorhersehbar war.[323] Art. 5 Abs. 2 Rom II-VO enthält schließlich eine Ausweichklausel, sofern eine offensichtlich engere Verbindung zu einer anderen Rechtsordnung besteht. Ihre Anwendung wird insbesondere bei der Schädigung Dritter, die zufällig in Kontakt mit dem schädigenden Produkt kommen *(Bystanders)*, vorgeschlagen.[324] Bei solchen Dritten ist eine Anknüpfung an deren gewöhnlichen Aufenthaltsort, der mit dem Schadensort zusammenfällt, denkbar, selbst wenn das Produkt in diesem Staat nicht in den Verkehr gebracht wurde.

c) Beispielfall

Um abweichende Anknüpfungen von Produktsicherheit (Verkehrsfähigkeit) und Produkthaftung unter der Rom II-VO illustrieren, wird der Beispielfall aus der Einleitung präzisiert. Die V-AG mit Sitz in Deutschland entwickelt für die Bedürfnisse des wachsenden chinesischen Marktes einen erschwinglichen Kleinwagen mit Hybrid-Motor, der dort zum Neupreis von 10000 USD verkauft wird. Das Modell wird ausschließlich in der Volksrepublik China vertrieben (Marktort). Es erfüllt die Anforderungen des chinesischen Produktsicherheitsrechtes, ohne mit einem Elektronischen Stabilitätsprogramm (ESP) nach Art. 12 Abs. 1 Verordnung (EG) Nr. 661/2009[325] ausgestattet zu sein.

---

323 NK-BGB/*Lehmann*, Art. 5 Rom II-VO Rn. 99; die abweichende Ansicht von *Symeonides*, The American Journal of Comparative Law 56 (2008), 173, der bei einer fehlenden Kumulation von Anknüpfungen nach Art. 5 I lit. a–c) Rom II-VO jeweils unmittelbar auf Art. 5 Abs. 1 S. 2 zurückgreift. Diese Ansicht steht aber offensichtlich in Widerspruch zur Systematik der Anknüpfungsleiter.

324 NK-BGB/*Lehmann*, Art. 5 Rom II-VO Rn. 108; Palandt/*Thorn*, Art. 5 Rom II-VO, Rn. 13; *Sammeck*, Die Internationale Produkthaftung nach Inkrafttreten der Rom II-VO im Vergleich zu der Rechtslage in den USA, S. 46f.

325 Verordnung (EG) Nr. 661/2009 des Europäischen Parlaments und des Rates vom 13. Juli 2009 über die Typgenehmigung von Kraftfahrzeugen, Kraftfahrzeuganhängern

Der Wanderarbeiter B mit regelmäßigem Aufenthalt in Kambodscha erwirbt ein solches Fahrzeug gebraucht von einem chinesischen Privatmann in Vietnam. B steuert den Kleinwagen, als dieser kurz nach Erwerb auf einer kurvigen Straße in Vietnam „ausbricht". Dies führt zu einer Kollision mit einem Mietwagen, den der deutsche Tourist A führt. A erleidet durch den Aufprall Schürfungen und Prellungen, B ein Wirbelsäulentrauma. A und B machen vor dem zuständigen Gericht am Sitz der V-AG (vgl. Art. 4 Abs. 1, Art. 63 Abs. 1 Brüssel Ia-VO[326]) geltend, durch ein fehlerhaftes Produkt der V-AG geschädigt worden zu sein.

aa) Anwendbares Recht im Verhältnis A zur V-AG

Das auf Produkthaftungsansprüche anwendbare Recht bestimmt sich vor deutschen Gerichten nach Art. 5 Rom II-VO. A und die V-AG haben ihren gewöhnlichen Aufenthalt bzw. Sitz (vgl. Art. 23 Abs. 1 Rom II-VO) in Deutschland. Damit ist nach Art. 5 Abs. 1 S. 1, Art. 4 Abs. 2 Rom II-VO vorrangig deutsches Recht *(lex domicilii communis)* auf ihr Haftungsverhältnis anwendbar. Dies gilt unabhängig davon, dass der Kleinwagen nur in China vermarktet wurde. Auch die Ausweichklausel des Art. 5 Abs. 2 Rom II-VO führt im Verhältnis A zur V-AG zu keinem anderen Ergebnis. Da in China lediglich der Vertrieb des Produktes, nicht aber der Schaden zu verorten ist, kann nicht davon ausgegangen werden, dass die unerlaubte Handlung eine „offensichtlich engere Beziehung" zum Marktstaat China als zur deutschen Rechtsordnung hat.

bb) Anwendbares Recht im Verhältnis B zur V-AG

Zum selben Ergebnis gelangt man letztlich für das zwischen dem Wanderarbeiter B und der V-AG anwendbare Recht. Eine Anknüpfung an den gewöhnlichen Aufenthalt des B in Kambodscha nach Art. 5 Abs. 1 S. 1 lit. a Rom II-VO scheitert daran, dass der Kleinwagentyp in diesem Staat nicht in den Verkehr gebracht wurde. In Vietnam wurde der Wagen gebraucht erworben (Art. 5 Abs. 1

---

und von Systemen, Bauteilen und selbstständigen technischen Einheiten für diese Fahrzeuge hinsichtlich ihrer allgemeinen Sicherheit.

326 Verordnung (EU) Nr. 1215/2012 des Europäischen Parlaments und des Rates vom 12. Dezember 2012 über die gerichtliche Zuständigkeit und die Anerkennung und Vollstreckung von Entscheidungen in Zivil- und Handelssachen („Brüssel-Ia"), ABl. 2012 L 351, 1.

S. 1 lit. b)[327] und dort ereignete sich auch der Schaden (Art. 5 Abs. 1 S. 1 lit. c). Allerdings kann ein privater Gebrauchtverkauf mangels kommerziellen Vertriebs nicht als Inverkehrbringen („marketing") im Sinne von Art. 5 Abs. 1 S. 1 Rom II-VO betrachtet werden.[328] Eine Anknüpfung an den Erwerbs- und Schadensort Vietnam scheidet damit im Verhältnis B zur V-AG ebenfalls aus.

Nach Art. 5 Abs. 1 S. 2 Rom II-VO ist an den Sitz des Herstellers anzuknüpfen, wenn der Hersteller das Inverkehrbringen des Produkts in dem Staat, dessen Recht nach lit. a, b oder c anzuwenden ist, vernünftigerweise nicht voraussehen konnte.[329] Dies gilt erst recht, wenn überhaupt kein Inverkehrbringen in einem der Staaten des Art. 5 Abs. 1 S. 1 lit. a–c, sondern in einem anderen Staat erfolgt.[330] Hier wurde der schadensursächliche Wagen weder in Kambodscha noch in Vietnam vermarktet. Folglich kommt nach Art. 5 Abs. 1 S. 2 Rom II-VO analog zwischen B und der V-AG das Heimatrecht der V-AG, also ebenfalls deutsches Recht zur Anwendung. Dies gilt, obwohl die Verkehrsfähigkeit des Wagens chinesischem Produktsicherheitsrecht unterworfen ist.

d) Fehlende Bezugnahme des Art. 5 Rom II-VO auf das EU-Herkunftsland

Eine Beurteilung von Produktsicherheit (Verkehrsfähigkeit) und Produkthaftung nach unterschiedlichen Rechtsordnungen ist ferner auch dann denkbar, wenn nach dem Prinzip *gegenseitiger Anerkennung* der Hersteller für die Vermarktung innerhalb des gesamten Binnenmarktes lediglich die Produktsicherheitsvorschriften des Herkunftslandes einhalten muss.[331] Das „Inverkehrbringen" im Sinne von Art. 5 Rom II-VO ist nicht mit dem Herkunftsland im Sinne des Unionsrechtes gleichzusetzen. Dem erstmaligen Vertrieb innerhalb des Binnenmarktes kommt nach Art. 5 Rom II-VO keine eigenständige Bedeutung zu. Ein kollisionsrechtlicher Gleichlauf von Produkthaftung und Produktsicherheit ist

---

327 Art. 5 I 1 lit. b) ist auch auf den Fall eines Zweiterwerbs anwendbar, siehe: MüKo-BGB/*Junker* Art. 5 Rom II-VO Rn. 38.

328 Rauscher/*Unberath/Cziupka/Pabst* Europäisches Zivilprozess- und Kollisionsrecht, Art. 5 Rom II-VO Rn. 75, 79.

329 NK-BGB/*Lehmann*, Art. 5 Rom II-VO Rn. 99.

330 MüKo-BGB/*Junker*, Art. 5 Rom II-VO Rn. 48; für eine Anknüpfung nach Art. 4 Rom II-VO an den Erfolgsort dagegen: BeckOK-BGB/*Spickhoff*, VO (EG) 864/2007 Art. 5 Rn. 10.

331 Siehe oben Gliederungspunkt B.I.3.

damit bei nicht-harmonisierten Produkten innerhalb des EU-Binnenmarktes nicht gegeben.[332]

Beispielfall
Das deutsche Unternehmen H vertreibt ein Sofamodell aus Naturmaterialien in Deutschland und dann auch in anderen EU-Mitgliedstaaten, unter anderem dem Vereinigten Königreich.[333] Der Bezug ist aus einer edlen Leinenmischung hergestellt, dessen Behandlung zur Vermeidung einer Entzündung zwar den Anforderungen des deutschen ProdSG (DIN EN 1021), nicht aber den Furniture and Furnishings (Fire) (Safety) Regulations 1988 entspricht.[334] Beim englischen Kunden C in London entzündet sich das Sofa durch den Kontakt mit einer brennenden Kerze und es kommt zu einem Zimmerbrand.

C möchte vor einem englischen Gericht Produkthaftungsansprüche gegen den Hersteller H geltend machen. Nach Art. 7 Nr. 2 Brüssel Ia-VO sind die Gerichte in London für die Prüfung dieser Ansprüche zuständig (deliktischer Gerichtsstand). Das anwendbare Recht richtet sich nach Art. 5 Rom II-VO. C hat seinen gewöhnlichen Aufenthalt in England (Art. 5 Abs. 1 S. 1 lit. a, Art. 25 Abs. 1 Rom II-VO). Im Sinne des Prinzips *gegenseitiger Anerkennung* wurde das Sofa in Deutschland erstmals „in den Verkehr gebracht". Es genügt damit grundsätzlich die Einhaltung der deutschen Produktsicherheitsvorschriften zur Brandsicherheit für die Verkehrsfähigkeit im gesamten Binnenmarkt. Dagegen wurde das Sofa im Sinne von Art. 5 Rom II-VO auch in Großbritannien „in den Verkehr gebracht". Daher findet nach Art. 5 Abs. 1 S. 1 lit. a i.V.m. Art. 25 Abs. 1 Rom II-VO englisches Recht auf die Produkthaftungsansprüche des C Anwendung.

---

332 Es sei denn, es erfolgt – nachrangig – eine Anknüpfung an den Sitz des Herstellers (Art. 5 Abs. 1 S. 2 Rom II-VO) und diese Anknüpfung stimmt mit dem Herkunftsland überein.

333 Das Vereinigte Königreich hat nach der Durchführung eines Referendums den Europäischen Rat am 29. März 2017 über seine Absicht informiert, die Europäische Union zu verlassen (Art. 50 Abs. 2 EUV). Bislang ist nicht klar, in welcher Form das Vereinigte Königreich nach Abschluss des Verhandlungsprozesses über seinen Austritt aus der Europäischen Union („Brexit") am Europäischen Binnenmarkt teilnehmen wird. Daher wird das Vereinigte Königreich in dieser Untersuchung – nach der gegenwärtigen Rechtslage – noch als Mitgliedstaat der Europäischen Union behandelt.

334 Vgl. bereits Gliederungspunkt A.II.1.a)cc).

4. Zwischenergebnis

Es bestehen zwei unterschiedliche Anknüpfungssysteme für die öffentlich-rechtliche Verkehrsfähigkeit eines Produktes auf der einen und die deliktische Produkthaftung auf der anderen Seite. Das Internationale Produkthaftungsrecht sieht in Art. 5 Rom II-VO eine mehrstufige Anknüpfungsleiter mit der Kumulation verschiedener Anknüpfungspunkte vor. Zwar stellt die für die Produktsicherheit zentrale Vermarktung des Produktes auch ein Kriterium der Anknüpfungsleiter des Art. 5 Rom II-VO dar. Allerdings muss der Vermarktungsvorbehalt des Art. 5 Abs. 1 S. 1 Rom II-VO aus systematischen Gründen auf jegliche „gleichartige" Produkte bezogen werden und gilt überdies nicht lückenlos. Das nach Art. 5 Rom II-VO zur Anwendung berufene Produkthaftungsstatut weist damit nicht zwingend einen Bezug zum Marktort des schadensursächlichen Produkts auf. In der Folge sind divergierende Anknüpfungen von Produktsicherheitsrecht und Produkthaftung möglich. Auch in Binnenmarktsachverhalten ist ein kollisionsrechtlicher Gleichlauf von Produktsicherheit und Produkthaftung nicht gesichert, da dem erstmaligen Vertrieb innerhalb des Binnenmarktes im Rahmen des Art. 5 Rom II-VO keine eigenständige Bedeutung zukommt. Welche Rolle Art. 17 Rom II-VO zur Ergänzung des nach Art. 5 Rom II-VO ermittelten Produkthaftungsstatuts spielen kann, soll erst an späterer Stelle dieser Untersuchung erörtert werden.[335]

III. Ein Koordinationsproblem durch sachrechtlichen Zusammenhang

In den dargestellten Beispielfällen sind Verkehrsfähigkeit und Produkthaftung zwei unterschiedlichen Rechtsordnungen unterworfen. Dies wirft ein Koordinationsproblem zwischen Öffentlichem Recht und Privatrecht auf, soweit zwischen den beiden Aspekten ein sachrechtlicher Zusammenhang besteht.[336]

1. Ein sachrechtlicher Funktionszusammenhang

Es wird sich zeigen, dass verschiedene Verknüpfungen zwischen Verkehrsfähigkeit und Produkthaftung bestehen. Ausdrücklich gekoppelt hat der Gesetzgeber Produktsicherheit und Produkthaftung zwar nicht. Gemäß Art. 17 der Allgemeinen Produktsicherheitsrichtlinie 2001/95/EG bleibt die Haftung nach der ProdHaftRL von den Anforderungen des Produktsicherheitsrechts „unberührt".

335 Siehe: Kapitel D und E.

336 Vgl. für das Verhältnis von Anlagegenehmigungen und deliktischer Haftung: *Wolf*, Deliktsstatut und internationales Umweltrecht, S. 105f.

Nach einer Ansicht folgt daraus ein „Nebeneinander“ von Produktsicherheit und Produkthaftung.[337] Diese Ansicht berücksichtigt aber nicht hinreichend, dass zwischen den beiden Regelungsmaterien ein Funktionszusammenhang besteht.

Sowohl das Produktsicherheitsrecht als auch das Produkthaftungsrecht sind auf die Vermeidung von Schäden bei den Verwendern des Produkts gerichtet.[338] Das Haftungsrecht ergänzt die dem Marktzugang vorgelagerten Anforderungen des Produktsicherheitsrechtes (*pre-market control*) durch eine nachgelagerte Marktkontrolle (*post-market control*), deren Wirkung über den konkreten Schadensfall hinausreicht.[339] Dieser Funktionszusammenhang zwischen den Rechtsgebieten spiegelt sich in sachrechtlichen Verknüpfungen wider, die im Folgenden für das deutsche Recht aufgezeigt werden.

2. Kopplung von Produkthaftungsrecht an Produktsicherheitsregeln

Während in vielen Fällen eine „Orientierung“ der Haftung für fehlerhafte Produkte an öffentlich-rechtlichen Anforderungen angenommen werden kann, liegt in einzelnen Fällen sogar eine unmittelbare Kopplung von Produktsicherheit und Produkthaftung vor. Dies ist zum einen der Fall, wenn eine Haftung nach § 823 Abs. 2 BGB auf die Verletzung eines Schutzgesetzes gestützt wird. Die Sicherheitspflichten des § 3 Abs. 1, 2 ProdSG sind als Schutzgesetze, die den Individualschutz der Produktverwender bezwecken, anerkannt.[340] Zu berücksichtigen ist dabei, dass diese Norm eine Generalklausel darstellt. Zu ihrer Konkretisierung dienen produktspezifische Verwaltungsvorschriften und anerkannte technische Normen.

Ein weiteres Beispiel für die unmittelbare Kopplung von Produkthaftung und Produktsicherheitsrecht findet sich in der ProdHaftRL. Gemäß § 1 Abs. 2 Nr. 4 ProdHaftG ist eine Haftung ausgeschlossen, wenn die Fehlerhaftigkeit des Produktes auf der Einhaltung „zwingender Rechtsvorschriften“ beruht. Bedeutsam ist an dieser Stelle, ob Produktsicherheitsvorschriften „zwingende Rechtsvorschriften“ im Sinne dieser Norm darstellen. Das Produktsicherheitsrecht

---

337 *Lenz*, Produkthaftung, § 8 Rn. 123–125.

338 *Freitag*, Der Einfluss des Europäischen Gemeinschaftsrechts auf das internationale Produkthaftungsrecht, S. 105f.; *Kadner Graziano*, Europäisches Internationales Deliktsrecht, S. 75; *Wandt*, Internationale Produkthaftung, § 14 Rn. 631, 635.

339 Vgl. *Purnhagen* in Purnhagen/Rott (Hrsg.) Varieties of European economic law and regulation, S. 338; *Roth*, RabelsZ 55 (1991), 623 (668).

340 BeckOK-BGB/*Foerste*, § 823 Rn. 666; *Klindt*, ProdSG, § 3 Rn. 55; MüKo-BGB/*Wagner*, § 823 Rn. 870; zu der Frage, ob auch entsprechende ausländische Sicherheitspflichten Schutzgesetze im Sinne von § 823 Abs. 2 BGB sind, siehe Teil D.III.2.b).

sieht in vielen Fällen nur Mindeststandards bzw. konkretisierungsbedürftige Generalklauseln für die Sicherheit von Produkten vor.[341] Die für die Konkretisierung entscheidenden technischen Normen sind nicht zwingend, da sie nach § 4 Abs. 2 bzw. § 5 Abs. 2 ProdSG zwar eine Vermutung der Verkehrsfähigkeit bewirken, es dem Produzenten aber frei steht, die Sicherheit des Produktes auf andere Weise zu belegen.[342] Allerdings können sich Verwaltungsanweisungen unter Bezugnahme auf technische Normen zu „zwingenden Rechtsvorschriften" verdichten.[343] So kann es im Einzelfall zu einer Koppelung der Haftung an das Produktsicherheitsrecht kommen.

3. Orientierung des Produkthaftungsrechts an Produktsicherheitsregeln

Häufiger als eine unmittelbare Kopplung liegt eine „Orientierung" der zivilrechtlichen Haftung am Produktsicherheitsrecht vor. Dazu werden berechtigte Verkehrserwartungen durch öffentlich-rechtliche Sicherheitsanforderungen konkretisiert.

a) Konkretisierung berechtigter Verkehrserwartungen

Nach Art. 6 ProdHaftRL ist ein Produkt fehlerhaft, wenn es zum Zeitpunkt der Vermarktung „nicht die Sicherheit bietet, die man unter Berücksichtigung aller Umstände (…) zu erwarten berechtigt ist." Für die Auslegung solcher Verkehrserwartungen sind die Anforderungen des Produktsicherheitsrechtes zu berücksichtigen.[344] Dies geschieht im Rahmen der Ermittlung berechtigter Erwartungen der Allgemeinheit an die Sicherheit des Produkts. So verweist Generalanwalt *Bot* in seinem Schlussantrag zur Rechtssache *Boston Scientific* aus dem Jahr 2014 auf die besonderen öffentlich-rechtlichen Anforderungen der Medizinprodukterichtlinie, um besonders hohe Sicherheitserwartungen an implantierbare Medizinprodukte nach der ProdHaftRL zu begründen.[345]

---

341 Siehe § 3 Abs. 1 Nr. 2, Abs. 2 ProdSG.

342 Klindt/*Menz*, ProdSG, § 4 Rn. 7, § 5 Rn. 7.

343 *Spindler* in Cafaggi/Muir Watt (Hrsg.), The regulatory function of European private law, 207 (249f.); MüKo-BGB/*Wagner*, § 1 ProdHaftG Rn. 45 – unter der Voraussetzung, dass verwaltungsgerichtlicher Rechtsschutz erfolglos geblieben ist.

344 *Broichmann*, Das Produktsicherheitsgesetz als Vorgabe für die Produkt- und Produzentenhaftung, S. 100; *Kollmer*, NJW 1997, 2015 (2018).

345 Schlussanträge des Generalanwalt *Bot* v. 21.10.2014 - Rs. C-503/13, ECLI: EU:C:2014:2306 Rn. 43–46 – Boston Scientific.

Von erheblicher Bedeutung ist das Produktsicherheitsrecht für die Konkretisierung von Verkehrspflichten im Rahmen von allgemeinen Deliktstatbeständen wie § 823 BGB.[346] In der Rechtsprechung des Bundesgerichtshofes wird das Produktsicherheitsrecht als Ausgangs- und Bezugspunkt solcher Verhaltenspflichten akzeptiert. Ferner spiegeln verbreitete technische Normen den Stand der Technik wider und sind „zur Bestimmung des nach der Verkehrsauffassung zur Sicherheit Gebotenen in besonderer Weise geeignet".[347]

In seiner Zinkspray-Entscheidung führt der Bundesgerichtshof aus, dass Produktsicherheitsnormen bzw. in Bezug genommene technische Regeln Sorgfaltspflichten konkretisieren, allerdings kein prinzipiell abschließendes Verhaltensprogramm gegenüber den Schutzgütern enthalten, sondern gelegentlich ergänzungsbedürftig sind.[348] Diese Rechtsprechung deutet auf eine Indizwirkung im Sinne eines Regel-Ausnahme Verhältnisses hin.[349] Hersteller dürfen folglich nicht „blind" darauf vertrauen, dass die öffentlich-rechtlichen Anforderungen einen für das Deliktsrecht abschließenden Verhaltensmaßstab in Bezug auf die Produktsicherheit beschreiben.[350] Es ist insbesondere zu prüfen, ob sich bei der Benutzung eines Geräts Gefahren gezeigt haben, die in den maßgeblichen technischen Normen nicht berücksichtigt wurden.[351] Ferner ist es im Einzelfall möglich, dass eine technische Norm veraltet ist und damit nicht mehr den Stand der Technik wiedergibt.[352]

b) Negative Vermutungswirkung

Zwei unterschiedliche Verknüpfungen zwischen Produktsicherheitsrecht und Produkthaftungsrecht kommen in Betracht. Entspricht ein Produkt nicht den öffentlich-rechtlichen Anforderungen an seine Verkehrsfähigkeit, so kann nach Literatur und Rechtsprechung auf einen deliktsrechtlichen Pflichtenverstoß

---

346 *Broichmann*, Das Produktsicherheitsgesetz als Vorgabe für die Produkt- und Produzentenhaftung, S. 103.

347 BGH NJW 1988, 2667 (2668).

348 BGH NJW 1987, 372 (373).

349 Vgl. *Wandt*, Internationale Produkthaftung, § 14 Rn. 646.

350 *Spindler* in Cafaggi/Muir Watt (Hrsg.), The regulatory function of European private law, 207 (251); MüKo-BGB/*Wagner*, § 823 BGB Rn. 444.

351 BGH, NJW 1993, 3449 (3550); *Marburger*, Die Regeln der Technik im Recht, S. 459, 467.

352 *Finke*, Die Auswirkungen der europäischen technischen Normen und des Sicherheitsrechts auf das nationale Haftungsrecht, S. 107.

geschlossen werden (*negative Vermutungswirkung*).[353] Dies gilt auch bei einer Unterschreitung von durch das Sicherheitsrecht in Bezug genommenen technischen Normen oder öffentlich-rechtlichen Regelwerken.[354] Insofern stellen die Anforderungen an die Verkehrsfähigkeit eines Produktes Mindestanforderungen für die Erfüllung zivilrechtlicher Sorgfaltspflichten dar. Auch in anderen Rechtsordnungen kann die Verletzung von Produktstandards zu einer Beweislastumkehr führen oder sogar unmittelbar einen Haftungsgrund darstellen.[355] So begründet die Nichteinhaltung von anwendbaren Produktsicherheitsregeln nach dem US-amerikanischen Restatement of Torts (Third) einen Konstruktions- oder Instruktionsfehler des Produktes im Hinblick auf die erfassten Risiken.[356]

c) Positive Vermutungswirkung

Darüber hinaus kommt eine *positive Vermutung* der Einhaltung deliktischer Verkehrspflichten in Betracht, wenn ein Produkt den einschlägigen Produktsicherheitsanforderungen genügt. Dabei ist zwischen einer normativen und einer beweisrechtlichen Ebene zu unterscheiden.[357] Die Produktion nach allgemein anerkannten technischen Normen begründet einen Anschein dafür, dass ein Produkt den berechtigten Sicherheitserwartungen der Allgemeinheit entspricht.[358] Entsprechend hat das Oberlandesgericht Celle die Berufung einer Geschädigten abgelehnt, die ohne Darlegung besonderer Gründe einen Konstruktionsfehler eines Spielgeräts behauptete, obwohl die Sicherheitsstandards des Gerätesicherheitsgesetzes eingehalten wurden.[359]

---

353 *Helmig*, PHi 2014, 2 (12); *Schepel*, The constitution of private governance, S. 42–50; ausdrücklich: LG Stuttgart, NJW-RR 2012, 1169.

354 *Foerste* in Foerste/Graf von Westphalen (Hrsg.), Produkthaftungshandbuch, § 24 Rn. 44.

355 Siehe: *Cafaggi* in Cafaggi/Muir Watt (Hrsg.), The regulatory function of European private law, 207 (219f.); rechtsvergleichend: *Duintjer Tebbens*, International product liability S. 125.

356 Restatement (Third) of torts: Products Liability, § 4 (1998).

357 Siehe dazu: *Finke*, Die Auswirkungen der europäischen technischen Normen und des Sicherheitsrechts auf das nationale Haftungsrecht, S. 18–21; *Marburger*, Die Regeln der Technik im Recht, S. 465.

358 *Kollmer*, NJW 1997, 2015 (2018); *Marburger*, Die Regeln der Technik im Recht, S. 441; BT-Drs. 11/2447 Gesetzesbegründung der Bundesregierung, Entwurf eines Gesetzes über die Haftung für fehlerhafte Produkte (ProdHaftG), S. 19.

359 OLG Celle, NJW 2003, 2544.

Gerade für die verschuldensunabhängige Haftung nach der ProdHaftRL kann das Einhalten von Produktsicherheitsrecht nicht allein „maßgeblich" sein.[360] Zwar enthält Art. 7 lit. e Richtlinie einen Haftungsausschluss für Fehler, die zum Zeitpunkt des Inverkehrbringens nach „Stand der Wissenschaft und Technik" nicht vorhergesehen werden konnten (Entwicklungsrisiken). An diesen Stand von Wissenschaft und Technik legt der Europäische Gerichtshof mit der Berücksichtigung neuester wissenschaftlicher Erkenntnisse aber sehr hohe Maßstäbe an, die über die Einhaltung technischer Normen hinausgehen.[361]

Auf der anderen Seite lässt sich durch die fortschreitende Strukturierung des Produktsicherheitsrechts ein zunehmender Einfluss auf das Verhalten des Herstellers konstatieren.[362] Für eine positive Vermutungswirkung der Erfüllung haftungsrechtlicher Verhaltenspflichten spricht, dass das technische Sicherheitsrecht insofern die Funktion erfüllt, dem Hersteller einen objektiven Verhaltensmaßstab zu bieten, was rechtlich hinsichtlich der Sicherheit von Verwendern geboten ist.[363] So existiert beispielsweise eine so detailreiche Verwaltungsvorschrift über die Produktbeobachtung von Medizinprodukten, dass diese öffentlich-rechtlichen Anforderungen vom Oberlandesgericht Düsseldorf konsequent als abschließende Festschreibung von entsprechenden Verkehrssicherungspflichten charakterisiert wurde.[364]

Auch andere Rechtsordnungen berücksichtigen die Einhaltung von Produktsicherheitsanforderungen für die Frage der Fehlerhaftigkeit eines Produktes oder das Verschulden des Herstellers.[365] Einige US-Bundesstaaten stellen sogar eine weitergehende gesetzliche Vermutung auf, dass der Hersteller bei Einhaltung verbindlicher produktsicherheitsrechtlicher Anforderungen nicht haftet („regulatory compliance defence").[366]

360 Für einen „maßgeblichen" Zusammenhang dagegen: LG Düsseldorf NJW-RR 2006, 1033 (2. Leitsatz).

361 EuGH, Urteil v. 29.5.1997 – Rs. C-300/95, Slg. 1997 I-2649 Rn. 20.

362 *Lenz*, Produkthaftung, § 8 Rn. 124.

363 *Marburger*, Die Regeln der Technik im Recht, S. 467f.

364 OLG Düsseldorf, NJOZ 2012, 1404 (1411).

365 *Duintjer Tebbens*, International product liability S. 126; *Schepel*, The constitution of private governance, S. 347 mit Verweis auf *Advincula v United Blood Services* 678 NE 2d 1009, 1028 (Ill 1997).

366 Siehe zum Beispiel: Texas Civil Practice & Remedies Code - Section 82.008 (2003); für die allgemeine Anerkennung eines solchen Haftungsausschlusses: *Stewart*, Geo. L.J. 88 (1999–2000), 2167.

4. Schlussfolgerung und Überleitung zur weiteren Untersuchung

Zwischen Produktsicherheit und Produkthaftung bestehen aufgrund ihres Funktionszusammenhangs verschiedene sachrechtliche Verknüpfungen. Öffentlich-rechtliche Anforderungen konkretisieren die der zivilrechtlichen Haftung zugrunde liegenden Verhaltenspflichten. So indiziert die Nichteinhaltung von Produktsicherheitsvorschriften einen zivilrechtlichen Pflichtenverstoß. Im Gegenzug begründet die Einhaltung öffentlich-rechtlicher Anforderungen wenigstens den Anschein, dass ein Produkt den berechtigten Verkehrserwartungen der Allgemeinheit entspricht.

Dies führt zu den dargestellten Beispielfällen zurück. Es drängt sich die Frage auf, ob auch dort die Verknüpfung von Öffentlichem Recht und Privatrecht unverändert gilt. Kann sich im Fall des entzündlichen Sofas der Geschädigte darauf berufen, dass der Hersteller schon deswegen fahrlässig gehandelt hat, weil er die britischen *Fire Safety Regulations 1988* nicht beachtet hat? Entsprechend möchten sich die Unfallbeteiligten im Fall des Hybridwagens darauf stützen, dass der Kleinwagen entgegen Art. 12 Abs. 1 Verordnung (EG) Nr. 661/2009 nicht mit einem ESP ausgestattet war. Können sie sich darauf berufen, dass eine Fehlerhaftigkeit des Autos im Sinne von § 3 ProdHaftG daher indiziert sei?

Für eine Beantwortung dieser Fragen ist es an dieser Stelle der Untersuchung noch zu früh. Deutlich zu erkennen ist die Gefahr von Koordinationsproblemen, wenn in den dargestellten Fällen Produktsicherheit und Produkthaftung unterschiedlichen Rechtsordnungen unterworfen sind. Es droht ein Auseinanderfallen von öffentlich-rechtlicher Verantwortlichkeit und deliktsrechtlicher Beurteilung.[367] Das Internationale Produkthaftungsrecht muss für solche Fälle gewährleisten, dass sachrechtliche Verknüpfungen zwischen Verkehrsfähigkeit und Haftung bei internationalen Sachverhalten ebenso wie bei Binnensachverhalten berücksichtigt werden. Nur so wird der rechtliche Zusammenhang von Produktsicherheit und Produkthaftung respektiert. Es drängt sich die Frage auf, welche Anpassungen des Haftungsstatuts dazu erforderlich sind. In Betracht kommen Modifikationen bei der Anknüpfung oder bei der Anwendung des berufenen Haftungsstatuts. Diese Fragen werden Inhalt der weiteren Darstellung sein.

---

367 *Siems*, RIW 2004, 662 (664f., 667).

C. Ergänzungsbedürftigkeit des Produkthaftungsstatuts

Es hat sich gezeigt, dass die Anknüpfung der Haftung für fehlerhafte Produkte nach Art. 5 Rom II-VO zu Koordinationsproblemen mit dem Öffentlichen Recht führen kann. Gegenstand der weiteren Darstellung ist die Frage, ob dieses Anknüpfungssystem im Übrigen zur bestmöglichen Bestimmung des auf die Produkthaftung anwendbaren Rechtes führt. Dies betrifft das Haftungsstatut einschließlich seiner zivilrechtlichen Verhaltensregeln. Es erscheint zweifelhaft, inwieweit die Anknüpfungsleiter des Art. 5 Rom II-VO die Vorzüge des *Marktortprinzips* verwirklichen kann. Ein weiterer Kritikpunkt an der Vorschrift ist die Vorhersehbarkeit der Haftungsrisiken aus der Sicht des Herstellers. Dies könnte wiederum für eine Anknüpfung an das *Herkunftsland* des Produkts sprechen.

Gemäß Art. 15 lit. a Rom II-VO gilt das Deliktsstatut für „den Grund und den Umfang" der Haftung (Prinzip der Statutseinheit). Möglicherweise lässt sich eine für die gesamte Produkthaftung geeignete Kollisionsregel aber nicht finden. So wird in der US-amerikanischen Rechtsprechung und Literatur eine Spaltung des Deliktsstatutes zwischen verhaltenssteuernden und schadenszuweisenden Regeln vorgeschlagen. Eine kritische Würdigung dieses Ansatzes leitet im Laufe der weiteren Untersuchung zur Analyse der „Berücksichtigung" von Sicherheits- und Verhaltensregeln nach Art. 17 Rom II-VO über. Zunächst soll diese offen formulierte und damit auslegungsbedürftige Vorschrift aber noch außer Acht bleiben, um herauszuarbeiten, inwiefern das nach Art. 5 Rom II-VO zu ermittelnde Produkthaftungsstatut im Hinblick auf Verhaltensregeln ergänzungsbedürftig ist.

I. Marktortprinzip

Nach dem Marktortprinzip kommt der Rechtsordnung des Staates, in dem der Anbieter das Produkt vermarktet, zentrale Bedeutung zu.[368] Im Internationalen Produkthaftungsrecht hat *Duintjer Tebbens* früh für die Bedeutung des Marktes geworben, auf dem das schadensursächliche Produkt abgesetzt wurde.[369] Wie im

368 Zum Beispiel im Internationalen Lauterkeitsrecht durch Art. 6 Abs. 1 Rom II-VO verwirklicht – siehe MüKo-BGB/*Drexl*, Art. 6 Rom II-VO Rn. 143 mwN.

369 Vgl.: *Duintjer Tebbens*, International product liability, S. 372; für eine Konkretisierung im Internationalen Produkthaftungsrecht siehe unten Gliederungspunkt D.II.

Folgenden aufgezeigt wird, sprechen verschiedene Argumente dafür, dass eine Anknüpfung von Verhaltensregeln an diesen Marktort vorzugswürdig ist.

1. Marktbezogene Verhaltenssteuerung

Dank der Verhaltensökonomik und der ökonomischen Analyse des Rechts wird die präventive Verhaltenssteuerung mittlerweile als wichtige Funktion des Deliktsrechts verstanden.[370] Auch im Internationalen Produkthaftungsrecht muss es darum gehen, bestmögliche Anreize zur Vermeidung von Produktschäden zu setzen.[371] Wenn Erwägungsgrund 20 als erstes Ziel des Art. 5 Rom II-VO „eine gerechte Verteilung der Risiken einer modernen, hochtechnisierten Gesellschaft" postuliert, so ist eine bestmögliche Steuerung und Vermeidung solcher Risiken diesem Ziel immanent. Dies gilt umso mehr, als die für diese Untersuchung bedeutsamen deliktischen Verhaltensregeln den am Handlungsort einzuhaltenden objektiven Pflichtenmaßstab umschreiben und damit unmittelbar der Schadensprävention dienen.[372] Welche Anknüpfung im Internationalen Produkthaftungsrecht eine optimale Verhaltenssteuerung ermöglicht, ist folglich von zentraler Bedeutung für ihre kollisionsrechtliche Behandlung.

Die Verhaltenssteuerungsfunktion des Produkthaftungsrechtes liegt in der Prävention von Schäden durch fehlerhafte Produkte. Dabei kann eine Parallele zur Schutzrichtung des der Haftung vorgelagerten Produktsicherheitsrechtes gezogen werden: Durch ihre Anknüpfung an die Vermarktung[373] des einzelnen Produkts steuern die öffentlich-rechtlichen Produktsicherheitsregeln den Marktzutritt zum Schutze des allgemeinen Verkehrs im Marktstaat. Berücksichtigt man den Funktionszusammenhang zwischen Produktsicherheit und Produkthaftung,[374] kann für die Schutzrichtung des Produkthaftungsrechtes nichts anderes gelten.[375] So stellte das Oberlandesgericht Düsseldorf bereits 1979 fest, dass ein Hersteller seine Produkte auf die Sicherheitsanforderungen

---

370 Siehe: *Brüggemeier*, Prinzipien des Haftungsrechts, S. 3f.; MüKo-BGB/*Wagner*, vor § 823 Rn. 47 – der die Präventionsfunktion sogar als maßgebliche, für sämtliche Anwendungsbereiche des Deliktsrechts geltende, Funktion qualifiziert; für das US-amerikanische Recht: *Prosser/Keeton*, Law of torts, § 4 S. 25f.

371 *Hamburg Group for Private International Law*, RabelsZ 67 (2003), 1 (15); *Wandt*, Internationale Produkthaftung, § 14 Rn. 711ff.

372 Siehe Gliederungspunkt A.I.1.

373 Siehe oben Gliederungspunkt B.I.2.

374 Vgl. oben Gliederungspunkt B.III.

375 *Wandt*, Internationale Produkthaftung, § 14 Rn. 712.

des *Marktstaates* ausrichten muss, um eine Produkthaftung zu vermeiden.[376] Die Erweiterung der Herstellerhaftung in Art. 3 ProdHaftRL auf jeden Importeur, der für den Marktzutritt eines Produktes in den Europäischen Wirtschaftsraum verantwortlich ist, stärkt diesen Befund.[377]

Einheitliche Haftungsstandards müssen dabei gewährleisten, dass der Wettbewerb auf einem gegebenen Markt nicht zulasten des Parameters Produktsicherheit geführt wird.[378] Der Marktstaat sollte allerdings auch in Betracht ziehen, dass (zu) strenge Haftungsstandards zu einer Nichtverfügbarkeit von Produkten mit besonderen Haftungsrisiken, wie Medikamenten, auf seinem Territorium führen können.[379] Diese Interessenabwägung kann aufgrund seiner Nähe zu den geschützten Rechtsgütern der Produkterwerber der Marktstaat am besten leisten.[380]

2. Erwartung der Parteien

Ferner entspricht das Marktrecht regelmäßig den Erwartungen der Parteien. Zwar fehlt es in aller Regel an einem direkten Kontakt zwischen dem Produktverwender und dem Produzenten oder sonst Ersatzpflichtigen. Aber am Marktort konkretisiert sich die zwischen den Parteien durch den Produktvertrieb bestehende Beziehung, welche durch den Verkäufer als letztem Glied der Vertriebskette vermittelt wird.[381] Daraus folgt, dass der geschädigte Erwerber Schutz durch diese Rechtsordnung billigerweise erwarten kann.[382] Eine Anknüpfung an den Marktort des schadensursächlichen Produktes wirkt in diesem Sinne auch transaktionserleichternd, weil die Parteien bei direktem Kontakt aller Wahrscheinlichkeit nach selbst die Anwendung des Marktrechtes vereinbart hätten.[383]

Durch die Anwendung des Marktortprinzips steht bereits ab der Vermarktung das Haftungsregime des einzelnen Produktes fest.[384] Dem Erwerber ist der

---

376 OLG Düsseldorf NJW 1980, 533 (534).

377 *Freitag*, LMK 2014, 355576.

378 Vgl. Vorschlag für eine Verordnung des Europäischen Parlaments und des Rates über das auf außervertragliche Schuldverhältnisse anzuwendende Recht, KOM (2003) 427 endgültig, S. 16.

379 Vgl. die Erwägungen des Supreme Court of Jersey in *Rowe v. Hoffman-La Roche, Inc.*, 189 N.J. 615 (N.J. 2007), 631, 634.

380 So auch *Wandt*, Internationale Produkthaftung, § 14 Rn. 769.

381 *Trutmann*, Das internationale Privatrecht der Deliktsobligationen, S. 168.

382 *Wolf*, Deliktsstatut und internationales Umweltrecht, S. 242.

383 NK-BGB/*Lehmann*, Art. 5 Rom II-VO Rn. 11.

384 *Kadner Graziano*, Europäisches Internationales Deliktsrecht, S. 74.

Marktort des schadensursächlichen Produktes stets bekannt. Während er bei einem Kauf im Inland zurecht auf die Anwendung seines eigenen Umweltrechtes vertrauen darf, muss er sich beim Erwerb auf einem ausländischen Markt auf dessen Haftungsrecht einstellen.[385] Soweit der Produzent Kontrolle über sein Vertriebsnetz hat, sind potentielle Marktorte des Produkts für ihn ebenfalls vorhersehbar.[386] Anderes gilt lediglich dann, wenn er rechtlich oder faktisch nicht verhindern kann, dass unabhängige Händler sein Produkt in einen Drittstaat weiterverkaufen.[387]

3. Unverfälschter Wettbewerb

Erwägungsgrund 20 Rom II-VO nennt außerdem einen unverfälschten Wettbewerb als Regelungsziel der Kollisionsregel für die Produkthaftung. Die Sicherung eines unverfälschten Wettbewerbs ist ein allgemeines Ziel der Europäischen Union und primärrechtlich in Art. 169 AEUV sowie dem „Protokoll über den Binnenmarkt und den Wettbewerb" verankert.

Eine Anknüpfung an den Herkunfts- oder Sitzstaat kann zu einer Verzerrung des Wettbewerbs zwischen in- und ausländischen Anbietern im Marktstaat führen.[388] Nach dem Marktortprinzip richten sich die produktsicherheitsbezogenen Verkehrspflichten aller Wettbewerber dagegen einheitlich nach dem Recht des Marktstaates selbst. Durch die Gleichbehandlung aller Wettbewerber gewährleistet das Marktortprinzip folglich einen unverfälschten Wettbewerb.[389] Dies heißt allerdings nicht, dass allein das Marktortprinzip diesem Ziel gerecht werden kann.[390]

---

385 *Kadner Graziano*, Europäisches Internationales Deliktsrecht, S. 75.

386 Vgl. Vorschlag für eine Verordnung des Europäischen Parlaments und des Rates über das auf außervertragliche Schuldverhältnisse anzuwendende Recht, KOM(2003) 427 endgültig, S. 16.

387 *Hamburg Group for Private International Law*, RabelsZ 67 (2003), 1 (16) – zu möglichen Konsequenzen siehe unten Gliederungspunkt C.III.2 sowie Gliederungspunkt E.I.

388 *Freitag*, Der Einfluss des Europäischen Gemeinschaftsrechts auf das internationale Produkthaftungsrecht, S. 109; *Roth* in Schack (Hrsg.), Gedächtnisschrift für Alexander Lüderitz, S. 651f.

389 *Hamburg Group for Private International Law*, RabelsZ 67 (2003), 1 (16); *Sack* FS Eugen Ulmer 1973, 495 (501).

390 *Wandt*, Internationale Produkthaftung, § 17 Rn. 1055f. - demnach genügt es vielmehr, wenn alle in einem Staat vermarkteten Produkte nach derselben Rechtsordnung haften und die Anknüpfung nicht an ein der Vermarktung vorgelagertes Geschehen anknüpft.

4. Vorteil marktspezifischer Preisbildung

Allein das Marktortprinzip schafft einen direkten Zusammenhang zwischen dem geographischen Markt, auf dem das schadensursächliche Produkt vertrieben wurde, und dem anwendbaren Haftungsrecht. Dies erlaubt eine marktspezifische Preisgestaltung des Einzelproduktes. So kann der Vertreiber den Preis eines Produktes je nach anwendbarem Haftungsstandard variieren.[391] Erwirbt der Verwender ein Produkt auf einem Markt mit strengen Verhaltensregeln, so wird er dafür einen höheren Preis bezahlen müssen. Möchte er dagegen bewusst auf einem Markt mit niedrigeren Standards einkaufen, so wird er im Gegenzug für das Produkt weniger bezahlen müssen („you get what you pay for"). Aus der Perspektive des mündigen Erwerbers spricht für die Möglichkeit einer solchen marktspezifischen Preisbildung, dass er nach seinen Präferenzen selbst entscheiden kann, mit welchem Haftungsstandard er ein Produkt erwerben möchte.[392]

Auch aus volkswirtschaftlicher Perspektive ist eine marktspezifische Preisbildung vorteilhaft.[393] Wird nämlich an den gewöhnlichen Aufenthaltsort des Geschädigten angeknüpft, so sieht sich ein Staat X dazu geneigt, das Niveau seines Produkthaftungsrechtes zugunsten seiner eigenen Bewohner über ein angemessenes Maß hinaus anzuheben. Die Mehrkosten dafür tragen (ausländische) Unternehmen, die beim Verkauf ihrer Produkte auf anderen Märkten das Haftungsniveau des Verwendungsstaates X nicht gesondert berücksichtigen. Für andere Staaten besteht der Anreiz, dem Muster des Staates X zu folgen. Bei einer Marktanknüpfung können sich Staaten dagegen zwischen niedrigeren Preisen oder strengeren Haftungsregeln entscheiden.[394] Dies gilt auch innerhalb des EU-Binnenmarktes, soweit die Mitgliedstaaten jenseits der Harmonisierung durch die ProdHaftRL ihr Deliktsrecht gestalten.[395] So wird unabhängig von der Herkunft der Verwender ein optimales Steuerungsniveau der Schadensprävention ermöglicht und eine Externalisierung von exorbitanten Haftungskosten vermieden.

---

391 *Illmer*, RabelsZ 73 (2009), 269 (294).

392 *Rühl*, Statut und Effizienz, S. 680f.; *Schäfer/Lantermann* in Basedow/Kono (Hrsg.), An Economic Analysis of Private International Law, S. 110.

393 Zu diesem Absatz: *Hay*, Georgetown Law J. 80, 1992, 617, S. 623–626, *Krauss*, BYU Law Rev. 2002, 759, 785–787; *Rühl*, Statut und Effizienz, S. 671f.

394 Vgl. *Kozyris*, Am. J. Comp. Law 56 (2008), 471 (495).

395 *Rühl*, Statut und Effizienz, S. 682.

5. Zwischenergebnis

Zahlreiche Argumente sprechen für eine Anknüpfung des Produkthaftungsrechtes mit seinen Verhaltenspflichten an den Marktort des schadensursächlichen Produktes. Ein solcher Ansatz entspricht dem Marktbezug der Schadensprävention und der Parteienerwartung. Nur das Marktortprinzip ermöglicht darüber hinaus eine optimale, marktspezifische Preisbildung.

II. Kritik des Art. 5 Rom II-VO aus der Perspektive des Marktortprinzips

1. Abgrenzung zum Vermarktungsvorbehalt

Der Unionsgesetzgeber hat sich gegen eine allgemeine Anknüpfung der Produkthaftung an den Marktort entschieden. Immerhin schreibt Art. 5 Rom II-VO der Vermarktung des Produktes eine gewisse Relevanz zu. Der Erwerbsort ist gemäß Art. 5 Abs. 1 S. 1 lit. b Rom II-VO eines von mehreren Anknüpfungskriterien. Ferner enthält die Norm zugunsten des Herstellers für sämtliche Anknüpfungen nach Art. 5 Abs. 1 S. 1 lit. a–c sowie Art. 5 Abs. 1 S. 2 Rom II-VO einen Vermarktungsvorbehalt.[396] Demnach kann eine Rechtsordnung nur dann bei der Produkthaftung zur Anwendung gelangen, wenn „das Produkt" für den Hersteller vorhersehbar auf deren Territorium in den Verkehr gebracht wurde.

Dies darf aber nicht darüber hinwegtäuschen, dass Art. 5 Rom II-VO nicht dem Marktortprinzip folgt. Verschiedene Vorteile einer Anknüpfung an den Marktort können von Art. 5 Rom II-VO nicht verwirklicht werden. Große Bedenken bestehen dabei, ob die Anknüpfungen des gemeinsamen Wohnsitzes der Parteien (Art. 4 Abs. 2) oder des Herstellersitzes (Art. 5 Abs. 1 S. 2) losgelöst von jeder Vermarktung für Produkthaftungsfälle geeignet sind. Ferner genügt im Rahmen des Vermarktungsvorbehalts der Vertrieb eines anderen, *gleichartigen* Produktes der gleichen Gattung, um eine Anknüpfung an die „marktfernen" Kriterien des gewöhnlichen Aufenthalts des Geschädigten (Art. 5 Abs. 1 S. 1 lit. a) bzw. den Schadensort (Art. 5 Abs. 1 S. 1 lit. c) zu bewirken. Soweit im Zusammenhang mit Art. 5 Rom II-VO von „Marktort" gesprochen wird, bezeichnet dieser Begriff also die Gesamtheit *aller* Staaten, in denen eine Produktgattung vertrieben wird.[397] Das Marktortprinzip im engeren Sinn bezieht sich hingegen ausschließlich auf das schadensursächliche Produkt.

396 Vgl. dazu bereits oben Gliederungspunkt B.II.2.b).

397 NK-BGB/*Lehmann*, Art. 5 Rom II-VO Rn. 13 – der von einer „erheblichen Erweiterung des Marktbegriffes" spricht.

Begibt sich ein US-Amerikaner aus eigener Initiative nach Deutschland, um dort eine Maschine zu einem günstigeren Preis als in den Vereinigten Staaten zu erwerben, so kann nach Art. 5 Abs. 1 S. 1 lit. a Rom II-VO US-amerikanisches Recht auf einen Produkthaftungsfall Anwendung finden, obwohl der Marktstaat des schadensursächlichen Produktes Deutschland ist. Eine marktspezifische Preisbildung wird dadurch verfehlt.[398] Überdies stimmt die Anknüpfung nicht mit der marktbezogenen Steuerungsfunktion des Deliktsrechtes überein. Daraus wird deutlich, dass der Vermarktungsvorbehalt in Art. 5 Abs. 1 S. 1 lit. a–c nicht der Verwirklichung des Marktortprinzips dient, sondern lediglich ein minimales Korrektiv zugunsten des Herstellers darstellt. Die Unwägbarkeiten für den Ersatzpflichtigen, das auf ein einzelnes Produkt anwendbare Haftungsrecht vorherzusehen, werden dabei gegenüber dem Marktortprinzip potenziert.

2. Kritik der Anwendungslücken des Vermarktungsvorbehalts

Hinzu kommt, dass der Vermarktungsvorbehalt in Art. 5 Abs. 1 Rom II-VO nicht auf alle Anknüpfungen der Produkthaftung anwendbar ist. Dadurch kann es zur Anwendung einer Rechtsordnung kommen, die weder mit der Vermarktung des Einzelproduktes, noch gleichartiger Produkte in Zusammenhang steht.[399] Jenseits der aufgezeigten Koordinationsprobleme mit dem öffentlich-rechtlichen Produktsicherheitsrecht[400] stoßen einige solcher Anknüpfungen auf erhebliche kollisionsrechtliche Bedenken.

Im Rahmen eines privatrechtlichen Haftungsverhältnisses ist zunächst eine Rechtswahl der Parteien nach Art. 14 Rom II-VO auch im Hinblick auf von ihnen einzuhaltende Verhaltensregeln anzuerkennen.[401] Zum Schutz von Verbrauchern ist eine Rechtswahl vor Eintritt des Schadens nach Art. 14 Abs. 1 S. 1 lit. b Rom II-VO ohnehin nur zwischen Unternehmern zulässig. Einer „frei ausgehandelte[n]“ Vereinbarung kommt unabhängig von der Vermarktung des Produktes die Vermutung einer für beide Parteien angemessenen Vereinbarung zu (*Vertragliche Richtigkeitsgewähr*).[402] Soweit kein Marktversagen vorliegt, handelt es sich dabei um eine situationsbezogene und damit im Zweifel effiziente

398 Rauscher/*Unberath*/*Cziupka*/*Pabst* Europäisches Zivilprozess- und Kollisionsrecht, Art. 5 Rom II-VO Rn. 17.

399 Siehe oben Gliederungspunkt B.II.3.b).

400 Dazu bereits oben Gliederungspunkt B.III.

401 NK-BGB/*Lehmann*, Art. 17 Rom II-VO Rn. 81f.

402 Grundlegend zur vertraglichen Richtigkeitsgewähr: *Schmidt-Rimpler*, AcP 147 (1941), 130 (155–157).

Lösung.[403] Bei einer vertragsakzessorischen Anknüpfung nach Art. 5 Abs. 2 S. 2 Rom II-VO gilt dasselbe, sofern die bestehende vertragliche Verbindung der Parteien, zum Beispiel innerhalb einer Lieferbeziehung, die Produkthaftungsrisiken berücksichtigt hat.

Die Vorrangigkeit des gemeinsamen gewöhnlichen Aufenthalts innerhalb der Rom II-VO erscheint hingegen problematisch. Gemäß Art. 5 Abs. 1 S. 1 i.V.m. Art. 4 Abs. 2 Rom II-VO ist vorrangig an einen gemeinsamen gewöhnlichen Aufenthalt der Parteien anzuknüpfen. Nach Ansicht der EU-Kommission spiegelt eine solche Anknüpfung die berechtigten Erwartungen der Beteiligten wider.[404] Diese Argumentation mag hinsichtlich der sozialen Einbettung von Tatfolgen wie zum Beispiel der Heilbehandlungskosten zutreffen.[405] Hinsichtlich einer Einbettung der Haftungsbegründung ist dieses Argument bei der Produkthaftung dagegen nicht stichhaltig. Der Verwender eines Produktes wird in vielen Fällen den Sitz des Herstellers nicht kennen, der potentiell Haftpflichtige überhaupt nicht in Kontakt mit den zahlreichen Verwendern seines Produktes kommen. Wenn dem Hersteller aber *ex-ante* der Aufenthalt des Geschädigten überhaupt nicht bekannt ist, so verfehlen die Verhaltensregeln der *lex domicilii communis* ihre Steuerungsfunktion beim Hersteller.[406] Es mangelt damit an einem hinreichenden Bezug zum gemeinsamen Aufenthaltsstaat.[407]

Bei Produkten, die ausschließlich für den Export bestimmt sind, sprechen noch weitere Argumente gegen eine Anknüpfung an die *lex domicilii communis*: Zwar mag der Hersteller mit seinem Umweltrecht vertraut sein, dies bedeutet aber nicht, dass dessen Anwendung gerechtfertigt ist. Isoliert betrachtet führt die Anknüpfung an das gemeinsame Heimatrecht – wie die in Kapitel B aufgeführten Beispielfälle zeigen – dazu, dass deutsche Exportunternehmen mittelbar dazu gezwungen werden, die (hohen) Anforderungen deutscher Verhaltensvorschriften auch für Exportprodukte einzuhalten. Der Hersteller wird so an der Diversifizierung seiner Produktpalette mit der Anpassung an die (preislichen) Vorstellungen verschiedener Absatzmärkte gehindert.[408] Der Geschädigte auf der

403 *Rühl*, Statut und Effizienz, S. 675.

404 Vorschlag für eine Verordnung des Europäischen Parlaments und des Rates über das auf außervertragliche Schuldverhältnisse anzuwendende Recht, KOM(2003) 427 endgültig, S. 12.

405 Vgl. *Symeonides*, Am. J. Comp. Law 56 (2008), 173 (195).

406 Vgl. *Dornis*, SZIER 2015, 183 (201).

407 So im Ergebnis auch: *Wandt*, Internationale Produkthaftung, § 18 Rn. 1077f. – der sogar eine soziale Einbettung der Tatfolgen bei der Produkthaftung ablehnt.

408 Vgl. *Illmer* RabelsZ 73 (2009), 294.

anderen Seite kommt in den Genuss eines Haftungsrechtes, das er im Ausland nicht erwarten durfte.[409] Diese Kritik lässt sich auf die subsidiäre Anknüpfung an den Sitz des Ersatzpflichtigen nach Art. 5 Abs. 1. S. 2 Rom II-VO übertragen.[410]

3. Spaltung des Deliktsstatuts zwischen verhaltenssteuernden und schadenszuweisenden Regeln?

Noch weitergehend lässt sich für Verhaltensnormen an der Eignung jeder Anknüpfung zweifeln, die nicht auf das haftungsbegründende Verhalten bezogen ist.[411] Wie bereits angedeutet, kann sich die soziale Einbettung der haftungsbegründenden Handlung von der Einbettung der Tatfolgen unterscheiden. In der US-amerikanischen Lehre und Rechtsprechung hat sich daher eine Spaltung des Deliktsstatuts zwischen Verhaltens- und Schadensregeln etabliert. Eine nähere Betrachtung dieses Ansatzes ist für die Behandlung von Verhaltensregeln im Produkthaftungsstatut aufschlussreich.

a) Lehre und Rechtsprechung in den Vereinigten Staaten

Bereits im Restatement of the Conflict of Laws on Torts von 1934 war abweichend von der damals verbreiteten Anwendung des Rechts am Deliktsort eine Sonderanknüpfung des Sorgfaltsmaßstabs (*standard of care*) vorgesehen. Wenn der deliktische Charakter des potentiell ersatzpflichtigen Verhaltens von einem situationsspezifischen *standard of care* abhängt, so soll insoweit der Maßstab des Handlungsortes anzuwenden sein (§ 308 Abs. 2 Restatement of the Conflict of Laws on Torts). Dies führt zu einem *issue-by-issue approach*, bei dem die Verkehrspflichten dem Recht des Handlungsortes, die sonstigen Voraussetzungen der Haftung dagegen dem Deliktsstatut entnommen werden.[412]

Neuere Ansätze der amerikanischen Kollisionslehre ermitteln in einer teleologischen Gesamtbetrachtung die Rechtsordnung mit der bedeutendsten Beziehung zum Geschehen und den Parteien (§ 145 Restatement (Second) of Conflict of Laws).[413] Im Rahmen dieser Prüfung differenziert der New Yorker

---

409 *Schäfer/Lantermann* in Basedow/Kono (Hrsg.), An Economic Analysis of Private International Law, S. 111.

410 Vgl. zur Rechtslage vor Inkrafttreten der Rom II-VO: *Sack* FS Eugen Ulmer 1973, 495 (505).

411 Vgl. *Symeonides*, Am. J. Comp. Law 56 (2008), 173 (195).

412 *Cross*, Creighton Law Rev. 36 (2003), 425 (429).

413 Unter Bezugnahme auf die Prinzipien in Section 6 Restatement (Second) of Conflict of Laws.

Court of Appeal in *Babcock v. Jackson*[414] erstmals zwischen verhaltenssteuernden („*conduct-regulating*") und schadenszuweisenden („*loss-allocating*") Regeln.[415] Das Gericht nimmt damit eine kollisionsrechtliche Dépeçage der deliktischen Haftung vor.[416] Hinsichtlich der Anwendung von Normen, die das Verhalten einer Person sanktionieren, habe der Staat, auf dessen Territorium gehandelt wurde, ein vorrangiges, wenn nicht ausschließliches Interesse.[417] Dieses vorrangige Interesse stütze sich maßgeblich auf die Erwartung der Parteien und auf die Präventionswirkung (*admonitory effect*) des Ortsrechtes für zukünftiges Verhalten auf seinem Territorium (*Schultz v. Boy Scouts of America*).[418]

Eine solche Argumentation des Gerichts entspricht *Curries* „Governmental Interests Analysis", nach der zu prüfen ist, welcher Staat angesichts der Regelungsziele seiner Normen das größte Interesse an ihrer Anwendung habe.[419] Hinsichtlich schadenszuweisender Regeln stehen andere Rechtsanwendungsinteressen als bei der Verhaltenssteuerung im Vordergrund. So kann hier der gemeinsame Wohnsitz der Parteien insbesondere im Hinblick auf die erleichterte Rechtsdurchsetzung den engsten Kontakt zu einer Rechtsordnung begründen.[420]

Ausgehend von diesen Fällen hat sich nach den Kollisionsregeln des Bundesstaates New York eine Qualifikation von Haftungsregeln in zwei Kategorien etabliert. Während verhaltenssteuernde Regeln (*conduct-regulating rules*) den Rechtssubjekten als Maßstab dienen, um ihr Verhalten daran auszurichten, finden schadenszuweisende Regeln (*loss-allocating rules*) dann Anwendung, wenn ein Verhalten als deliktisch eingeordnet wurde.[421] Diese Unterscheidung hat sich auch in den Kollisionsregeln anderer Bundesstaaten verbreitet. Einige Gerichte haben die Terminologie der New Yorker Rechtsprechung dabei ausdrücklich übernommen;[422] anderenorts kommt man im Rahmen der Gesamtbetrachtung nach § 145 Restatement (Second) of Conflict of Laws zu vergleichbaren

414 12 N.Y.2d 473 (1963).

415 *Hay/Borchers/Symeonides,* Conflict of laws, S. 874f.

416 12 N.Y.2d 473, 484 – „In conclusion, then, there is no reason why all issues arising out of a tort claim must be resolved by reference to the law of the same jurisdiction".

417 12 N.Y.2d 473, 483 – anderes kann allerdings bei vorsätzlichen Delikten gelten oder wenn ein Verletzungserfolg in einem anderen Staat für den Schädiger vorhersehbar ist, vgl. *Hay/Borchers/Symeonides,* Conflict of laws, S. 974.

418 *Schultz v. Boy Scouts of America,* 65 N.Y.2d 189, 198 (1985).

419 Grundlegend: *Currie,* University of Chicago Law Rev. 26 (1958), 9f.

420 *Schultz v. Boy Scouts of America,* 65 N.Y.2d 189, 198 (1985).

421 *K.T. v Dash,* 37 AD3d 107, 112–113 (2006).

422 Siehe: *Collins v. Trius, Inc.,* 663 A.2d 570 (Maine); *Miller v. White,* 167 Vt. 45 (Vermont).

Differenzierungen.[423] Wenn eine Regel im Einzelfall sowohl verhaltenssteuernde als auch schadenszuweisende Funktion hat, ist nach dem Funktionsschwerpunkt zu qualifizieren.[424]

b) Anwendung auf Produkthaftungsfälle

In *Cooney v. Osgood*[425] wurde diese differenzierte deliktsrechtliche Anknüpfung von der US-amerikanischen Rechtsprechung auf einen Produkthaftungsfall übertragen.[426] Mangels einer Harmonisierung des Deliktsrechtes der einzelnen Bundesstaaten stellen sich in Produkthaftungsfällen auch innerhalb der Vereinigten Staaten regelmäßig kollisionsrechtliche Fragen. Dabei wurden von der Rechtsprechung Haftungshöchstbeträge,[427] Verjährungsfristen,[428] gesamtschuldnerische Haftungserweiterungen[429] und sozialversicherungsrechtliche Haftungsprivilegierungen des Arbeitgebers[430] der Kategorie von *loss-allocating rules* zugeschrieben.

Ein aufschlussreiches Beispiel für die Qualifikation von *conduct-regulating rules* in der Produkthaftung ist die Entscheidung des New York Supreme Court in *Devore v. Pfizer Inc.* (2008).[431] Die Kläger aus Michigan hatten in ihrem Heimatbundesstaat das cholesterinsenkende Medikament Lipitor erworben, welches über eine Zulassung der US Food and Drug Administration (FDA) verfügte. Nach der Einnahme des Medikaments erlitten sie körperliche und psychische Beeinträchtigungen. Eine Schadensersatzklage gegen den Hersteller Pfizer mit Sitz in New York stützen sie unter anderem auf eine fehlerhafte Produktgestaltung und mangelhafte Aufklärung über Nebenwirkungen.

Der Ausgang des Rechtsstreits hing maßgeblich vom Kollisionsrecht ab. Die Geschädigten klagten deswegen in New York, weil nach dem Produkthaftungsrecht von Michigan ein Medikament nicht als fehlerhaft anzusehen ist, solange eine Zulassung durch die FDA besteht (Michigan Compiled Laws § 600.2946 [5]).

---

423 Siehe beispielsweise: *Bauer v. Club Med Sales, Inc.*, 1996 WL 310076 (Kalifornien).

424 *Padula v. Lilarn Properties Corporation*, 84 N.Y.2d 519, 521 (1994); aus der Literatur zustimmend: *Hay/Borchers/Symeonides*, Conflict of laws, S. 882.

425 81 N.Y.2d 66, 72 (1993).

426 *Sammeck*, Die Internationale Produkthaftung nach Inkrafttreten der Rom II-VO im Vergleich zu der Rechtslage in den USA, S. 81f.

427 *In re Aircrash Disaster Near Roselawn, Ind. on Oct. 31, 1994*, 926 F.Supp. 736, 746.

428 Fargas *v. Cincinnati Mach., LLC*, 986 F.Supp.2d 420, 423 (2013).

429 *Caruolo v. John Crane, Inc.*, 226 F.3d 46, 58 (2000).

430 *Cooney v. Osgood*, 81 N.Y.2d 66, 72 (1993); *Roll v. Tracor*, Inc. 140 F.Supp.2d 1073, 1079 (2001).

431 58 A.D.3d 138 (2008).

In Michigan gibt es also eine unmittelbare Kopplung von öffentlich-rechtlicher Verkehrsfähigkeit und zivilrechtlicher Haftungsfreiheit. Im New Yorker Recht existiert ein solcher Haftungsausschluss dagegen nicht.

Nach der Analyse des Gerichts stellt die Verknüpfung von öffentlich-rechtlicher Zulassung und Haftungsfreiheit eine Definition der Verkehrspflichten eines Pharmaunternehmens dar und ist folglich als *conduct-regulating* einzuordnen.[432] Wie erläutert, hat der Staat, auf dessen Territorium gehandelt wurde, ein vorrangiges Interesse an der Anwendung seiner verhaltenssteuernden Regeln. Frühere Urteile hatten den Ort der haftungsbegründenden Handlung bei der Produkthaftung am Schadensort,[433] am Marktort[434] oder aber am Ort der Herstellung[435] lokalisiert. Vergleichbare Differenzen existieren auch in Europa.[436]

Im vorliegenden Fall fielen Schadens- und Marktort zusammen. Verschiedene US-Bundesstaaten hatten bereits die Erfahrung gemacht, dass (zu) hohe Sorgfaltsanforderungen an Pharmaunternehmen zu einer Nichtverfügbarkeit von Medikamenten in ihrem Staat führen kann.[437] Vor diesem Hintergrund referiert der Gerichtshof:

> *[F]rom the perspective of influencing primary conduct, the forum where the product is sold is uniquely qualified to determine the controlling standards that reflect an equilibrium between its need for the product, and its desire to deter the sale of potentially harmful products to its citizens.*[438]

Diese wertende Betrachtung (*interest analysis)* zeigt, dass der New York Supreme Court in Bezug auf Verhaltensregeln den Marktort des schadensursächlichen Produktes für ausschlaggebend hält.

c) Relevanz für das EU-Kollisionsrecht

Eine solche kollisionsrechtliche Behandlung von *conduct-regulating rules* in New York und anderen US-Bundesstaaten ist auch für das Internationale Produkthaftungsrecht in Europa relevant. Zwar muss beachtet werden, dass sich nach

---

432 58 A.D.3d 138, 141.

433 *Islam v. Modern Tour, Inc.*, Not Reported in F.Supp.2d, 2004 WL 2210295, S. 3 (2004).

434 *Batruk v. Mitsubishi Motors Corp.,* Not Reported in F.Supp., 1998 WL 307383, S. 2 (1998).

435 *In re Ski Train Fire in Kaprun, Austria on Nov. 11, 2000* 230 F.Supp.2d 376, 390 (2002).

436 Dazu ausführlich: Gliederungspunkt D.II.1.

437 Vgl. die Erwägungen des Supreme Court of Jersey in *Rowe v. Hoffman-La Roche, Inc.*, 189 N.J. 615, 631, 634 (2007).

438 58 A.D.3d 138, 142 (2008) – gestützt auf ein *obiter dictum* aus *Doe v. Hyland Therapeutics* Div., 807 F Supp 1117, 1130 (1992).

Art. 15 lit. a Rom II-VO das Deliktsstatut auf „den Grund und den Umfang" der Haftung erstreckt. Eine vollständige Übertragung der *Dépeçage*, wie sie von amerikanischen Gerichten praktiziert wird, wäre mit dieser Bestimmung kaum zu vereinbaren. Allerdings wird das Prinzip der Statutseinheit durch die Berücksichtigung von Sicherheits- und Verhaltensregeln nach Art. 17 Rom II-VO durchbrochen.[439] Diese Norm erlaubt einen von der kollisionsrechtlichen Verweisung unabhängigen Rückgriff auf bestimmte statutsfremde Verhaltensnormen. *Hay/Borchers/Symeonides* ziehen insoweit eine unmittelbare Parallele zur separaten Anknüpfung der *„conduct-regulating rules"*.[440]

Spiegelbildlich zu Art. 17 Rom II-VO sieht Erwägungsgrund 33 eine besondere Berücksichtigung tatsächlicher (örtlicher) Umstände bei der Schadensberechnung vor.[441] Es zeigt sich also, dass auch die Rom II-VO in gewissem Maße zwischen Verhaltenssteuerung und Schadensbemessung differenziert.[442] Insofern kann die US-amerikanische Rechtsprechung rechtsvergleichende Anregungen für die Behandlung von Verhaltensregeln im Internationalen Produkthaftungsrecht der Europäischen Union liefern.[443] Ein uniformes Produkthaftungsstatut wird dem nicht gerecht. Vielmehr müssen für die Behandlung von Verhaltensregeln besondere kollisionsrechtliche Erwägungen („conduct-regulating exception")[444] gelten. Der Ort des haftungsbegründenden Verhaltens hat maßgebliche Bedeutung für die Anwendung von Verhaltensregeln. Zur bestmöglichen Verhaltenssteuerung hält die New Yorker Rechtsprechung dafür den Marktort des Produktes für maßgeblich.

III. Herkunftslandprinzip

Unter Verweis auf die Steuerungsfunktion des Haftungsrechtes und rechtsvergleichende Erwägungen wurden im ersten Teil dieses Kapitels Argumente für das Marktortprinzip dargelegt. Ein ausdrückliches Regelungsziel des Art. 5 Rom II-VO wurde dabei noch nicht beachtet. Gemäß Erwägungsgrund 20 der Verordnung verfolgt die besondere Kollisionsregel für die Produkthaftung nicht

---

439 MüKo-BGB/*Junker*, Art. 15 Rom II-VO Rn. 28.

440 *Hay/Borchers/Symeonides*, Conflict of laws, S. 876f. – wobei sie von einer Verengung der Kategorie von verhaltenssteuernden Regeln durch die Rom II-VO ausgehen („terminology intended to narrow down the category of conduct-regulating rules by referring to issues of „standards of conduct *and* safety").

441 *Rentsch*, GPR 2015, 191 (194).

442 Vgl. *Symeonides*, Am. J. Comp. Law 56 (2008), 173 (212).

443 So auch: NK-BGB/*Lehmann*, Art. 17 Rom II-VO Rn. 12, 36.

444 *Cross*, Creighton Law Rev. 36 (2003), 425.

zuletzt das Ziel der „Erleichterung des Handels". Bedenkt man die fortbestehenden sachrechtlichen Unterschiede zwischen den Verhaltensregeln in verschiedenen Rechtsordnungen, sind Rechtsanwendungsrisiken für den Produzenten mit hohen wirtschaftlichen Risiken verknüpft.[445] Eine Förderung des Handels setzt aber voraus, dass Produzenten bereit sind, ihre Produkte im Ausland zu vertreiben. Innerhalb des EU-Binnenmarktes wird dieses Ziel durch die Warenverkehrsfreiheit (Art. 34 AEUV) gestützt.

Ein anderer Ansatz – das *Herkunftslandprinzip* – könnte diesen Erwägungen besser gerecht werden. Herkunftsland im Sinne des Unionsrechtes ist der Ort der ersten Vermarktung eines Produktes.[446] Mit dem Begriff „Produkt" ist im Rahmen dieser Betrachtung – ebenso wie bei der Auslegung des Art. 5 Rom II-VO[447] – jedes gleichartige Produkt eines Modells gemeint.[448] Das Herkunftsland ist damit vom Marktort eines erworbenen (Einzel-)Produktes zu unterscheiden, wie folgendes Beispiel zeigt: Ein Sofamöbel wird von einem deutschen Hersteller zunächst regional in Deutschland und sodann wegen des guten Absatzes in ganz Europa vermarktet. Ein Käufer erwirbt das Modell bei einem Vertriebshändler in Großbritannien. Herkunftsland des Produktes ist Deutschland, der Marktort dagegen Großbritannien.

Nach dem Herkunftslandprinzip kann der Hersteller ein Produktmodell nach dem Recht am Ort der ersten Vermarktung vertreiben. Da er diesen Erstvertrieb seines Produktes gezielt planen kann, muss er nicht die Anwendung des ihm unbekannten Haftungsrechts anderer Staaten befürchten.[449] In vielen Fällen wird außerdem der Sitz des Herstellers (vgl. Art. 5 Abs. 1 S. 2 Rom II-VO) im Herkunftsland liegen. Die dort erfolgende Gestaltung und Planung des Vertriebs sind rechtlich relevantes Verhalten, das sich grundsätzlich als Anknüpfungspunkt für die Produkthaftung eignet.[450]

Gegen das Herkunftslandprinzip werden allerdings verschiedene Bedenken vorgetragen. Durch eine Verlagerung der Erstvermarktung bzw. des Herstellersitzes

---

445 *Rodiek*, Die Produkthaftung im Europäischen Kollisionsrecht, S. 95.

446 *Dethloff*, JZ 2000, 179 (184).

447 Siehe Gliederungspunkt B.II.2.b).

448 Dies entspricht der Gewährleistung des Freien Warenverkehrs, wie sie in der Cassis-de-Dijon-Entscheidung durch den Europäischen Gerichtshof ausformuliert wurde – dazu oben Gliederungspunkt B.I.3.a).

449 Vgl. *Wandt*, Internationale Produkthaftung, § 14 Rn. 735.

450 *Drobnig* in von Caemmerer (Hrsg.), Vorschläge und Gutachten zur Reform des deutschen internationalen Privatrechts der außervertraglichen Schuldverhältnisse, S. 298 (330).

in Staaten mit niedrigeren Produktanforderungen könnte die Präventionsfunktion des Haftungsrechtes umgangen werden (*race to the bottom*).[451] Dabei würde der unverfälschte Wettbewerb zwischen inländischen und ausländischen Anbietern auf einem bestimmten Absatzmarkt gefährdet.[452] Außerdem erscheint eine Anknüpfung an das Heimatrecht des Produzenten als unbillig für den geschädigten Verbraucher.[453]

1. Keine Vorgabe eines kollisionsrechtlichen Herkunftslandprinzips

Vor einer weiteren inhaltlichen Würdigung stellt sich die Frage, welche Vorgaben das Unionsrecht für die Internationale Produkthaftung im Binnenmarkt enthält. Die Warenverkehrsfreiheit setzt sowohl dem Sachrecht als auch dem Kollisionsrecht Grenzen.[454] Folglich können bei der Produkthaftung zunächst bestimmte kollisionsrechtliche Anknüpfungen des Marktstaates unter das Verbot handelsbeschränkender Maßnahmen (Art. 34 AEUV) fallen. Dies wurde im deutschen autonomen Internationalen Privatrecht für das Ubiquitätsprinzip[455] und das Inländerprivileg nach Art. 38 EGBGB a.F.[456] angenommen.

Weitergehend entnimmt *Basedow* den Grundfreiheiten des EU-Binnenmarktes die Vorgabe eines Herkunftslandprinzips.[457] Er entwickelt aus dem Prinzip *gegenseitiger Anerkennung* ein kollisionsrechtliches „Günstigkeitsprinzip", nach dem sich der Anbieter von Waren auf ein für ihn günstigeres Recht des Herkunftslandes innerhalb des Binnenmarktes berufen kann. An diesem Maßstab möchte *Basedow* die Anknüpfungsregeln für unterschiedlichste zivilrechtliche Materien messen, denen die Vermarktung von Waren unterliegt, einschließlich der Produkthaftung.[458] Bei der Vermarktung von Waren käme dann innerhalb

451 Vgl. *Freitag*, LMK 2014, 355576.

452 *Roth* in Schack (Hrsg.), Gedächtnisschrift für Alexander Lüderitz, S. 651f.; *Wandt*, Internationale Produkthaftung, § 17 Rn. 1056.

453 *Heiderhoff*, GPR 2005, 92 (94, 96).

454 Vgl.: *Roth*, RabelsZ 55 (1991), 623 (645–664); sowie: *ders.* ZEuP 1994, 1 (25–31).

455 *Roth*, RabelsZ 55 (1991), 623 (645f.).

456 *Höpping*, Auswirkungen der Warenverkehrsfreiheit auf das IPR: unter besonderer Berücksichtigung des Internationalen Produkthaftungsrechts und des Internationalen Vertragsrechts, S. 187; *Taupitz*, ZEuP 1997, 986.

457 *Basedow*, RabelsZ 59 (1995), 1 (15–17).

458 AaO. S. 25f., 37 – wobei der Verfasser Auswirkungen auf das Internationale Produkthaftungsrecht mit dem Verweis darauf leugnet, dass sich die Warenverkehrsfreiheit nicht auf fehlerhafte Produkte erstrecke.

des EU-Binnenmarktes nicht nur ein einheitliches Produktsicherheitsrecht, sondern auch ein einheitliches Haftungsrecht zur Anwendung.[459]

Eine solch weitreichende Ausdehnung der Cassis-de-Dijon-Rechtsprechung auf das Internationale Privatrecht lässt sich den Art. 34–36 AEUV nicht entnehmen.[460] So weigerte sich der Europäische Gerichtshof im Fall *Alsthom Atlantique* in der strengen französischen Produkthaftung für verborgene Mängel eine handelsbeschränkende Maßnahme gleicher Wirkung im Sinne von Art. 34 AEUV zu sehen.[461] Dies zeigt, dass aus dem Unionsrecht keine Vorgabe folgt, das Produkthaftungsrecht des Herkunftslandes anzuwenden. Das Herkunftslandprinzip wurde für das Zivilrecht allein im Wettbewerbsrecht ausführlicher diskutiert und dort zum Teil befürwortet.[462] Wie bei der öffentlich-rechtlichen Produktsicherheit steht im Wettbewerbsrecht die Zulässigkeit des Vertriebs von Produkten in anderen Mitgliedstaaten in Frage.

Eine Ausdehnung dieses Ansatzes auf die Produkthaftung muss dagegen an der fehlenden Vergleichbarkeit dieser Rechtsmaterien scheitern.[463] Die Produkthaftung betrifft nicht die Zulässigkeit der Vermarktung eines Produktes. Wie *Roth* hervorhebt, folgt aus der produktsicherheitsrechtlichen Aufsichtsverantwortung des Herkunftslandes keine zwingende Regelungskompetenz für den haftungsrechtlichen Interessenausgleich im Schadensfall.[464] Der Ersatzpflichtige muss vielmehr selbst das Risiko eines Schadensfalles mit den anwendbaren Sorgfaltsanforderungen bei Konstruktion, Fabrikation und Vertrieb abwägen. Unter dem Gesichtspunkt des Rechtsgüterschutzes der Verwender lassen sich unterschiedliche Anknüpfungen der Produkthaftung im Lichte der Warenverkehrsfreiheit rechtfertigen.[465] Der Unionsgesetzgeber hat sich mit Art. 5 Rom II-VO gegen

---

459 *Roth*, EWS 2011, 314 (325).

460 *Fallon/Meeusen*, Yearb Priv. Int. Law 4 (2002), 39, (52–61); *Freitag*, Der Einfluss des Europäischen Gemeinschaftsrechts auf das internationale Produkthaftungsrecht, S. 301.

461 EuGH, Urt. v. 24.1.1991 – Rs. C-339/89, Slg. 1991 I-107, Rn. 14–16.

462 Vgl. *Bernhard*, EuZW 1992, 437; *Dethloff*, JZ 2000, 179 (183–185); *Duintjer Tebbens*, Rev Crit Dip 83 (1994), 473; *Drasch*, Das Herkunftslandprinzip im internationalen Privatrecht: Auswirkungen des europäischen Binnenmarktes auf Vertrags- und Wettbewerbsstatut; monographisch: *Grandpierre*, Herkunftsprinzip kontra Marktortanknüpfung.

463 *Freitag*, Der Einfluss des Europäischen Gemeinschaftsrechts auf das internationale Produkthaftungsrecht, S. 329f.

464 *Roth*, RabelsZ 55 (1991), 623 (668).

465 *Höpping*, Auswirkungen der Warenverkehrsfreiheit auf das IPR: unter besonderer Berücksichtigung des Internationalen Produkthaftungsrechts und des Internationalen Vertragsrechts, S. 152, 162f., 169.

eine Anknüpfung der Produkthaftung an das Herkunftsland entschieden.[466] Auch für den elektronischen Handel wird dies von Art. 3 E-Commerce-Richtlinie[467] nicht in Frage gestellt.[468]

2. Unvorhersehbarkeit von Haftungsrisiken nach Art. 5 Rom II-VO

Dennoch erscheint das Herkunftslandprinzip im Kontext der Internationalen Produkthaftung erwägenswert. Der vom Herkunftslandprinzip verfolgte Gedanke der Förderung des Handels muss neben dem Gesundheitsschutz der Verbraucher als Leitlinie der Kollisionsregel für die Produkthaftung bedacht werden.[469] Zwischen diesen in Erwägungsgrund 20 ausdrücklich genannten Interessen soll Art. 5 Rom II-VO nach den Intentionen des Gesetzgebers einen angemessenen Ausgleich schaffen.[470] Zugunsten der Verbraucher sieht die Kollisionsregel primär eine Anknüpfung an den gewöhnlichen Aufenthalt des Geschädigten vor. Um die legitimen Interessen des Herstellers zu wahren, kommt nach Art. 5 Abs. 1 S. 2 sein Heimatrecht zur Anwendung, wenn die Vermarktung des Produktes auf dem Territorium der nach Art. 5 Abs. 1 S. 1 berufenen Rechtsordnung nicht „vernünftigerweise vorhersehbar“ war.[471] Diese Vorhersehbarkeitsklausel soll die Haftungsrisiken aus Sicht des potentiell Ersatzpflichtigen auf ein vorhersehbares Maß reduzieren.[472] Kann die Klausel diesem Ziel gerecht werden? Soweit dies nicht der Fall ist, könnte das Herkunftslandprinzip in Bezug auf die anzuwendenden Verhaltensregeln eine Korrektur zugunsten des Herstellers bewirken.

Dabei ist von zentraler Bedeutung, dass der Hersteller eines Produktes die auf sein Produkt anwendbaren Sicherheits- und Verhaltensregeln vorhersehen können sollte.[473] Nur so kann er die Gestaltung, Herstellung und Überwachung

---

466 *Roth*, EWS 2011, 314 (325).

467 Richtlinie 2000/31/EG des Europäischen Parlaments und des Rates vom 8.6.2000 über bestimmte rechtliche Aspekte der Dienste der Informationsgesellschaft, insbesondere des elektronischen Geschäftsverkehrs, im Binnenmarkt (»Richtlinie über den elektronischen Geschäftsverkehr«), ABl. 2000 L 178/1.

468 Vgl. EuGH Urt. v. 25.10.2011 – Rs. C-509/09 und C-161/10, Slg 2011 I-1269, Rn. 61–63 – eDate Advertising; BGH NJW 2012, 2197 – für eine Auslegung als sachrechtliches Beschränkungsverbot.

469 *Heiderhoff*, GPR 2005, 92 (96) – so jetzt ausdrücklich Erwägungsgrund 20 Rom II-VO.

470 MüKo-BGB/*Junker*, Art. 5 Rom II-VO Rn. 1.

471 *Illmer*, RabelsZ 73 (2009), 269 (289).

472 NK-BGB/*Lehmann*, Art. 5 Rom II-VO Rn. 98.

473 *Von Hein*, Das Günstigkeitsprinzip im Internationalen Deliktsrecht, S. 206. *Wagner*, IPrax 2006, 372 (374).

seiner Produkte an den geltenden Sicherheitsanforderungen ausrichten.[474] Der Vermarktungsvorbehalt in Art. 5 Abs. 1 S. 1 lit. a–c Rom II-VO kann diesem Gedanken nicht hinreichend Rechnung tragen, weil der erforderliche Vertrieb des Produktes ohne Wissen und Wollen des Ersatzpflichtigen durch unabhängige Personen der Vertriebskette erfolgen kann.[475]

Folgerichtig enthielt der Kommissionsentwurf der Verordnung[476] zusätzlich ein Zustimmungserfordernis für den Produktvertrieb (Art. 4). Eine vergleichbare Regelung besteht auch im Schweizer Kollisionsrecht in Art. 135 Abs. 1 lit. a IPRG. Eine Anknüpfung an den Erwerbsort bzw. den gewöhnlichen Aufenthalt des Geschädigten muss demnach ausscheiden, wenn das Produkt in diesem Staat ohne Zustimmung der haftpflichtigen Personen in den Verkehr gebracht wurde. Da der Hersteller folglich „sein Vertriebsgebiet selbst bestimmen kann", ist das anzuwendende Recht für ihn vorhersehbar.[477]

Ein solches Zustimmungserfordernis wurde im EU-Gesetzgebungsverfahren allerdings zugunsten einer bloßen Vorhersehbarkeitsklausel aufgegeben.[478] Art. 5 Abs. 1 S. 2 Rom II-VO schließt die Anwendung einer Rechtsordnung aus, auf deren Territorium ein Inverkehrbringen für den Ersatzpflichtigen „vernünftigerweise" nicht vorhersehbar war. Dies schließt aber nicht aus, dass der Vertrieb gegen den Willen des Herstellers erfolgt (dazu sogleich). Solange er die Vermarktung aus der Sicht des Richters „vernünftigerweise" vorhersehen konnte, gelangt der Geschädigte im Haftungsprozess in den „Genuss" seines Umweltrechtes. Ein solches Ergebnis ist verglichen mit den situativen Anforderungen derselben Anknüpfung im Kollisionsrecht der Verbraucherverträge einigermaßen überraschend: So erfordern selbst die geringen Anforderungen, die der Europäische Gerichtshof an ein „Ausrichten einer Vertriebstätigkeit" im Rahmen von Art. 6 Abs. 1. S. 1 lit. b Rom I-VO stellt, ein willentliches Verhalten des Unternehmers.[479] Dies hätte es nahegelegt, bei der Haftung gegenüber privaten wie kommerziellen Produkterwerbern an einem Zustimmungserfordernis festzuhalten.

---

474 Vgl. aus Praktikersicht: *Klindt/Handorn* NJW 2010, 1105 (1108).

475 NK-BGB/*Lehmann*, Art. 5 Rom II-VO Rn. 98.

476 Vorschlag für eine Verordnung des Europäischen Parlaments und des Rates über das auf außervertragliche Schuldverhältnisse anzuwendende Recht, KOM(2003) 427 endgültig.

477 AaO, S. 16.

478 *Rodiek*, Die Produkthaftung im Europäischen Kollisionsrecht, S. 76.

479 BeckOK-BGB/*Spickhoff*, VO (EG) 593/2008 Art. 6 Rn. 26.

a) Schwierigkeiten bei der Anwendung der Vorhersehbarkeitsklausel

Für die Ermittlung des nach Art. 5 Rom II-VO anzuwendenden Rechtes ist eine Zustimmung des Herstellers zum Produktvertrieb nicht erforderlich. Das Inverkehrbringen eines gleichartigen Produktes muss für den Hersteller lediglich vorhersehbar gewesen sein (Art. 5 Abs. 1 S. 2 Rom II-VO). Wie der Oberste Gerichtshof Österreichs in einem Urteil vom 8. April 2014 betont, hat diese Vorhersehbarkeitsklausel den Charakter einer Ausnahmevorschrift und der potentiell Ersatzpflichtige trägt die Darlegungs- und Beweislast für eine mangelnde Vorhersehbarkeit des Inverkehrbringens.[480]

Es erscheint fraglich, wie der Hersteller diese Darlegungs- und Beweislast erfüllen kann, um unvorhersehbare Haftungsrisiken zu minimieren. Wegen verspäteten Vorbringens musste sich der Oberste Gerichtshof in seiner Entscheidung mit dem Einwand der mangelnden Vorhersehbarkeit von Seiten des Herstellers inhaltlich nicht auseinandersetzen.[481] Das Erfordernis eines „vernünftigerweise vorhersehbar[en]" Vertriebs lässt Raum für verschiedenste Auslegungen. Dies dürfte nicht zuletzt an semantischen Unterschieden zu anderen Sprachfassungen wie der englischen („reasonably not foreseeable") liegen.

Kaum mit der Entstehungsgeschichte zu vereinbaren ist die herstellerfreundliche Ansicht, nach der ein Vertrieb gegen den Willen des Produzenten nicht vorhersehbar ist.[482] Demgegenüber steht eine extrem weite Auslegung, nach der Produzenten angesichts offener Märkte generell einen weltweiten Vertrieb ihrer Produkte vorhersehen müssen.[483] Vermittelnde Ansichten möchten maßgeblich auf „verhältnismäßige" bzw. „erfolgversprechende" Maßnahmen des Herstellers abstellen, den Vertrieb in einem bestimmten Staat zu verhindern.[484] Dabei werden zunächst „absolute" Vertriebsbeschränkungen genannt, die an das Produkt unmittelbar physisch angebracht werden. So könnte der Hersteller seine Waren mit dem Hinweis versehen, dass diese nicht für einen Verkauf in den USA bestimmt sind. Häufiger kommen „relative", d.h. vertragliche Vertriebsbeschränkungen gegenüber den eigenen Vertragspartnern in der Lieferkette zur

---

480 OGH (Österreich), Urt. v. 8.4.2014 - 3Ob8/14v, unalex AT-928.

481 AaO.

482 So aber unter Verweis auf die EuGH-Rechtsprechung zur ProdHaftRL: MüKo-BGB/*Junker*, Art. 5 Rom II-VO Rn. 44.

483 *Leible/Engel*, EuZW 2004, 7 (12).

484 Zum folgenden Abschnitt: *Illmer*, RabelsZ 73 (2009), 269 (299f.); NK/*Lehmann*, Art. 5 Rom II-VO Rn. 103.

Anwendung. Solche Klauseln können durch Verpflichtungen ergänzt werden, die Vertriebsbeschränkungen auch eigenen gewerblichen Abnehmern aufzuerlegen.

Es darf allerdings bezweifelt werden, ob solche Vertriebsbeschränkungen zur Erfüllung der Darlegungs- und Beweislast bei der Berufung auf die mangelnde Vorhersehbarkeit genügen.[485] Dabei ist zu berücksichtigen, dass entgegen dem Kommissionsvorschlag eine Zustimmung des Produzenten zum Vertrieb durch Dritte in einem bestimmten Staat gerade nicht erforderlich ist.[486] Je nach Branche und Produkt können Vertriebsketten vom Hersteller faktisch nicht bis zum Endabnehmer kontrolliert werden.[487] Dies gilt im Besonderen für die Hersteller von Teilprodukten. Vertragliche Beschränkungen des Produktvertriebs wirken *per se* nur zwischen den Parteien. Außerdem setzt das Kartellrecht territorialen Vertriebsbeschränkungen enge Grenzen.[488] Eine Vorhersehbarkeit des Vertriebs lässt sich für den Hersteller im Ergebnis nur in seltenen Fällen tatsächlich ausschließen. Ob seine Berufung auf die Vorhersehbarkeitsklausel im Prozess Erfolg hat, dürfte für ihn damit regelmäßig fraglich erscheinen.[489]

b) Faktische Nichtanwendbarkeit innerhalb des Binnenmarktes

Besonders gering ist der Nutzen der Vorhersehbarkeitsklausel bei einem Vertrieb innerhalb des EU-Binnenmarktes bzw. des Europäischen Wirtschaftsraums. Zwar fand eine ausdrückliche gesetzliche Vermutung, dass der Vertrieb eines Produktes in einem Mitgliedstaat einen Vertrieb innerhalb des gesamten Binnenmarktes vorhersehbar mache, mangels Mehrheit im Rat keinen Eingang in die Verordnung.[490] Nichtsdestotrotz ist Folgendes bei der Beweiswürdigung, ob der Vertrieb in einem EU-Mitgliedstaat für den Ersatzpflichtigen vorhersehbar war, zu berücksichtigen: Der Warenverkehrsfreiheit ist ein umfassendes Verbot staatlicher Beschränkungen des Warenvertriebs innerhalb der Union zu entnehmen. Auch private Vertriebsbeschränkungen innerhalb des Binnenmarktes sind in vielen Fällen mit dem Unionsrecht unvereinbar. So beurteilt das EU-Kartellrecht im Hinblick auf

---

485 *Rodiek*, Die Produkthaftung im Europäischen Kollisionsrecht, S. 100f.

486 Rauscher/*Unberath*/*Cziupka*/*Pabst* Europäisches Zivilprozess- und Kollisionsrecht, Art. 5 Rom II-VO Rn. 77.

487 Vgl. *Wandt*, Internationale Produkthaftung, § 14 Rn. 736.

488 Siehe *Zimmer* in Immenga/Mestmäcker (Hrsg.), Wettbewerbsrecht. Bd. 1 Teil 1, Art. 101 AEUV Rn. 288–295 – demnach sind Exportverbote als Vereinbarungen, die eine Beschränkung des Wettbewerbs bezwecken, unzulässig.

489 *Rodiek*, Die Produkthaftung im Europäischen Kollisionsrecht, S. 117.

490 Siehe *Rat der Europäischen Union*, Protokoll der Sitzung des Rom II-Komitees am 24. und 25.1.2006, Dokument 6161/06, S. 6.

die Zielvorgabe eines einheitlichen europäischen Binnenmarktes geographische Vertriebsbeschränkungen innerhalb der Union besonders streng.[491] Im Online-Handel soll nach dem Willen der EU-Kommission eine Verordnung die geographische Beschränkung des Warenvertriebs durch herkunftsbezogene Filter („Geoblocking") in Zukunft ausdrücklich verbieten.[492]

Das Unionsrecht schützt damit den freien Warenverkehr innerhalb des Binnenmarktes weitestgehend vor staatlichen und privaten Beschränkungen. Daraus folgt für die Auslegung von Art. 5 Abs. 1 S. 2 Rom II-VO: Sobald der Ersatzpflichtige Kenntnis vom Vertrieb seiner Produktgattung in einem Mitgliedstaat des Binnenmarkts hat, wird er sich nicht erfolgreich darauf berufen können, dass der Vertrieb in einem anderen Mitgliedstaat für ihn nicht vorhersehbar war.[493] Es tritt hier ein Spannungsverhältnis zu Tage. Während das Kollisionsrecht zur Verweisung auf eine nationale Rechtsordnung führt, ist der gewählte Anknüpfungspunkt des Vertriebs innerhalb des überstaatlichen Binnenmarktes kaum auf einen nationalen Markt zu beschränken. Aufgrund der schwierigen Beweislage für den Hersteller führt dies *de facto* zu einer Nichtanwendung der Vorhersehbarkeitsklausel innerhalb des europäischen Binnenmarktes.[494]

Dabei muss bedacht werden, dass der Anwendungsbereich des Art. 5 Rom II-VO deutlich über die Harmonisierung der ProdHaftRL 85/374/EWG hinausgeht und auch die nicht harmonisierte Produzentenhaftung erfasst.[495] Der Produzent muss also bei einem Vertrieb in einem einzigen Mitgliedstaat die Haftungsrisiken in 30 weiteren Rechtsordnungen[496] „vorhersehen". Dies führt zur erstaunlichen Feststellung, dass die Integration des Binnenmarktes dem

491 *Zimmer* in Immenga/Mestmäcker (Hrsg.), Wettbewerbsrecht. Bd. 1 Teil 1, Art. 101 AEUV Rn. 291 – im Lichte des Binnenmarktziels können auch Vereinbarungen, die keine tatsächliche Beschränkung des Wettbewerbs zulasten der Verbraucher bewirken, kartellrechtswidrig sein, siehe EuGH, Urt. vom 6.10.2009 – Rs. C-501/06 P, Slg. 2009 I-9293 Rn. 63 – GlaxoSmith Kline.

492 Vorschlag für eine Verordnung des Europäischen Parlaments und des Rates über Maßnahmen gegen Geoblocking und andere Formen der Diskriminierung aufgrund der Staatsangehörigkeit, des Wohnsitzes oder des Ortes der Niederlassung des Kunden innerhalb des Binnenmarkts sowie zur Änderung der Verordnung (EG) Nr. 2006/2004 und der Richtlinie 2009/22/EG, KOM(2016) 289 endg.

493 Ebenso: *Dickinson*, The Rome II Regulation, 5.24.

494 So auch: *Rodiek*, Die Produkthaftung im Europäischen Kollisionsrecht, S. 99.

495 Zu den sachrechtlichen Divergenzen siehe oben A.II.2.b).

496 Zum Europäischen Wirtschaftraum (EWR) zählen neben den EU-Mitgliedstaaten noch die EFTA-Staaten Island, Liechtenstein und Norwegen.

Produzenten hinsichtlich der Steuerbarkeit seiner Haftungsrisiken im Rahmen der Rom II-VO zum Nachteil gereicht.

c) Zwischenergebnis

Aufgrund der aufgezeigten Schwierigkeiten spielt die Vorhersehbarkeitsklausel in der Praxis kaum eine Rolle.[497] Es erscheint in verschiedenen Konstellationen geradezu „illusorisch", dass der Hersteller die anwendbaren Verhaltensregeln berücksichtigen und vorhersehen kann.[498] Folglich lässt sich die Bestimmung tatsächlich auf ein bloßes „Zeugnis des politischen Willens (...), einen angemessenen Interessenausgleich zwischen den beteiligten Parteien eines Produkthaftungssachverhalts zu schaffen" reduzieren.[499]

Ein solches Versagen der Vorhersehbarkeitsklausel wird durch das Nebeneinander von Art. 5 Rom II-VO und dem Haager Übereinkommen und der damit verbundenen Möglichkeit des *forum shopping* durch den Geschädigten noch verschärft. Ein echter Interessenausgleich wurde damit im Rahmen des Art. 5 Rom II-VO verfehlt. Dies könnte in bestimmten Konstellationen eine Anknüpfung von Sicherheits- und Verhaltensregeln nach dem Herkunftslandprinzip rechtfertigen.[500] Die Anknüpfung an den Erstvertrieb ist für den Hersteller bedeutend einfacher vorherzusehen und zu beherrschen als die Anwendung der „Vorhersehbarkeitsklausel". Bei nicht-harmonisierten Produkten innerhalb des Binnenmarktes wird zudem ein Gleichlauf mit dem Prinzip gegenseitiger Anerkennung aus dem öffentlichen Produktsicherheitsrecht erzielt.[501]

IV. Schlussfolgerung

Die besondere Kollisionsnorm des Art. 5 Rom II-VO erscheint im Hinblick auf Verhaltensregeln ergänzungsbedürftig. Dies zeigt sich an den berechtigten Anliegen des *Marktortprinzips* auf der einen und des *Herkunftslandprinzips* auf der anderen Seite. Berücksichtigt man die Steuerungsfunktion der Produkthaftung und die Gewährleistung eines unverfälschten Wettbewerbs, so erscheint das Marktortprinzip für die Internationale Produkthaftung grundsätzlich am besten geeignet: So entspricht eine Anwendung der Haftungsregeln des Marktstaates der Schutzrichtung

497 Vgl. *Kadner Graziano*, RabelsZ 73 (2009), 1 (43).

498 Rauscher/*Unberath/Cziupka/Pabst* Europäisches Zivilprozess- und Kollisionsrecht, Art. 5 Rom II-VO Rn. 16.

499 *Rodiek*, Die Produkthaftung im Europäischen Kollisionsrecht, S. 117.

500 Dazu unten Gliederungspunkt E.1.

501 Vgl. oben Gliederungspunkt B.I.3.

der Schadensprävention und den Erwartungen der Parteien. Nur das Marktortprinzip ermöglicht darüber hinaus eine optimale, marktspezifische Preisbildung, wie von einer rechtsvergleichenden Betrachtung der US-amerikanischen Rechtsprechung gezeigt wird. Diese Vorteile können vom Anknüpfungssystem des Art. 5 Rom II-VO – das sich grundsätzlich vom Marktortprinzip unterscheidet – nicht verwirklicht werden. Große Bedenken bestehen zudem, ob die Anknüpfungen des gemeinsamen Wohnsitzes der Parteien (Art. 4 Abs. 2) und des Herstellersitzes (Art. 5 Abs. 1 S. 2) für Verhaltensregeln geeignet sind.

Auf der anderen Seite spricht die Vorhersehbarkeit von Haftungsrisiken eher für ein *Herkunftslandprinzip* bei der Produkthaftung. Zu bedenken ist allerdings, dass dieser Ansatz eine Verschiebung der kollisionsrechtlichen Lösung zugunsten des Herstellers bewirken würde. Für eine solche Korrektur könnte der dargestellte Befund sprechen, dass der von Art. 5 Rom II-VO angestrebte Interessenausgleich zwischen Herstellern und Abnehmern von Produkten nicht gelingt.[502] Zulasten des Herstellers erweist sich die Vorhersehbarkeitsklausel des Art. 5 Abs. 1 S. 2 Rom II-VO als bloßes politisches Statement ohne praktikable Anwendbarkeit. Dies gilt besonders innerhalb des EU-Binnenmarktes.

Welche Schlussfolgerungen sind aus diesen Befunden zu ziehen? In Betracht kommt zunächst eine Korrektur der Kollisionsregel bei der Haftung für fehlerhafte Produkte. In der Vergangenheit wurden im Schrifttum verschiedene Vorschläge zur Redaktion eines „idealen“ Anknüpfungssystems für die Haftung bei fehlerhaften Produkten gemacht.[503] Der europäische Gesetzgeber hat sich aber nach jahrelangem Ringen in einem politischen Kompromiss für das Anknüpfungssystem des Art. 5 Rom II-VO entschieden. Dieser politische Wille ist – abgesehen von rechtstechnisch zu verbessernden Formulierungen – grundsätzlich zu respektieren.[504] Wie die US-amerikanische Rechtsprechung und Literatur aufzeigen, müssen für die Behandlung von Verhaltensregeln aber besondere kollisionsrechtliche Erwägungen („conduct-regulating exception“) gelten. So passen bestimmte Anknüpfungen, wie der gemeinsame Aufenthaltsort der Parteien, für solche Regeln nicht und machen das Produkthaftungsstatut wenigstens ergänzungsbedürftig.

---

502 Zu diesem Interessenausgleich vgl. Gliederungspunkt B.II.2.a) mwN.

503 Siehe *Drobnig* in von Caemmerer (Hrsg.), Vorschläge und Gutachten zur Reform des deutschen internationalen Privatrechts der außervertraglichen Schuldverhältnisse, S. 298 (337f.); *Duintjer Tebbens*, International product liability, S. 390f.; *Wandt*, Internationale Produkthaftung, § 19 Rn. 1230–1232. Aus der US-amerikanischen Literatur: *Kozyris*, American Journal of Comparative Law 56 (2008), 471 (491); *Symeonides*, Tulane Law Rev. 78 (2004), 1247 (1332).

504 So auch: *Junker*, RIW 2010, 257 (265).

Daher liegt der weitere Fokus dieser Untersuchung auf einer Ergänzung des Produkthaftungsstatutes, welche *de lege lata* nach Art. 17 Rom II-VO möglich ist. Dazu können statutsfremde Sicherheits- und Verhaltensregeln bei der Haftung für fehlerhafte Produkte „berücksichtigt" werden. Die vorhergehenden Erörterungen weisen auf die Bedeutung der Verhaltensregeln des Marktstaates sowie ggf. des Herkunftslandes hin. Dies bildet den Ausgangspunkt für den Gang der weiteren Darstellung. Während Kapitel D die Berücksichtigung von Sicherheits- und Verhaltensregeln des Marktstaates zum Gegenstand hat, geht Kapitel E schließlich der Frage nach, unter welchen Umständen eine vergleichbare Behandlung von Normen des Herkunftsstaates in Betracht kommt.

D. Berücksichtigung der Sicherheits- und Verhaltensregeln des Marktortes

Das Anknüpfungssystem des Art. 5 Rom II-VO wird durch die „Berücksichtigung“ statutsfremder Sicherheits- und Verhaltensregeln nach Art. 17 Rom II-VO ergänzt. Eine wertende Konkretisierung der Anwendung dieser Vorschrift auf Produkthaftungsfälle kann den Bedenken, die gegen eine Anwendung des Art. 5 Rom II-VO auf Verhaltensregeln sprechen, Rechnung tragen. So kann den in erster Linie maßgeblichen Sicherheits- und Verhaltensregeln des Marktstaates Geltung verschafft werden.

Das vorliegende Kapitel beleuchtet zunächst die Funktionen des Art. 17 Rom II-VO bei der Produkthaftung. Im Anschluss wird eine wertende Bezugnahme der Vorschrift auf den Marktort des schadensursächlichen Produkts begründet. Hinsichtlich der Rechtsfolgen des Art. 17 Rom II-VO schließt sich eine Untersuchung der Einbettung von Sicherheits- und Verhaltensregeln des Marktstaates in das Deliktsstatut an. Die Frage, inwieweit eine bloße „Berücksichtigung“ von einer echten „Anwendung“ unterschieden werden kann, bedarf bei der Produkthaftung einer differenzierten Betrachtung nach Art der Verhaltensnorm und dem Haftungsgrund. Abschließend bleibt darzustellen, welche Bedeutung für das Kriterium der „Angemessenheit“ im Rahmen von Art. 17 Rom II-VO verbleibt.

I. Anwendbarkeit des Art. 17 Rom II-VO bei der Produkthaftung

Nach dem Wortlaut der allgemeinen Vorschrift in Art. 17 Rom II-VO sind *„[b]ei der Beurteilung des Verhaltens der Person, deren Haftung geltend gemacht wird, (...) faktisch und soweit angemessen die Sicherheits- und Verhaltensregeln zu berücksichtigen, die an dem Ort und zu dem Zeitpunkt des haftungsbegründenden Ereignisses in Kraft sind.“* Die Anwendbarkeit dieser Vorschrift auf Produkthaftungsansprüche wirft eine Reihe von Fragen auf. Angesichts der wertungsoffenen Formulierung („faktisch“, „angemessen“ sowie „berücksichtigen“) müssen für eine interessengerechte Anwendung auf die Produkthaftung die wesentlichen Funktionen der Norm herausgearbeitet werden. Ferner ist zu erläutern, welche Rolle Art. 17 Rom II-VO neben der Anwendung von Eingriffsnormen und der Vorhersehbarkeitsklausel erfüllt.

1. Funktionen des Art. 17 Rom II-VO

Art. 17 Rom II-VO verfolgt den Zweck, das Verhalten des potentiell Ersatzpflichtigen zu regulieren.[505] Die Vorschrift beruht auf dem Gedanken, dass sich die Parteien eines möglichen Haftungsverhältnisses auf die am Ort und zum Zeitpunkt des haftungsbegründenden Ereignisses geltenden Sicherheits- und Verhaltensregeln einstellen müssen.[506] Mit den Worten *von Heins* schafft Art. 17 Rom II-VO damit „einen sicheren Hafen" für den potentiell Haftpflichtigen, soweit er die am Handlungsort geltenden Verhaltensregeln einhält.[507] Sein Verhalten an anderen Maßstäben zu messen, widerspräche der Steuerungs- und Koordinationsfunktion des Haftungsrechtes.[508]

Angesichts der vom Handlungsort abweichenden Anknüpfungen der Rom II-VO sind dazu verschiedene *Korrekturen* des Deliktsstatutes erforderlich.[509] Nur so kann ein „angemessener Interessenausgleich" (Erwägungsgrund 34 Rom II-VO) zwischen dem Geschädigten und dem mutmaßlichen Schädiger erreicht werden. Ein Vorbild des Art. 17 Rom II-VO ist die „entsprechende" Regelung des Art. 9 Haager Produkthaftungsübereinkommen von 1973 (HPÜ).[510] Bereits zu dieser Vorschrift ist dargestellt worden, was ein solcher Interessenausgleich im spezifischen Kontext der Produkthaftung erfordert. Der Hersteller muss sich auf die Herstellungs- und Sicherheitsvorschriften des Bestimmungslandes eines Produktes einstellen können.[511] Diese Interessenlage hat sich unter Geltung der Rom II-VO nicht verändert.

Nach *Lehmann* verfolgt Art. 17 Rom II-VO ferner eine *Koordinationsfunktion* zwischen zwei Regelsystemen, dem Öffentlichen Recht und dem Privatrecht.[512] Eine Harmonisierung des Internationalen Deliktsrechtes allein schließt noch keine Spannungen mit dem Öffentlichen Recht aus.[513] Daher berücksichtigt Art. 17 Rom II-VO die Tatsache, dass der Produzent – unabhängig davon,

---

505 Vgl. Gliederungspunkt A.I.1.c).

506 Rauscher/*Jakob*/*Picht* Europäisches Zivilprozess- und Kollisionsrecht, Art. 17 Rom II-VO Rn. 1.

507 *Von Hein* FS Hoffmann, 2011, 139 (147).

508 MüKo-BGB/*Junker*, Art. 17 Rom II Rn. 1.

509 *Wagner*, IPrax 2008, 1 (5).

510 Vorschlag für eine Verordnung des Europäischen Parlaments und des Rates über das auf außervertragliche Schuldverhältnisse anzuwendende Recht, KOM(2003) 427 endgültig, S. 28.

511 *Lorenz*, RabelsZ 37 (1973), 317 (350).

512 NK-BGB/*Lehmann*, Art. 17 Rom II-VO Rn. 3.

513 *Siems*, RIW 2004, 662 (666).

nach welchem Recht sich die zivilrechtlichen Folgen einer Produkthaftung richten – die auf den Produktvertrieb anwendbaren öffentlich-rechtlichen Produktsicherheitsanforderungen einhalten muss.[514] So können Spannungen, die sich aus der Divergenz von Haftungsstatut und ordnendem Verhaltensstatut ergeben, durch eine Anpassung der haftungsrechtlichen Sachnormen behoben werden.[515]

Die Verwirklichung einer solchen Koordinationsfunktion schließt nicht aus, dass zivilrechtliche Verantwortung im Einzelfall weiter reichen kann als öffentlich-rechtliche. Es wurde bereits ausgeführt, dass der Hersteller durch die Einhaltung der anwendbaren öffentlich-rechtlichen Sicherheitsvorschriften nicht vor jeglicher Haftung für ein fehlerhaftes Produkt gefeit ist.[516] Allerdings muss das Internationale Deliktsrecht gewährleisten, dass bestehende sachrechtliche Verknüpfungen zwischen Produktsicherheit und Haftung bei internationalen Sachverhalten ebenso wie bei Binnensachverhalten berücksichtigt werden. Diese Koordinationsfunktion soll Art. 17 Rom II-VO wahrnehmen.

2. Bedürfnis neben der Sonderanknüpfung von Eingriffsnormen

Die Korrektur- und Koordinationsfunktion des Art. 17 Rom II-VO kann nicht hinreichend durch die Sonderanknüpfung von Eingriffsnormen nach Art. 16 Rom II-VO erfüllt werden.[517] Dies zeigt sich sowohl beim Tatbestand der Eingriffsnormen als auch den Rechtsfolgen des Art. 16 Rom II-VO.

a) Fehlende Kongruenz von Sicherheits- und Verhaltensregeln mit Eingriffsnormen

Entsprechend Art. 9 Rom I-VO sind Eingriffsnormen im Sinne der Rom II-VO zwingende Vorschriften, deren Einhaltung von einem Staat als so entscheidend für die Wahrung seiner öffentlichen Interessen angesehen wird, dass sie unabhängig vom Deliktsstatut anzuwenden sind.[518] Dazu genügt es nicht, dass die

514 Vgl. Vorschlag für eine Verordnung des Europäischen Parlaments und des Rates über das auf außervertragliche Schuldverhältnisse anzuwendende Recht, KOM(2003) 427 endgültig, S. 28.

515 *Stoll* in von Caemmerer (Hrsg.), Vorschläge und Gutachten zur Reform des deutschen internationalen Privatrechts der außervertraglichen Schuldverhältnisse, S. 160 (176).

516 Siehe bereits Gliederungspunkt B.III.4.c).

517 So aber hinsichtlich der ProdHaftRL: *Dickinson*, The Rome II Regulation, Rn. 5.48, 15.20.

518 Vgl. BeckOK-BGB/*Spickhoff*, VO (EG) 864/2007 Art. 16 Rn. 2.

Bestimmung innerhalb einer Rechtsordnung unabdingbar ist. Vielmehr setzt die Einordnung als „international zwingende" Bestimmung eine gesetzgeberische Intention voraus, dass sich die Norm über jedes andere nach der Rom II-VO gebildete Statut hinwegsetzt.[519]

Die im ersten Kapitel dieser Untersuchung qualifizierten Sicherheits- und Verhaltensregeln sind bei einer wertenden Betrachtung nicht als Eingriffsnormen einzuordnen. Dies gilt sowohl für öffentlich-rechtliche Produktsicherheitsvorschriften, als auch für deliktische Verkehrspflichten.

aa) Öffentlich-rechtliche Produktsicherheitsvorschriften

Zwar schützen die Produktsicherheitsvorschriften die Gesundheit der Produktverwender im öffentlichen Interesse,[520] aber es ist zweifelhaft, ob die Produktsicherheitsanforderungen tatsächlich „international zwingend" sind. Diese Frage wird dann virulent, wenn ein Produktverwender aus einem Staat mit einem niedrigen Produktsicherheitsniveau auf seinem Heimatmarkt ein Produkt eines europäischen Herstellers erwirbt und am Sitz des Herstellers Produkthaftungsklage erhebt.[521]

Gegen eine international zwingende Anwendung von Produktsicherheitsvorschriften spricht ihre marktbezogene Schutzrichtung. Wenn das Produktsicherheitsrecht an die Vermarktung des einzelnen Produktes auf einem Markt anknüpft,[522] dann möchte der Gesetzgeber die Produktsicherheitsanforderungen gerade nicht in jedem denkbaren Haftungsprozess vor seinen Gerichten zur Anwendung bringen. Dies würde bei Exportprodukten den Einfuhrstaat nicht nur seiner Regelungskompetenz berauben, das für seinen Markt optimale Produktsicherheitsniveau zu definieren,[523] und *forum shopping* begünstigen,[524] sondern auch einen Wettbewerbsnachteil für Exporteure auf fremden Märkten bedeuten. Sie wären kraft ihrer Herkunft an höhere Standards gebunden als andere auf dem Markt Tätige und könnten häufiger von Produkterwerbern in Anspruch genommen werden als diese. Das würde sich in erhöhten Kosten auswirken. Gleiche Wettbewerbsbedingungen, d.h. ein *level playing field,* wären so unmöglich. Produktsicherheitsvorschriften sollten daher nicht als Eingriffsnormen im Sinne von Art. 16 Rom II-VO klassifiziert werden.

---

519 MüKo-BGB/*Junker*, Art. 16 Rom II Rn. 10.

520 Vgl. oben Gliederungspunkt A.I.2.

521 *Rodiek*, Die Produkthaftung im Europäischen Kollisionsrecht, S. 146.

522 Siehe Gliederungspunkt B.I.2.

523 Siehe dazu Gliederungspunkt C.I.4.

524 *Rodiek*, Die Produkthaftung im Europäischen Kollisionsrecht, S. 146.

bb) Deliktische Verhaltenspflichten

Hinsichtlich deliktischer Verhaltenspflichten ist bereits ein öffentlich-rechtlicher Schutzzweck problematisch. Ein solcher könnte höchstens in der Prävention von Schäden bei den Produktverwendern gesehen werden.[525]

Allgemeine deliktische Haftungstatbestände wie § 823 Abs. 1, 2 BGB haben keinen international zwingenden Charakter. Für die verschuldensunabhängige Haftung nach der ProdHaftRL schlägt *Dickinson* unter Verweis auf den „vorrangig" bezweckten Verbraucherschutz eine Qualifikation als Eingriffsnorm vor.[526] Dies solle jedenfalls dann gelten, wenn das Produkt innerhalb des Binnenmarktes vertrieben wurde. Seine Argumentation basiert auf der *Ingmar*-Entscheidung des Europäischen Gerichtshofes, die harmonisierte Entschädigungsansprüche des Handelsvertreters im Interesse eines unverfälschten Wettbewerbs im Binnenmarkt einer Rechtswahl der Parteien entzieht.[527] Die Entscheidung kann aber nicht auf die Produkthaftung übertragen werden, weil eine Rechtswahl der Parteien bei der außervertraglichen Produkthaftung nur selten erfolgt.[528] Eine klare gesetzgeberische Intention, dass sich die ProdHaftRL über jedes andere von der Rom II-VO berufene Statut hinwegsetzen soll, ist nicht allein aufgrund des Verbraucherschutzes als eines von mehreren Regelungszielen der Richtlinie festzustellen.[529] Die allgemeine ProdHaftRL erreicht damit nicht die Schwelle einer Eingriffsnorm. Neben der differenzierten Anknüpfungsleiter des Art. 5 Rom II-VO sollte nichts anderes für die spezialgesetzliche Gefährdungshaftung im Arzneimittelrecht (§ 84 AMG) gelten.[530]

---

525 Dazu oben Gliederungspunkt C.I.1.

526 *Dickinson*, The Rome II Regulation, Rn. 5.48, 15.20.

527 Vgl. EuGH, Urteil v. 9. 11. 2000 – Rs. C-381/98, Slg. 2000 I-9305 Rn. 20–26 - Ingmar GB Ltd v Eaton Leonard Technologies Inc.

528 Eine solche Rechtswahl unterliegt den Schranken des Art. 14 Rom II-VO. Sofern nicht beide Parteien kommerziell tätig sind, ist die Rechtswahl erst *nach* Eintritt des Schadensfalls zulässig (Art. 14 Abs. 1 lit. a).

529 Calliess/*von Hein*, Rome Regulations Art. 16 Rome II Rn. 8; *Wandt*, Internationale Produkthaftung, § 11 Rn. 528–532.

530 Calliess/*von Hein*, Rome Regulations, Art. 16 Rome II Rn. 14; durch die ausdrückliche Beschränkung des räumlichen Anwendungsbereiches von § 84 AMG auf Arzneimittel, die im Inland vertrieben und an den Verbraucher abgegeben wurden, sind die Folgen einer Einordnung als Eingriffsnorm aber ohnehin entschärft.

b) Sonderanknüpfung an die lex fori

Ein weiterer Gesichtspunkt spricht dagegen, dass Art. 16 Rom II-VO für die Anwendung von Sicherheits- und Verhaltensregeln bei der Produkthaftung ausreicht. Im Gegensatz zu Art. 9 Abs. 3 Rom I-VO verweist der Wortlaut des Art. 16 Rom II-VO ausschließlich auf die Eingriffsnormen des Staates des angerufenen Gerichts, also auf die *lex fori*. Diese Rechtordnung muss aber nicht dem Marktort entsprechen.[531] Eine Koordination mit dem vertriebsbezogenen Produktsicherheitsrecht kann folglich nicht sichergestellt werden.

Bisweilen wird – über den Wortlaut des Art. 16 Rom II-VO hinaus – eine Sonderanknüpfung von Eingriffsnormen dritter Staaten befürwortet.[532] Gegen eine solche Analogie zu Art. 9 Abs. 3 Rom I-VO spricht aber, dass ein entsprechender Vorschlag der Kommission während des Gesetzgebungsverfahrens ausdrücklich verworfen wurde.[533] Weiterhin ist eine differenzierte Berücksichtigung von Verkehrspflichten des Marktstaates über Art. 17 Rom II-VO möglich. Daher ist es – jedenfalls für Produkthaftungsfälle – nicht erforderlich, Art. 16 Rom II-VO über seinen Wortlaut hinaus auszudehnen.

Im Ergebnis wird deutlich, dass die Sonderanknüpfung von Eingriffsnormen die Anwendung von Art. 17 Rom II-VO bei der Produkthaftung keinesfalls entbehrlich macht. Denn Sicherheits- und Verhaltensregeln bei der Produkthaftung können nicht überzeugend als Eingriffsnormen klassifiziert werden. Ferner verfehlt die statuierte Sonderanknüpfung an Eingriffsnormen der *lex fori* eine konsequente Abstimmung mit dem marktbezogenen Produktsicherheitsrecht.

---

531 Die Bestimmung der internationalen Zuständigkeit der Gerichte in den EU-Mitgliedstaaten richtet sich nach der Brüssel Ia-VO. Neben dem allgemeinen internationalen Gerichtsstand am Wohnsitz des Beklagten (Art. 4 Abs. 1 Brüssel Ia-VO) kommt in Produkthaftungsfällen ein deliktischer Gerichtsstand nach Art. 7 Nr. 2 Brüssel Ia-VO am „Ort des schädigenden Ereignisses“ in Betracht. Zu diesem Begriff vgl. unten Gliederungspunkt D.II.2.

532 Calliess/*von Hein*, Rome Regulations, Art. 16 Rome II Rn. 20; *Leible/Lehmann* RIW 2007, 721 (726).

533 *De Lima Pinheiro*, Rivista di diritto internationale privato e processuale 2008, 5 (32); MüKo-BGB/*Junker*, Art. 16 Rom II-VO Rn. 23.

3. Keine Verdrängung durch die Vorhersehbarkeitsklausel (Art. 5 Abs. 1 S. 2 Rom II-VO)

Nach Ansicht von *Wagner* ist die Vorhersehbarkeitsklausel des Art. 5 Abs. 1 S. 2 Rom II-VO *lex specialis* gegenüber Art. 17 Rom II-VO.[534] Demnach wäre die Anwendung der allgemeinen Berücksichtigungsnorm bei Produkthaftungsfällen gesperrt.

Dagegen ist in systematischer Hinsicht zunächst einzuwenden, dass es sich bei Art. 17 Rom II-VO um eine allgemeine Vorschrift handelt, deren Anwendungsbereich nicht ausdrücklich beschränkt ist.[535] Ferner muss hinsichtlich der Entstehungsgeschichte bedacht werden, dass Art. 17 Rom II-VO nicht zuletzt auf dem Haager Produkthaftungsübereinkommen beruht.[536] Das HPÜ enthält neben einer Vorhersehbarkeitsklausel (Art. 7) auch eine Berücksichtigungsnorm (Art. 9), nach der die Sicherheits- und Verhaltensregeln des Marktstaates bei der Produkthaftung zu berücksichtigen sind. In diesem Licht erscheint es erstaunlich, nun gerade die Produkthaftung vom Anwendungsbereich der Berücksichtigungsnorm auszunehmen. Vielmehr sollte ein Gleichklang zwischen dem Haager Übereinkommen und der Rom II-VO angestrebt werden, um die Möglichkeiten des *forum shoppings* zu verringern.

Zwar beruht *Wagners* These auf der zutreffenden Annahme, dass sowohl Art. 5 Abs. 1 S. 2 als auch Art. 17 Rom II-VO das Regelungsziel enthalten, die Vorhersehbarkeit des Deliktsstatutes im Interesse des potentiell Haftpflichtigen zu erhöhen. Allerdings kann die Vorhersehbarkeitsklausel durch ihren weiten Verweis auf jegliche „gleichartige Produkte" dieser Korrekturfunktion nicht hinreichend gerecht werden.[537] Es ist daher nicht einzusehen, warum sich der potentiell ersatzpflichtige Hersteller nicht daneben auf Art. 17 Rom II-VO berufen kann.

Ferner verweist die Anknüpfung des Art. 5 Abs. 1 S. 2 Rom II-VO auf das Sitzrecht des Herstellers. Eine Koordination mit dem vertriebsbezogenen öffentlichen Produktsicherheitsrecht kann damit nicht erreicht werden. Wenn aber das Produkthaftungsstatut nicht generell an den Marktort des schadensursächlichen

---

534 *Wagner*, IPrax 2008, 1 (5, 7).

535 Calliess/*von Hein*, Rome Regulations, Art. 17 Rome II Rn. 9.

536 So ausdrücklich: Vorschlag für eine Verordnung des Europäischen Parlaments und des Rates über das auf außervertragliche Schuldverhältnisse anzuwendende Recht, KOM(2003) 427 endgültig, S. 28.

537 Zu Art. 9 HPÜ: *Lorenz*, RabelsZ 37 (1973), 317 (350); vgl. auch oben Gliederungspunkt C.III.2.

Produkts anknüpft, so hält *Wandt* zu Recht eine Berücksichtigungsnorm für unabdingbar.[538]

4. Zwischenergebnis

Die Berücksichtigungsnorm des Art. 17 Rom II-VO findet auf Produkthaftungsfälle Anwendung. Sie wird nicht durch die Vorhersehbarkeitsklausel des Art. 5 Abs. 1 S. 2 Rom II-VO als *lex specialis* verdrängt. Die Korrektur- und Koordinationsfunktion, die Art. 17 Rom II-VO für Sicherheits- und Verhaltensregeln bei der Produkthaftung erfüllt, kann weder durch die Vorhersehbarkeitsklausel noch durch die Sonderanknüpfung von Eingriffsnormen (Art. 16 Rom II-VO) hinreichend erfüllt werden.

II. Marktanknüpfung

Zu erörtern ist nun, *welchen* Sicherheits- und Verhaltensregeln Art. 17 Rom II-VO Geltung verschafft. Der Verweis der Bestimmung auf das Recht am Ort der „haftungsbegründenden Handlung" ist bei Distanzdelikten missverständlich. Erwägungsgrund 34 präzisiert, dass es sich um den Ort handelt, an dem die „schädigende Handlung" begangen wurde. In der Terminologie des Internationalen Deliktsrechts wird damit der Handlungsort bezeichnet.[539] Welche Orte dafür in Frage kommen, wurde bereits vor Inkrafttreten der Rom II-VO unter der allgemeinen Kollisionsnorm des Art. 40 Abs. 1 S. 1 EGBGB kontrovers diskutiert.[540] An die Stelle einer allgemeinen Anknüpfung an den Handlungsort ist zwar mittlerweile die Anknüpfungsleiter in Art. 5 Rom II-VO getreten, aber die Bestimmung des Handlungsortes hat sich dennoch unter der Rom II-VO nicht erledigt. Im Rahmen von Art. 17 Rom II-VO muss sie nun für die Berücksichtigung von Sicherheits- und Verhaltensregeln weiterhin erfolgen.

---

538 *Wandt*, Internationale Produkthaftung, § 14 Rn. 768.

539 *Von Hein* FS Hoffmann, 2011, 139 (147f.); *Huber/Bach*, IPrax 2005, 73 (82); MüKo-BGB/*Junker*, Art. 17 Rom II-VO Rn. 18.

540 Siehe z.B. *Drobnig* in von Caemmerer (Hrsg.), Vorschläge und Gutachten zur Reform des deutschen internationalen Privatrechts der außervertraglichen Schuldverhältnisse, S. 298 (313–316); *Freitag*, Der Einfluss des Europäischen Gemeinschaftsrechts auf das internationale Produkthaftungsrecht, S. 97–110.

1. Problemstellung

Eine Lokalisierung des Ortes, an dem die „schädigende Handlung" begangen wurde, ist bei der Produkthaftung problematisch. Dies liegt zunächst daran, dass es sich um ein Distanzdelikt handelt, bei dem die schädigende Handlung und der Schadensort auseinanderfallen. Dazu kommt, dass an Produkthaftungsfällen typischerweise eine Reihe von Personen (Hersteller, Importeur, Verkäufer, Verwender des Produktes, Dritte) beteiligt sind. Ferner erfasst die Produkthaftung im Sinne von Art. 5 Rom II-VO eine Vielfalt von Ansprüchen, die auf unterschiedlicher rechtlicher Grundlage beruhen.[541] Bei der Gefährdungshaftung erscheint die Suche nach einer schädigenden Handlung geradezu als „Griff ins Leere". Nur mittelbar lässt sich ein Bezug zum Verhalten des potentiell ersatzpflichtigen Herstellers finden.[542]

So kommen bei der Haftung für fehlerhafte Produkte eine Reihe von Handlungsorten in Betracht: Am Sitz des Herstellers werden die wesentlichen Entscheidungen über die Gestaltung und die Vermarktung des Produktes getroffen.[543] Am Ort der tatsächlichen Herstellung wird das Produkt fehlerhaft fabriziert und so ein wesentlicher Beitrag zur Kausalitätskette des Produktschadens gesetzt.[544] Durch die Vermarktung des Produktes schließlich verdichtet sich das Risiko seiner Fehlerhaftigkeit zu einem konkreten Risiko für die Verwender.[545] Problematisch ist nun, dass eine „wertneutrale" Heranziehung *aller* dieser Handlungsorte nicht zu rechtssicheren und handhabbaren Ergebnissen führen würde.[546]

2. Wertende Lokalisierung der schädigenden Handlung am Marktort

Überzeugender erscheint daher eine „wertende Konkretisierung" der schädigenden Handlung nach dem Schwerpunkt des deliktischen Verhaltens.[547] Diese Lokalisierung muss sowohl dem Prinzip der engsten Verbindung (Art. 4 Abs. 2,

541 Siehe oben Gliederungspunkt B.II.2.

542 Vgl. oben Gliederungspunkt A.I.3.b).

543 Für den Herstellersitz als Handlungsort: BGHZ 80, 199 = BGH NJW 1981, 1606.

544 Vgl. *Lorenz* FS Eduard Wahl 1973, 185 (203f.).

545 *Von Hein*, RIW 2000, 820 (828).

546 Vgl. zu Art. 40 Abs. 1 S. 1 EGBGB: *Freitag*, Der Einfluss des Europäischen Gemeinschaftsrechts auf das internationale Produkthaftungsrecht, S. 102.

547 So zu Art. 40 Abs. 1 EGBGB: *von Hein*, Das Günstigkeitsprinzip im Internationalen Deliktsrecht, S. 273; *Kreuzer* RabelsZ 65 (2001), 383 (423); MüKo-BGB/*Junker*, Art. 40 EGBGB Rn. 28.

Art. 5 Abs. 2 Rom II-VO) als auch den Besonderheiten der Produkthaftung Rechnung tragen.[548]

Eine solche wertende Lokalisierung der schädigenden Handlung bei der Produkthaftung nimmt der Europäische Gerichtshof im Internationalen Zivilprozessrecht vor. Nach ihrem Erwägungsgrund 7 ist die Rom II-VO im Einklang mit der Verordnung über die gerichtliche Zuständigkeit in Zivilsachen (Brüssel I-VO)[549] auszulegen. Daher ist die Rechtsprechung des Europäischen Gerichtshofes zur Auslegung des Gerichtsstandes der unerlaubten Handlung zu berücksichtigen. Dieser Gerichtsstand steht dem Geschädigten sowohl am Ort des ursächlichen Geschehens (Handlungsort) als auch am Ort der Verwirklichung des Schadensgeschehens (Erfolgsort) offen.[550] In der Entscheidung *Zuid-Chemie* zur Bestimmung des Erfolgsortes bei der Produkthaftung konnte der Gerichtshof die Lokalisierung des Handlungsortes noch offen lassen.[551] In der späteren Rechtssache *Andreas Kainz/Pantherwerke AG* wurde dem Europäischen Gerichtshof vom Obersten Gerichtshof Österreichs dann ausdrücklich die Frage vorgelegt, wo bei der Produkthaftung der Handlungsort im Sinne von Art. 5 Nr. 3 Brüssel I-VO belegen ist.[552] In seinem Urteil aus dem Jahr 2014 verortet der EuGH das schädigende Ereignis „grundsätzlich" am Produktionsort.[553] Er stützt dieses Ergebnis auf die Beweisnähe des Produktionsortes und die Tatsache, dass dieser Ort Hersteller und Geschädigtem bekannt sei.[554]

Die Frage des anwendbaren Rechts lässt der EuGH in dieser Entscheidung ausdrücklich außer Acht.[555] Gegen eine Übertragung auf Art. 17 Rom II-VO

---

548 Vgl. zu Art. 40, 41 Abs. 1 EGBGB: *von Hein*, RIW 2000, 820 (829).

549 Verordnung (EG) Nr. 44/2001 des Rates vom 22. Dezember 2000 über die gerichtliche Zuständigkeit und die Anerkennung und Vollstreckung von Entscheidungen in Zivil- und Handelssachen, ABl. 2001 L 12, 1 – „Brüssel I"); novelliert durch: Verordnung (EU) Nr. 1215/2012 des Europäischen Parlaments und des Rates vom 12. Dezember 2012 über die gerichtliche Zuständigkeit und die Anerkennung und Vollstreckung von Entscheidungen in Zivil- und Handelssachen („Brüssel Ia-VO").

550 EuGH, Urt. v. 30.11.1976 – Rs. C-21/76, Slg. 1976 I-1735, Rn. 15, 19 – Mines de Potasse d'Alsace.

551 EuGH, Urt. v. 16.7.2009 – Rs. C-189/08, Slg. 2009 I-6917, Rn. 13, 25. Der Gerichtshof verweist lediglich darauf, dass sich die Parteien des Rechtsstreites über den Produktionsort als Handlungsort einig sind.

552 EuGH, Urt. v. 16.1.2014 – Rs. 45/13, ECLI:EU:C:2014:7 - Andreas Kainz/Pantherwerke AG.

553 AaO. Rn. 26.

554 AaO. Rn. 27f.

555 AaO. Rn. 20.

spricht die Bezugnahme auf die Beweisnähe des Produktionsortes, ein Argument, das sich speziell auf die gerichtliche Zuständigkeit bezieht.[556] Außerdem hat der Gerichtshof einer Auslegung der EuGVVO nach den Maßstäben der Rom II-VO eine ausdrückliche Absage erteilt. Dennoch zeigt die Entscheidung, dass die Verortung des schädigenden Ereignisses nicht wertneutral erfolgen kann, sondern vielmehr anhand kollisionsrechtlicher Erwägungen.

Im vorhergehenden Kapitel der Untersuchung wurden die wesentlichen kollisionsrechtlichen Interessen der Anknüpfung von Verhaltensregeln bei der Produkthaftung herausgearbeitet:[557] Für die Anknüpfung an den Marktort sprechen die Erwartungen der Parteien sowie die Schutzrichtung der bezweckten Schadensprävention. Der Wettbewerb bleibt unverfälscht. Wie die US-amerikanische Rechtsprechung illustriert, ermöglicht das Marktortprinzip eine optimale Verhaltenssteuerung.[558] Nicht zuletzt wird das Haager Übereinkommen über das auf die Produkthaftung anwendbare Recht in den Gesetzgebungsmaterialien ausdrücklich als Vorbild des Art. 17 Rom II-VO genannt.[559] Art. 9 HPÜ sieht die Berücksichtigung der Sicherheits- und Verhaltensregeln eben des Marktortes vor.[560] Da die Kommission Art. 9 HPÜ als eine Art. 17 Rom II-VO „entsprechende Regelung" bezeichnet,[561] liegt eine Übertragung nahe. Aus der Gesamtschau dieser Argumente ergibt sich, dass bei der Produkthaftung eine wertende Lokalisierung der „schädigenden Handlung" im Sinne von Art. 17 Rom II-VO auf den Marktort des schadensursächlichen Produkts verweist.[562]

---

556 Vgl. auch zu inhaltlichen Kritikpunkten: *Freitag*, LMK 2014, 355576.

557 Siehe oben: Gliederungspunkt C.I.

558 Vgl. oben Gliederungspunkt C.II.3.b).

559 Vorschlag für eine Verordnung des Europäischen Parlaments und des Rates über das auf außervertragliche Schuldverhältnisse anzuwendende Recht, KOM(2003) 427 endgültig, S. 28.

560 Die Formulierung „state where the product was introduced into the market" ist mit dem Marktort gleichzusetzen – siehe: *Lorenz*, RabelsZ 37 (1973), 317 (350f.) und *Sack* FS Eugen Ulmer 1973, 495 (499f.).

561 Vorschlag für eine Verordnung des Europäischen Parlaments und des Rates über das auf außervertragliche Schuldverhältnisse anzuwendende Recht, KOM(2003) 427 endgültig, S. 28.

562 So auch: *von Hein* FS von Hoffmann (2011), 139 (155) – Einführung des Produktes auf den Markt; MüKo-BGB/*Junker*, Art. 5 Rom II-VO Rn. 54; Art. 17 Rom II-VO Rn. 31 – Inverkehrbringen des schadensursächlichen Produkts; Palandt/*Thorn*, Art. 5 Rom II-VO Rn. 14 – Vermarktungsort; vgl. auch: *Marenghi*, Yearb. Priv. Int. Law 16 (2014/2015), 511 (535, 533) – die den Marktort allerdings mit dem Inverkehrbringen eines gleichartigen Produktes im Sinne von Art. 5 I lit. a-c) gleichsetzt; so wohl auch

3. Bestimmung des Marktortes

Es fällt nicht immer leicht, den Marktort des schadensursächlichen Produktes zu bestimmen. Bei der kollisionsrechtlichen Ermittlung des Marktortes geht es darum, den Absatz des Produktes einer zu berufenden Rechtsordnung zuzuordnen.[563] Für die Produkthaftung lokalisiert *Wandt* den Marktort dort, wo „das schädigende Produkt vom letzten Glied der Vertriebskette an den Ersten Endabnehmer vermarktet wurde".[564] Aus wirtschaftlicher Sicht geht dort das Produkt von einer Vertriebsperson, die sich die Sache lediglich zur Weiterveräußerung verschafft hat, auf den Endabnehmer über, der das Produkt zur Eigenverwendung erwirbt.[565]

Innerhalb von arbeitsteiligen Vertriebsketten ist zur Bestimmung des Marktortes eine Verhaltenszurechnung von Absatzbemühungen unvermeidlich.[566] Allerdings muss eine Zurechnung des Produktvertriebs durch unabhängige Dritte ausscheiden, wenn ein solcher Vertrieb gegen den ausdrücklichen Willen des Herstellers erfolgt.[567] Zweifelsfälle werden durch die Bestimmung des Marktortes allein in Bezug auf das schadensursächliche Produkt gegenüber Art. 5 Abs. 1 S. 2 Rom II-VO minimiert.[568]

Weitere Auslegungsfragen stellen sich bei Distanzgeschäften und dem Weiterverkauf von gebrauchten Gütern. Nur wenn sich Vertreiber und Erwerber physisch begegnen, stimmt der Marktort mit dem *Erwerbsort* überein. Bei Distanzgeschäften sollte dieser Terminus dagegen mit Vorsicht gebraucht werden, da der Marktort nicht zwingend mit dem Lieferort übereinstimmen muss.[569]

Sammeck, Die Internationale Produkthaftung nach Inkrafttreten der Rom II-VO im Vergleich zu der Rechtslage in den USA, S. 47.

563 *Roth*, Internationales Versicherungsvertragsrecht, S. 405.

564 *Wandt*, Internationale Produkthaftung, § 18 Rn. 1105.

565 AaO. Rn. 1106.

566 *Von Hein*, RIW 2000, 820 (827f.); aA offenbar: Rauscher/*Unberath/Cziupka/Pabst* Europäisches Zivilprozess- und Kollisionsrecht, Art. 5 Rom II-VO Rn. 51 – die den Handlungsort des Haftenden selbst für maßgeblich halten.

567 Vgl. Vorschlag für eine Verordnung des Europäischen Parlaments und des Rates über das auf außervertragliche Schuldverhältnisse anzuwendende Recht, KOM(2003) 427 endgültig, S. 16, 37f.

568 Der Bezug dieser Vorhersehbarkeitsklausel auf jedes „gleichartige Produkt" und das Kriterium der „Vorhersehbarkeit" bergen für den Hersteller unwägbare Haftungsrisiken - siehe oben Gliederungspunkt C.III.2.a).

569 Calliess/*Schmid/Pinkel*, Rome Regulations, Art. 5 Rome II Rn. 32; *Wandt*, Internationale Produkthaftung, § 18 Rn. 1110; aA *Kozyris*, Am. J. Comp. Law 38 (1990), 475 (505).

Es kann nicht genügen, ein Produkt an einen bestimmten Ort liefern zu lassen, um dessen Produktsicherheitsregeln in Anspruch zu nehmen. Unternimmt der Verkäufer im Staat der Lieferung keinerlei Absatzbemühungen, so tritt er nicht bewusst in den Wettbewerb mit dortigen Anbietern und muss ihnen nicht gleichgestellt werden.[570] Anderes gilt nur, wenn er seinen Vertrieb auf einen bestimmten Markt ausrichtet.[571]

Beim Weiterverkauf des gebrauchten Produktes stellt sich die Frage, ob der Marktort gesondert in Bezug auf den Zweiterwerb zu bestimmen ist. Da sich der Neupreis – der das Haftungsniveau des Marktortes widerspiegelt – aber noch im Gebrauchtpreis niederschlägt, ist es aus ökonomischer Sicht vorzugswürdig, solche Weiterverkäufe kollisionsrechtlich außer Acht zu lassen.[572] So bleibt der Ersterwerb als feststehende Tatsache ein stabiler Anknüpfungspunkt für die Produkthaftung.[573] Nachträgliche Modifikationen, die für den Hersteller nicht steuerbar sind, werden vermieden.

Es kann festgehalten werden, dass sich der Marktort dort befindet, wo der erste Endabnehmer das schädigende Produkt erwirbt. Der Lieferort ist dafür bei Distanzgeschäften nur dann ausschlaggebend, wenn der Anbieter seinen Vertrieb auf den entsprechenden Staat ausgerichtet hat. Der Weiterverkauf des gebrauchten Produktes bleibt hingegen kollisionsrechtlich außer Acht.

4. Zeitliche Anknüpfung an die Vermarktung

Der durch Art. 17 Rom II-VO verkörperte Vertrauensschutz hat nicht nur einen inhaltlichen, sondern auch einen zeitlichen Aspekt. Zu berücksichtigen sind die Sicherheits- und Verhaltensregeln, die zum Zeitpunkt der Vermarktung an den ersten Endabnehmer galten.[574] Eine Verschärfung der Produktsicherheitsanforderungen zwischen Vermarktung und Haftungsfall, wie sie insbesondere in Branchen mit dynamischer technischer Entwicklung denkbar ist, muss im Interesse der Vorhersehbarkeit des Haftungsrisikos zum Zeitpunkt der schädigenden Handlung

---

570 *Sack* FS Eugen Ulmer 1973, 495, (500); *Stoll* FS Kegel 1977, 113 (131).

571 Calliess/*Schmid/Pinkel*, Rome Regulations, Art. 5 Rome II Rn. 32 – denkbar ist hier eine Parallele zum situationsbezogenen Schutz des Verbrauchers in Art. 6 Abs. 1 Rom I-VO.

572 *Rühl*, Statut und Effizienz, S. 689.

573 *Duintjer Tebbens*, International product liability, S. 374.

574 Vgl. MüKo-BGB/*Junker*, Art. 17 Rom II Rn. 31: „Zeitpunkt des Inverkehrbringens". Dies wird von *Leible/Engel*, EuZW 2004, 7, 16 verkannt, die die Vorschrift nicht auf das schadensbegründende Ereignis, sondern auf den Eintritt des Schadensfalles beziehen.

folgenlos bleiben.[575] Nur so kann der Gleichlauf von Preis und Haftungsregime als wesentlicher Vorzug des Marktortprinzips verwirklicht werden.

Hinsichtlich deliktischer Verhaltenspflichten ergibt sich diese zeitliche Anknüpfung an den Zeitpunkt der Vermarktung in der Regel bereits aus dem Sachrecht. So knüpft der Fehlerbegriff des Produkthaftungsgesetzes ausdrücklich an die Sicherheitserwartungen zum Zeitpunkt des Inverkehrbringens an (§ 3 Abs. 1 lit. c ProdHaftG). Nichts anderes sollte bei deliktischen Verkehrspflichten des Produktherstellers gelten, soweit an die Vermarktung des schädigenden Produktes als vorwerfbare Handlung angeknüpft wird.

Dabei ist allerdings zu beachten, dass deliktische Verkehrspflichten häufig durch richterrechtliche Auslegung *bereits geltender* Normen „ausbuchstabiert" werden, wie zum Beispiel im Airbag-Urteil des Bundesgerichtshofes.[576] Kommt es zu einer Verschärfung der bis dato geltenden Verhaltensanforderungen an den Hersteller, läuft der von Art. 17 Rom II-VO formulierte zeitliche Vertrauensschutzgrundsatz *de facto* leer. Dies ist aber ein generelles Problem richterlicher Auslegung und Fortbildung von gesetzlichen Normen, das nicht im Rahmen der vorliegenden Untersuchung zu lösen ist.

5. Zwischenergebnis

Eine wertende Auslegung des Art. 17 Rom II-VO führt im Ergebnis zu einer örtlichen und zeitlichen Anknüpfung der Sicherheits- und Verhaltensregeln an die Vermarktung des schädigenden Produktes an den ersten Endabnehmer. Der so bestimmte Marktstaat ist am besten in der Lage, einen örtlich angemessenen Ausgleich zwischen Produktauswahl, Preis und Schadensprävention zu definieren.[577]

Eine solche Auslegung des Art. 17 Rom II-VO kann zur Heranziehung von „statutsfremden", d.h. vom Anknüpfungssystem des Art. 5 abweichenden Sicherheits- und Verhaltensregeln führen.[578] Dies liegt daran, dass eine Anknüpfung nach Art. 5 Rom II-VO nicht lückenlos die Vermarktung des Produktes voraussetzt. Der Vermarktungsvorbehalt hat vielmehr verschiedene Anwendungslücken, wie beispielsweise die Anknüpfung an den gemeinsamen Wohnsitz der

---

575 Vgl. *Leible/Lehmann* RIW 2007, 721 (724).

576 BGHZ 181, 253 = NJW 2009, 2952; siehe dazu im Einzelnen: Gliederungspunkt A.I.3.a).

577 Siehe oben: Gliederungspunkte C.I. und C.II.4.b).

578 *Sammeck*, Die Internationale Produkthaftung nach Inkrafttreten der Rom II-VO im Vergleich zu der Rechtslage in den USA, S. 47.

Parteien.[579] In solchen Fallkonstellationen sind die nach Art. 17 maßgeblichen Sicherheits- und Verhaltensregeln „statutsfremd".

Ferner kann Art. 17 Rom II-VO auch dort, wo der Vermarktungsvorbehalt Anwendung findet, zu einer Ergänzung des von Art. 5 berufenen Produkthaftungsstatutes führen.[580] Dies liegt daran, dass nach der herrschenden und hier vertretenen Auffassung Art. 5 Abs. 1 S. 1 Rom II-VO nicht das von Art. 17 verkörperte Marktortprinzip verwirklicht.[581] Vielmehr genügt für eine Anknüpfung im Rahmen von Art. 5 Abs. 1 S. 1 der Vertrieb eines Produkts gleichen Typs. Der Fall des US-Amerikaners, der ein Produkt, das auch in den USA vertrieben wird, aus preislichen Gründen in Deutschland erwirbt, demonstriert den Unterschied. Zwar findet nach Art. 5 Abs. 1 S. 1 lit. a Rom II-VO im Produkthaftungsfall US-amerikanisches Recht Anwendung. Allerdings sind nach Art. 17 abweichende Sicherheits- und Verhaltensregeln des deutschen Marktorts bei der Haftung zu berücksichtigen.

III. Einbettung in das Deliktsstatut

Es wurde aufgezeigt, dass Art. 17 Rom II-VO die Kombination von statutsfremden Sicherheits- und Verhaltensregeln des Marktstaates mit dem Produkthaftungsstatut erfordern kann. In welcher Form dies geschehen soll, ist umstritten.

1. Differenzierung zwischen Berücksichtigung und Anwendung?

Bereits die Regelung des Art. 9 HPÜ ermöglichte eine Berücksichtigung („consideration being given to") der Sicherheits- und Verhaltensregeln des Marktstaates bei der Anwendung des Haftungsrechtes. Entsprechend sind nach Art. 17 Rom II-VO Sicherheits- und Verhaltensregeln bei der Beurteilung des Verhaltens der Person, deren Haftung geltend gemacht wird, „faktisch und soweit angemessen zu berücksichtigen".

a) Datumstheorie

Die Formulierung „faktisch (…) zu berücksichtigen" deutet zunächst auf *Ehrenzweigs* Datumstheorie hin.[582] Im Sinne dieser Theorie sind bestimmte an einem Ort geltende Regeln („local data") ungeachtet kollisionsrechtlicher

579 Siehe im Einzelnen oben Gliederungspunkt B.II.3.b)

580 So im Ergebnis auch NK-BGB/*Lehmann*, Art. 17 Rom II-VO Rn. 16.

581 Siehe im Einzelnen oben Teile B.II.2.b) sowie C.II.1.

582 Calliess/*von Hein*, Rome Regulations, Art. 17 Rome II Rn. 3.

Anknüpfungen generell zu beachten, weil sie für den Fall ebenso relevant wie Tatsachen sind.[583]

In diesem Sinne muss zwischen einer tatbestandlichen Berücksichtigung von Verhaltensregeln auf der Ebene des Sachrechts und einer kollisionsrechtlich angeordneten Anwendung als Rechtsnormen unterschieden werden.[584] Die Anwendung einer Rechtsnorm löst bei Vorliegen ihres Tatbestandes eine von ihr bestimmte Rechtsfolge aus. Dagegen dienen örtliche Verhaltensnormen nach der Datumstheorie lediglich der sachgerechten Anwendung der berufenen Sachnormen auf Fallkonstellationen, in denen der Handlungsort nicht im Geltungsbereich des Deliktsstatutes belegen ist (Tatbestandswirkung).[585] Entsprechend führt die EU-Kommission zu ihrem Vorschlag der heutigen Regelung des Art. 17 Rom II-VO aus, dass die Berücksichtigung fremden Rechts als Sachverhaltselement beispielsweise dazu dienen kann, das Verschulden des Schädigers zu würdigen.[586]

Allerdings bleibt in methodischer Hinsicht zu bedenken, dass *Ehrenzweig* die Berücksichtigung von *local* und *moral data* als Ergänzung des in den USA verbreiteten Lex-fori-Ansatzes formuliert hat.[587] Der Anwendungsbereich kollisionsrechtlicher Theorie sollte dadurch beschränkt werden, dass ausländische *local data* im Rahmen inländischen Sachrechts berücksichtigt werden.[588] Die Rom II-VO stellt dagegen eine umfassende Regelung des Kollisionsrechtes der außervertraglichen Schuldverhältnisse dar. Dies macht deutlich, dass die Datumstheorie keinesfalls schematisch auf Art. 17 Rom II-VO übertragen werden darf.

---

583 *Ehrenzweig,* Private International Law, General Part, sections 34, 103; *Pfeiffer* FS Schurig 2012, 229 (230).

584 Vorschlag für eine Verordnung des Europäischen Parlaments und des Rates über das auf außervertragliche Schuldverhältnisse anzuwendende Recht, KOM(2003) 427 endgültig, S. 28; zustimmend: Rauscher/*Jakob*/*Picht* Europäisches Zivilprozess- und Kollisionsrecht, Art. 17 Rom II-VO Rn. 10; *von Hein* FS Hoffmann, 2011, 139 (141).

585 *Stoll* in von Caemmerer (Hrsg.), Vorschläge und Gutachten zur Reform des deutschen internationalen Privatrechts der außervertraglichen Schuldverhältnisse, 1983, S. 160 (174).

586 Vorschlag für eine Verordnung des Europäischen Parlaments und des Rates über das auf außervertragliche Schuldverhältnisse anzuwendende Recht, KOM (2003) 427 endgültig, S. 28.

587 Siehe: *Ehrenzweig,* Buffalo Law Review 16 (1966–1967), 55–60.

588 *Jayme* GS Ehrenzweig 1976, 35 (41f.).

b) *Abweichende Ansätze*

So wird in der neueren Literatur bestritten, dass sich die Rechtsfolgen des Art. 17 Rom II-VO auf eine sachrechtliche Berücksichtigung beschränken lassen; vielmehr könne eine Berücksichtigung von Sicherheits- und Verhaltensregeln nicht (immer) von einer Anwendung unterschieden werden.[589] Seinem systematischen Standort nach ist Art. 17 Rom II-VO eine kollisionsrechtliche Bestimmung. Dementsprechend sehen *Wagner* und *Symeonides* in der Vorschrift eine kollisionsrechtliche Spaltung des Deliktsstatutes zwischen Haftungstatbestand und Haftungsausfüllung verwirklicht, wie sie auch in den Vereinigten Staaten verbreitet ist.[590] Eine Sonderanknüpfung von Sicherheits- und Verhaltensregeln bei der Produkthaftung forderte *Drobnig* bereits in den 1980er Jahren.[591] Ein rein kollisionsrechtliches Verständnis des Art. 17 Rom II-VO überträgt diesen Gedanken in das unionsrechtlich-harmonisierte Internationale Privatrecht.

c) *Umfang der EU-Gesetzgebungskompetenz*

Zu erwägen ist, ob eine solche rein kollisionsrechtliche Lesart des Art. 17 Rom II-VO durch die Kompetenzverteilung zwischen der Europäischen Union und ihren Mitgliedstaaten vorgegeben ist. Nach dem Prinzip der begrenzten Einzelermächtigung wird die Union nur innerhalb der ihr von den Europäischen Verträgen eingeräumten Kompetenzen tätig (Art. 5 Abs. 2 EUV). Die Union besitzt keine allgemeine Kompetenz, den Inhalt des Zivilrechts der Mitgliedstaaten zu harmonisieren. Lediglich eine Angleichung des Internationalen Privatrechts wird vom Kompetenztitel des Art. 81 Abs. 1, 2 lit. c AEUV erfasst.[592] Auf dessen Vorgängerregelung Art. 65 lit. b EGV beruht die Rom II-VO (Erwägungsgrund 2).

Dies schließt allerdings nicht aus, dass auch eine sachrechtliche Berücksichtigung von statutsfremden Sicherheits- und Verhaltensregeln noch von diesem Kompetenztitel gedeckt ist. Dafür sprechen folgende Erwägungen: Kann der Unionsgesetzgeber eine Sonderanknüpfung von Sicherheits- und Verhaltensregeln bestimmen, so sollte er erst recht deren Geltung im Rahmen der sachgerechten

589 *De Lima Pinheiro*, Rivista di diritto internationale privato e processuale 2008, 5 (33); *Dornis*, SZIER 2015, 183 (197); NK-BGB/*Lehmann*, Art. 17 Rom II-VO Rn. 62; *Stoll* FS Reischauer, 2010, 389 (408).

590 *Symeonides*, Am. J. Comp. Law 56 (2008), 173 (212); *Wagner*, IPrax 2008, 1 (5).

591 Siehe: *Drobnig* in von Caemmerer (Hrsg.), Vorschläge und Gutachten zur Reform des deutschen internationalen Privatrechts der außervertraglichen Schuldverhältnisse, S. 298 (336f.).

592 Streinz/*Leible*, Art. 81 AEUV Rn. 29.

Anwendung des mitgliedstaatlichen Rechts konkretisieren dürfen. Nach der Zwei-Stufen-Theorie umfasst das Internationale Privatrecht nicht nur die Berufung des anwendbaren Rechtes, sondern auch die Berücksichtigung von Auslandsbezügen bei dessen Anwendung.[593] Legt man ein engeres Verständnis des Kollisionsrechts zugrunde,[594] so ist jedenfalls eine so enge Verknüpfung zwischen den behandelten Fragen zu bejahen, dass sich die Berücksichtigung von statutsfremden Sicherheits- und Verhaltensregeln kraft Sachzusammenhang mit dem Kollisionsrecht auf den Kompetenztitel des Art. 81 Abs. 1, 2 lit. c AEUV stützen lässt.[595]

d) *Schlussfolgerung*

Die Kompetenzverteilung zwischen der Europäischen Union und ihren Mitgliedstaaten ist sowohl für eine rein kollisionsrechtliche Auslegung des Art. 17 Rom II-VO als auch für eine kollisionsrechtlich angeordnete Berücksichtigung von Sicherheits- und Verhaltensregeln im Rahmen der sachgerechten Anwendung des berufenen Deliktsrechtes offen. Angesichts des zu Art. 17 Rom II-VO vorgefundenen Meinungsspektrums liegt *Pfeiffers* Schlussfolgerung nahe, dass die Bestimmung bewusst offen formuliert wurde.[596]

In diesem Sinne untersucht die weitere Darstellung am Beispiel des deutschen Rechts, wie unterschiedliche Verhaltensregeln bei der Produkthaftung *in concreto* in das Haftungsstatut eingebettet werden. Wie bereits dargestellt, sind die Sicherheits- und Verhaltensregeln bei der Produkthaftung vielgestaltig; umfasst sind sowohl öffentlich-rechtliche Produktsicherheitsvorschriften als auch deliktische Verhaltenspflichten.[597] Entsprechend muss für die Bedeutung des „Berücksichtigens“ im Sinne von Art. 17 Rom II-VO differenziert werden.

2. Produktsicherheitsvorschriften

Die öffentlich-rechtlichen Verhaltenspflichten des Herstellers, die sich aus dem Produktsicherheitsrecht ergeben, befinden sich auf einer der zivilrechtlichen Haftung vorgelagerten Ebene. Ihre „Anwendung“ im engeren Sinne muss bei Produkthaftungsfällen ausscheiden, da im Haftungsprozess nicht

---

593 Grundlegend: *Jayme* GS Ehrenzweig 1976, 35 (42–49); *Lorenz*, FamRZ 1987, 645ff.

594 So: *Kegel/Schurig*, Internationales Privatrecht, VIII § 1 2. a).

595 Vgl. zu ungeschriebenen Zuständigkeiten der Gemeinschaft (implied powers) bereits: EuGH, Urt. v. 16.7.1956, Rs. 8/55, Slg. 1954–1956, 199 - Fédération charbonnière de Belgique gegen Hohe Behörde der Europäischen Gemeinschaft für Kohle und Stahl.

596 *Pfeiffer* FS Schurig 2012, 229 (234).

597 Siehe oben Gliederungspunkt A.I.1.

über öffentlich-rechtliche Folgen – wie Eingriffsbefugnisse der Marktüberwachungsbehörden (vgl. § 26 Abs. 2 ProdSG) – entschieden wird. Ferner wenden Behörden grundsätzlich nur inländische Normen des Öffentlichen Rechts an.[598] Eine sachrechtliche Berücksichtigung kann dagegen auch öffentlich-rechtliche Normen anderer Rechtsordnungen erfassen.[599]

Geht man von einer Berücksichtigung der Sicherheitsvorschriften bei der Haftung aus, so stellt sich die Frage, welche Rechtsordnung über die haftungsrechtlichen Folgen der Verletzung bzw. Einhaltung von Sicherheitsvorschriften entscheidet. In Betracht kommt zunächst das Marktrecht, welchem die Sicherheitsvorschriften im Rahmen des Art. 17 Rom II-VO zu entnehmen sind. Nach einem solchen Ansatz dürfte der Hersteller nicht nur auf die Geltung der Sicherheitsstandards des Marktorts, sondern auch auf die dort geltende haftungsrechtliche Bewertung ihrer Verletzung bzw. Einhaltung vertrauen. Dem ist aber entgegenzuhalten, dass methodischer Ausganspunkt einer „Berücksichtigung" von Sicherheitsregeln die sachgerechte Anwendung des Deliktsstatuts ist. Eine systemwidrige Überformung von Haftungstatbeständen muss vermieden werden. Die haftungsrechtlichen Folgen einer Übertretung von Sicherheits- und Verhaltensregeln sind demzufolge Sache des Deliktsstatuts.[600]

Übertragen auf Art. 17 Rom II-VO bedeutet dies, dass geprüft werden muss, in welcher Form das zur Anwendung berufene Haftungsrecht öffentlich-rechtliche Sicherheitsvorschriften berücksichtigt. Im deutschen Recht, aber auch in anderen untersuchten Rechtsordnungen, nimmt die Produkthaftung in vielfältiger Weise Bezug auf das Produktsicherheitsrecht.[601] Folglich müssen öffentlich-rechtliche Sicherheitsvorschriften für eine sachgerechte Subsumtion des Herstellerverhaltens unter die Sachnormen der Produkthaftung herangezogen werden.

Diese sachrechtliche Verknüpfung von Produktsicherheit und Produkthaftung ist bei internationalen Sachverhalten in gleichem Maße wie bei Binnensachverhalten zu berücksichtigen.[602] Eine Bezugnahme von Haftungsvorschriften auf die Sicherheitsvorschriften des Marktorts führt dabei gegenüber einer isolierten Anwendung des Deliktsstatuts zu substantiellen Korrekturen. Je nach Grundlage

598 Dazu im Einzelnen Gliederungspunkt B.I.

599 *Jayme* GS Ehrenzweig 1976, 35 (49).

600 So bereits vor Inkrafttreten der Rom II-VO: *Stoll* in von Caemmerer (Hrsg.), Vorschläge und Gutachten zur Reform des deutschen internationalen Privatrechts der außervertraglichen Schuldverhältnisse, 1983, S. 160 (174).

601 Siehe im Einzelnen Teile B.III.2. und B.III.3.

602 Vgl. Schlussfolgerung B.III.4.

der Produkthaftung muss für die kollisionsrechtliche Berücksichtigung statutsfremder Produktsicherheitsvorschriften differenziert werden.

a) *Deliktische Generalklausel (§ 823 Abs. 1 BGB)*

Eine Berücksichtigung ausländischer Produktsicherheitsbestimmungen muss zunächst bei der Fahrlässigkeitsprüfung im Rahmen der deliktischen Generalklausel erfolgen.[603] Die Ermittlung der im Verkehr erforderlichen Sorgfalt (vgl. § 276 Abs. 2 BGB) hat zentrale Bedeutung bei der Haftung für fahrlässiges Verhalten nach § 823 Abs. 1 BGB.[604] Eine Berücksichtigung der Sicherheits- und Verhaltensregeln des Marktstaates erfolgt nun, indem der Marktstaat als „prägender Verkehrskreis" zur Bestimmung der im Verkehr erforderlichen Sorgfalt herangezogen wird.[605]

Angesichts des sachrechtlichen Zusammenhangs zwischen Verkehrsfähigkeit und Haftung lässt sich daraus zweierlei ableiten: Wurden die öffentlichrechtlichen Produktsicherheitsanforderungen des Marktstaates verletzt, so ist eine Verkehrspflichtverletzung im Rahmen von § 823 Abs. 1 BGB indiziert. Entsprach das Produkt dagegen den Sicherheitsanforderungen im Verkehr des Marktstaates, so besteht der Anschein, dass sich der Hersteller verkehrsgemäß verhalten hat. Der Geschädigte muss dann näher darlegen, warum weitergehende Sorgfaltsanforderungen zu beachten gewesen wären.[606] Dies gilt unabhängig davon, ob das Haftungsstatut insgesamt dem Marktstatut entspricht oder ob statutsfremde Produktsicherheitsbestimmungen berücksichtigt werden. Lediglich im Einzelfall mögen materiell-rechtliche Wertungen im Rahmen der Angemessenheitsprüfung gegen eine solche Berücksichtigung ausländischer Verhaltensregeln sprechen (dazu sogleich).

b) *Verletzung ausländischer Schutzgesetze (§ 823 Abs. 2 BGB)*

Ein weiterer Tatbestand, der sich für die Einbettung ausländischer Sicherheits- und Verhaltensregeln eignet, ist § 823 Abs. 2 BGB. Durch die Vorschrift wird eine Kopplung zwischen der Verletzung öffentlich-rechtlicher Produktsicherheitsanforderungen und zivilrechtlicher Haftung geschaffen.[607] Die Besonderheiten

---

603 Zu Straßenverkehrsregeln: OLG München, NZV 2017, 53; OLG München, Urteil v. 15.12.2017 – 10 U 2443/17.

604 MüKo-BGB/*Wagner*, § 823 Rn. 380.

605 *Von Bar*, JZ 1985, 961 (968); vgl. auch: Palandt/*Thorn*, Art. 5 Rom II VO Rn. 14.

606 Siehe Gliederungspunkt B.III.3.c).

607 Siehe bereits Gliederungspunkt B.III.2.

von Sicherheits- und Verhaltensregeln können eine Anpassung des § 823 Abs. 2 BGB auf Auslandsfälle erfordern.[608] Bei der Produkthaftung muss für eine sachgerechte Anwendung dieser Haftungsgrundlage berücksichtigt werden, dass der Hersteller unabhängig vom berufenen Deliktsstatut für die öffentlich-rechtliche Verkehrsfähigkeit seines Produktes am Marktort einstehen muss. Produktsicherheitsbestimmungen anderer Rechtsordnungen können, ebenso wie § 3 Abs. 1, 2 ProdSG in Deutschland, nicht nur ordnungspolitische, sondern auch individualschützende Funktion haben.[609] Sie kommen damit als Schutzgesetze im Sinne von § 823 Abs. 2 BGB in Betracht.

Es ist aber umstritten, ob sich § 823 Abs. 2 BGB auf Schutzgesetze ausländischer Rechtsordnungen beziehen lässt. Dabei könnte die Gefahr drohen, dass § 823 Abs. 2 BGB zu einem Vehikel für eine nicht zweckmäßige Sanktionierung ausländischer Schutzgesetze nach deutschem Deliktsrecht würde. So entschied der Bundesgerichtshof im Jahr 2012 zum Urheberschutz bei Transitgütern, dass eine Verletzung ausländischer Markenrechte des Bestimmungslandes keine Haftung nach § 823 Abs. 2 BGB begründe.[610] In Anlehnung an Art. 2 EGBGB seien (Schutz-) Gesetze „allein nationale und solche internationalen Rechtsnormen, die für den Bürger unmittelbar im Inland gelten".[611] Diese Aussage des Gerichts erscheint in der Urteilsbegründung allerdings insofern isoliert, als sich das Gericht im Nachfolgenden maßgeblich auf die Territorialität des Markenrechtes stützt, um einen Urheberschutz bei Transitgütern zu verneinen.

In diesem Sinne muss für die Reichweite des Schutzgesetzbegriffs nach § 823 Abs. 2 BGB nicht die Geltung eines Gesetzes in Deutschland, sondern die Schutzrichtung des Gesetzes maßgeblich sein. Bereits vor Inkrafttreten der Rom II-VO bezog *von Hoffmann* § 823 Abs. 2 BGB auf öffentlich-rechtliche Verhaltensgesetze am Ort der schädigenden Handlung.[612] Dieser Ansatz wird von Art. 17 Rom II-VO bestätigt. Wenn Art. 4 Abs. 2 Rom II-VO bei einem Verkehrsunfall zweier Inländer im Ausland deutsches Deliktsrecht zur Anwendung beruft, muss eine sachgerechte Anwendung des § 823 Abs. 2 BGB die am

608 *Stoll* in von Caemmerer (Hrsg.), Vorschläge und Gutachten zur Reform des deutschen internationalen Privatrechts der außervertraglichen Schuldverhältnisse, S. 160 (174); vgl. auch zur Gesellschafterhaftung bei Auslandsgesellschaften mit tatsächlichem Sitz im Inland: *Eidenmüller*, NJW 2005, 1618 (1620).

609 Vgl. *Klindt*, ProdSG, § 3 Rn. 55.

610 BGH NJW-RR 2013, 48.

611 AaO, S. 49.

612 *Von Hoffmann* FS Henrich 2000, 283 (287f); Staudinger/*von Hoffmann*, Vor Art. 40 EGBGB Rn. 58.

Handlungsort geltenden, nicht unbedingt inländischen, Verkehrsvorschriften als Schutzgesetze sanktionieren.[613]

Ebenso erfordert die vorgenommene wertende Konkretisierung des Art. 17 Rom II-VO bei der Produkthaftung, den Marktbezug der Produktsicherheitsregeln im Rahmen des § 823 Abs. 2 BGB fortzuführen. Eine sachgerechte Auslegung der Bestimmung erfasst damit die Produktsicherheitsvorschriften des Marktortes, auch wenn der Marktort außerhalb Deutschlands liegt. Eine unzweckmäßige Sanktionierung anderer ausländischer Verhaltensregeln unterbleibt. So wird ein Auseinanderfallen von öffentlich-rechtlicher Verantwortlichkeit und deliktsrechtlicher Haftung vermieden.[614]

Zwar könnte unter Verweis auf Art. 15 lit. a Rom II-VO einer Haftungsbegründung wegen der Verletzung statutsfremder Schutzgesetze entgegengehalten werden, dass es allein Sache des Haftungsstatutes ist, den Kreis rechtlich geschützter Güter und damit den „Umfang" der Haftung zu bestimmen.[615] Durch die Berücksichtigung der Produktsicherheitsvorschriften des Marktstaates ist eine inhaltliche Erweiterung ersatzfähiger Schadenspositionen – wie sie durch inländische Schutzgesetze zum Beispiel im Bereich des fahrlässigen Vermögensschutzes erfolgt – aber nicht zu befürchten. Das Produktsicherheitsrecht ist ausdrücklich auf den Schutz von Gesundheit und Sicherheit der Verbraucher ausgelegt.[616] Eine Schutzpflichtverletzung kann daher lediglich zu einer Ersatzpflicht für Leben und Gesundheit der Produktverwender führen, also für Rechtsgüter, die auch von § 823 Abs. 1 BGB erfasst sind.[617]

c) *Produkthaftungsgesetz*

Auch der Fehlerbegriff der ProdHaftRL ist für eine sachrechtliche Berücksichtigung von statutsfremden Produktsicherheitsvorschriften geeignet.[618] So stützt

613 Vgl. OLG München, NZV 2017, 53.

614 *Siems*, RIW 2004, 662 (665).

615 Vgl. vor Inkrafttreten der Rom II-VO: BGH NJW-RR 2013, 48; *Kegel/Schurig*, Internationales Privatrecht, § 18 IV 2; *Spickhoff*, Gesetzesverstoß und Haftung, S. 109.

616 Siehe: Erwägungsgrund 4, Richtlinie 2001/95/EG des Europäischen Parlaments und des Rates vom 3. Dezember 2001 über die allgemeine Produktsicherheit.

617 Vgl. MüKo-BGB/*Wagner*, § 823 Rn. 870f.

618 Vgl. *Drobnig* in von Caemmerer (Hrsg.), Vorschläge und Gutachten zur Reform des deutschen internationalen Privatrechts der außervertraglichen Schuldverhältnisse, S. 298 (337) – „Der Richter kann den besonderen Umständen divergierender Sicherheitsvorschriften im Rahmen der anzuwendenden materiellen Rechtsordnung, z.B. zur Bestimmung der Fehlerhaftigkeit der Sache (...) Rechnung tragen".

sich § 3 ProdHaftG auf die Produktsicherheit, die unter Berücksichtigung aller Umstände „berechtigterweise“ von der Allgemeinheit erwartet werden kann. Zur Bestimmung dieser Erwartungen ist das im Marktstaat anwendbare Produktsicherheitsrecht zu berücksichtigen.

Wenn der Generalanwalt beim Europäischen Gerichtshof *Bot* in der Rechtssache *Boston Scientific* zur Begründung von Sicherheitserwartungen an implantierbare Medizinprodukte auf die Medizinprodukterichtlinie verweist,[619] dann ist dies berechtigt, weil der Marktort der betroffenen Herzschrittmacher Deutschland war.[620] Deutschland hat die Anforderungen der Medizinprodukterichtlinie durch das Medizinproduktegesetz (MPG) umgesetzt. Bei einem Marktort außerhalb der Europäischen Union wären dagegen die produktspezifischen Sicherheitsanforderungen jener Rechtsordnung tatbestandlich zu berücksichtigen gewesen.[621]

3. Deliktische Verhaltenspflichten

Im Gegensatz zu den Produktsicherheitsvorschriften sind deliktische Verhaltenspflichten des Marktortes Teil des Haftungsrechtes selbst. Verkehrspflichten umschreiben, was in einer Rechtsordnung hinsichtlich Konstruktion, Fabrikation und Überwachung eines Produktes für erforderlich gehalten wird. Dies gilt unabhängig davon, ob Verkehrspflichten im deutschen Deliktsrecht als Teil des Tatbestands (Lehre vom Erfolgsunrecht)[622] oder als Teil der Rechtswidrigkeit (Lehre vom Handlungsunrecht)[623] angesehen werden.

Entscheidend ist an dieser Stelle, dass die Verletzung von Verkehrspflichten (unmittelbar) zur Bewertung des Herstellerverhaltens als pflichtwidrig führt. Dies hat Konsequenzen für die Einbettung von statutsfremden Verkehrspflichten in das Deliktsstatut. Unterscheiden sich die Verhaltensmaßstäbe des Marktstaates von dem zur Anwendung berufenen Deliktsstatut, so muss entweder den Maßstäben der einen oder der anderen Rechtsordnung Geltung verschafft werden. Im Lichte aller Argumente zugunsten der Verhaltenssteuerung

---

619 Schlussanträge des Generalanwalts *Bot* v. 21.10.2014 - C-503/13, ECLI:EU:C:2014:2306 Rn. 43–46 – Boston Scientific.

620 Siehe EuGH, Urt. v. 5.3.2015 – verb. Rs. 503/13 und 504/13, ECLI:EU:C:2015:148 Rn. 13 – Boston Scientific.

621 So auch: *Umbricht/Rodriguez/Krüsi* in Honsell (Hrsg.), Internationales Privatrecht (Basler Kommentar), Art. 142 Rn. 15.

622 *Larenz/Canaris*, Lehrbuch des Schuldrechts II/2 § 75 II 3 c; Erman/*Schiemann* § 823 BGB Rn. 76; MüKo-BGB/*Wagner*, § 823 Rn. 391.

623 *Von Bar*, Verkehrspflichten, S. 174f.; *Esser/Weyers*, Schuldrecht BT/2 § 55 II 2.

des Marktstaates[624] muss vorrangig auf die Verhaltenspflichten des Marktstaates abgestellt werden. Soweit eine Haftungsnorm für Auslandssachverhalte geeignet ist, treten damit an die Stelle der inländischen die am Handlungsort geltenden Verhaltensnormen.[625] Eine kumulative Berücksichtigung von Sicherheitserwartungen des Deliktsstatutes und des Marktstaates kann dagegen nicht zu rechtssicheren Ergebnissen führen. Außerdem widerspräche sie dem umfassenden Gebot, die Produktsicherheitsanforderungen anhand der konkreten Umstände der Vermarktung zu bestimmen.[626]

Um die maßgeblichen Verhaltenspflichten des Marktstaates zur Geltung zu bringen, ist folglich eine Anpassung der Haftungstatbestände erforderlich. Art. 17 Rom II-VO bezieht die Verkehrspflichten in räumlicher Hinsicht auf den Handlungsort. Ein Beispiel dafür sind Verkehrsunfälle zwischen zwei Inländern im Ausland, ein anderer Anwendungsfall des Art. 17 Rom II-VO. Die Verletzung der im Verkehr erforderlichen Sorgfalt wird dort auf eine Verletzung der am Unfallort geltenden Straßenverkehrsregeln bezogen.[627]

Bei der Produkthaftung kann eine entsprechende Auslegung der Haftungstatbestände durch Festlegung des Marktstaates als „räumlich prägenden" Verkehrskreis verwirklicht werden.[628] So sind zur Bestimmung eines Produktfehlers im Sinne von § 3 ProdHaftG die berechtigten Sicherheitserwartungen der Allgemeinheit *im Marktstaat* als maßgeblichem Verkehrskreis zugrunde zu legen.[629] Entsprechend ist bei der Produzentenhaftung für eine Verkehrspflichtverletzung nach § 823 Abs. 1 BGB maßgeblich, welche Sorgfalt im Verkehr *des Marktstaates* als erforderlich gilt.[630]

---

624 Vgl. oben Gliederungspunkt C.I.

625 *Stoll* FS Lipstein, 259 (264).

626 *Wandt*, Internationale Produkthaftung, § 14 Rn. 763.

627 Siehe nur: Erwägungsgrund 34 Rom II-VO; NK-BGB/*Lehmann*, Art. 17 Rom II Rn. 41, 45; *Pfeiffer* FS Schurig 2012, 229 (231f., 234); BeckOK-BGB/*Spickhoff*, VO (EG) 864/2007 Art. 17 Rn. 4; aus der neueren Rechtsprechung: OLG München, NZV 2017, 53; OLG München, Urteil v. 15.12.2017 – 10 U 2443/17.

628 *Von Bar*, JZ 1985, 961 (968).

629 *Wandt*, Internationale Produkthaftung, § 14 Rn. 684; vgl. auch OLG München, NZV 2003, 480 – das eine allgemeine Sicherheitserwartung in Deutschland, die sich auf das Vorhandensein einer automatischen Verriegelung von Fahrzeugen bei Fahrtantritt richtet, verneint.

630 *Von Bar*, JZ 1985, 961 (968); vgl. auch: Palandt/*Thorn*, Art. 5 Rom II VO Rn. 14.

Der Wortlaut dieser beiden Tatbestände ist hinreichend offen formuliert, um auch Auslandstatbestände zu erfassen,[631] und der Bezug der Verhaltenssteuerung zum Marktstaat erfordert sogar eine marktbezogene Auslegung. Die Qualifikation des Herstellerverhaltens als deliktisch muss daher durch die Rechtssätze des Marktstatutes bestimmt werden. Dazu wird in rechtstechnischer Hinsicht eine Verletzung der Verkehrspflichten des Deliktsstatutes durch eine funktionsäquivalente Verkehrspflichtverletzung des Marktstaates substituiert.[632]

Folglich ist ausschließlich dem Recht des Marktortes zu entnehmen, welche Sorgfaltsmaßnahmen dem Hersteller zur Vermeidung von bestimmten Produktfehlern zumutbar sind. Im Fall des US-Amerikaners, der sich zum Erwerb einer Maschine nach Deutschland begibt, ist in einem Produkthaftungsfall für eine Pflichtverletzung des Herstellers entscheidend, welche Sorgfalt nach den Maßstäben des deutschen Rechtes bei Konstruktion, Fabrikation und Instruktion erforderlich war. Eine Kalkulation von Fahrlässigkeit nach der „Learned-Hand-Formel"[633] des US-amerikanischen Deliktsrechtes kann dagegen nicht erfolgen. Dies gilt unabhängig davon, ob im Übrigen nach Art. 5 Abs. 1 S. 1 lit. a Rom II-VO US-amerikanisches Recht Anwendung findet.

Nichts anderes sollte in der entgegengesetzten Konstellation gelten: Liegt der Marktort außerhalb der Union, so sind die deliktischen Verhaltenspflichten dieses Drittstaates als Sicherheits- und Verhaltensregeln maßgeblich. Dies gilt selbst dann, wenn man die ProdHaftRL als Eingriffsnorm im Sinne von Art. 16 Rom II-VO begreift, weil es mangels Vermarktung im Binnenmarkt am erforderlichen Inlandsbezug des Sachverhalts fehlt.[634]

4. Zwischenergebnis

Die öffentlich-rechtlichen Produktsicherheitsvorschriften des Marktstaates sind bei der Subsumtion des Herstellerverhaltens unter die Sachnormen des Haftungsstatuts zu berücksichtigen. In welcher Form statutsfremde Sicherheits- und Verhaltensregeln in das Deliktsrecht eingebettet werden, hängt von der Art der Verhaltensregel und dem Haftungstatbestand ab. So können Produktsicherheitsvorschriften zur Bestimmung der im Rahmen von § 823 Abs. 1 BGB

---

631 Zu dieser Voraussetzung: *Jayme* GS Ehrenzweig 1976, 35 (43); *Weller*, IPrax 2014, 225 (230).

632 *Dörner* FS Stoll 2001, 491 (498); *Dornis*, SZIER 2015, 183 (195).

633 Siehe dazu im Einzelnen: Gliederungspunkt A.II.2.a) aa).

634 Vgl. *Dickinson*, The Rome II Regulation, Rn. 5.48; MüKo-BGB/*Junker*, Art. 16 Rom II-VO Rn. 20.

erforderlichen Sorgfalt und der Fehlerhaftigkeit eines Produktes im Sinne von § 3 ProdHaftG herangezogen werden. In dieser Konstellation erfolgt demnach eine tatbestandliche Berücksichtigung von statutsfremden Sicherheitsvorschriften. Entsprechend verweist § 823 Abs. 2 BGB auf den Tatbestand von Produktsicherheitsvorschriften am Marktort.[635]

Hinsichtlich deliktischer Verkehrspflichten auf der Ebene des Haftungsrechtes selbst ist keine Unterscheidung zwischen einer tatbestandlichen Berücksichtigung und Anwendung im Rahmen des Art. 17 Rom II-VO möglich.[636] Bei einer wertenden Betrachtung verdrängen diese Verkehrspflichten des Marktstatutes abweichende Sorgfaltsmaßstäbe des Deliktsstatutes. Ob dies im Wege einer marktbezogenen Auslegung der dem § 823 BGB und dem § 3 ProdHaftG inhärenten Sorgfaltsanforderungen oder durch eine Substitution der Verletzung von Verkehrspflichten des Deliktsstatutes geschieht, reduziert sich auf eine terminologische Frage. Eine inhaltliche Unterscheidung zwischen tatbestandlicher Berücksichtigung und Anwendung ist in einer solchen Konstellation jedenfalls nicht mehr möglich.

IV. Angemessenheitsprüfung

Die Berücksichtigung von Sicherheits- und Verhaltensregeln muss nach Art. 17 Rom II-VO schließlich „angemessen“ sein. Diese Formulierung ist hinreichend offen, um sich auf die Frage des „Ob“ und des „Wie“ der Einbettung in das Deliktsstatut zu beziehen.

1. Keine Ermessensentscheidung des Richters

Bei diesem offenen Wortlaut des Art. 17 Rom II-VO nehmen verschiedene Stimmen einen weiten Ermessensspielraum des angerufenen Richters bei der Anwendung der Norm an.[637] Dies steht in Einklang mit den Erläuterungen zu Art. 9 Haager Produkthaftungsübereinkommen, wonach der Richter befugt, aber nicht verpflichtet sei, die Sicherheits- und Verhaltensregeln des Marktstaates

---

635 Vgl. *Spickhoff*, Gesetzesverstoß und Haftung, S. 108.

636 So im Ergebnis auch *Dornis*, SZIER 2015, 183 (196f.) - der die versuchte begriffliche Differenzierung für ausweichend und irreführend hält.

637 *De Lima Pinheiro*, Rivista di diritto internationale privato e processuale 2008, 5, 33; Calliess/*von Hein*, Rome Regulations Art. 17 Rome II Rn. 18; MüKo-BGB/*Junker*, Art. 17 Rom II Rn. 27 „Beurteilungsspielraum“.

zu berücksichtigen.[638] Einer entsprechenden Auslegung des Art. 17 Rom II-VO steht aber zunächst der deutlich von Art. 9 HPÜ abweichende Wortlaut „sind zu berücksichtigen" bzw. „shall take account of" entgegen.[639] Weiterhin entspräche ein solcher Ansatz bei der Produkthaftung nicht dem berechtigten Interesse von Herstellern, Haftungsrisiken durch geeignete Compliance-Maßnahmen bei der Produktgestaltung möglichst zu minimieren.

Ohne weitere Anhaltspunkte im Verordnungstext ist die Rechtsfolge einer Berücksichtigung „soweit angemessen" zugegebenermaßen reichlich vage. Daraus darf aber kein Ermessen des Richters abgeleitet werden. Vielmehr dürfte die Ansicht überzeugen, dass Art. 17 Rom II-VO Wissenschaft und Praxis vor die Aufgabe stellt, durch eine systematisierende Fallgruppenbildung zu rechtssicheren und interessengerechten Abgrenzungen zu gelangen.[640] Eine solche Bewertung soll nun für den Bereich der Produkthaftung erfolgen.

2. Keine materiell-rechtliche Tendenz

Das Regelungssystem der Rom II-VO ist im Wesentlichen sachrechtspolitisch neutral konzipiert.[641] Dennoch könnte man angesichts der Korrekturfunktion des Art. 17 Rom II-VO seine Anwendung auf Fälle beschränken wollen, in denen eine Berücksichtigung des Marktrechts für den Hersteller sachrechtlich günstiger ist als eine einheitliche Anwendung des Deliktsstatutes. Eine solche materiell-rechtliche Tendenz verbietet sich aber in Anbetracht der Zielsetzung eines „angemessenen Interessenausgleichs zwischen den Parteien" (Erwägungsgrund 34 Rom II-VO), der beide Parteien im Blick hat.[642] Ebenso schließt diese Zielsetzung ein Günstigkeitsprinzip zum Vorteil des Produktabnehmers[643] aus. Den Geschädigten generell nach dem für ihn günstigsten Haftungsmaßstab zu behandeln geht zwingend zum Nachteil des Herstellers und findet in der Rom II-VO keine Stütze.[644]

638 *Reese*, Convention sur la loi applicable à la responsabilité du fait des produits - Rapport explicatif, S. 255f.

639 NK-BGB/*Lehmann*, Art. 17 Rom II-VO Rn. 80.

640 *Pfeiffer* FS Schurig 2012, 229 (234).

641 *Von Hein* FS Hoffmann, 2011, 139 (152).

642 Rauscher/*Jakob*/*Picht* Europäisches Zivilprozess- und Kollisionsrecht, Art. 17 Rom II-VO Rn. 11; MüKo-BGB/*Junker* Art. 17 Rom II Rn. 26.

643 Dafür: *Symeonides* FS Jayme, 2004, 935 (943f).

644 *Sammeck*, Die internationale Produkthaftung nach Inkrafttreten der Rom II-VO im Vergleich zu der Rechtslage in den USA, S. 185.

Auch eine „Inhaltskontrolle“ der Sicherheitsanforderungen am Handlungsort[645] erscheint als Angemessenheitsprüfung bei der Produkthaftung nicht sachgerecht. Vielmehr steht es dem Marktstaat selbst zu, durch die Bestimmung von Produktsicherheitsvorschriften einen örtlich angemessenen Sicherheitsstandard festzulegen.[646] Bei gravierenden Schutzlücken kann der ordre-public-Vorbehalt des Art. 26 Rom II-VO Abhilfe schaffen.

3. Kriterien der Angemessenheit

Als Kriterien für die Angemessenheit einer Berücksichtigung von Sicherheits- und Verhaltensregeln nach Art. 17 Rom II-VO werden in der Literatur Art und Zweck der Verhaltensnormen, die Vorhersehbarkeit des Schadenseintrittes sowie die Folgen einer Nichtberücksichtigung vorgeschlagen.

a) Art und Zweck der Verhaltensnormen

In Anlehnung an Art. 9 Abs. 3 S. 2 Rom I-VO bietet sich zunächst eine Betrachtung von Art und Zweck der Verhaltensnormen bei der Haftung für fehlerhafte Produkte an.[647] Zweck der Sicherheits- und Verhaltensregeln bei der Produkthaftung ist der Schutz des allgemeinen Verkehrs im Marktstaat. Durch ein fehlerhaftes Produkt kann potentiell jeder Erwerber (oder sogar unbeteiligte Dritte) geschädigt werden. Die Haftungsbeziehung zwischen Hersteller und geschädigtem Verwender kann daher nicht von ihrer Umwelt isoliert betrachtet werden.[648] Hier liegt eine Parallele zu Regeln nahe, welche die Sicherheit des Straßenverkehrs gewährleisten und als Lehrbeispiel einer angemessenen Berücksichtigung gelten.[649] In beiden Fällen spricht der Schutz des allgemeinen Verkehrs für eine Maßgeblichkeit der Regeln des Handlungsortes.

Soweit die Verhaltensnormen am Handlungsort sanktionsbewehrt sind, muss der potentiell Haftpflichtige sein Verhalten am Handlungsort nach ihnen ausrichten und hat daher ein schützenswertes Interesse ihrer Berücksichtigung. So zieht die Verletzung von deliktischen Verkehrspflichten eine Schadensersatzpflicht

---

645 Vgl. NK-BGB/*Lehmann*, Art. 17 Rom II Rn. 76.

646 Vgl. bereits Gliederungspunkte B.I.2, C.I. und C.II.4.b).

647 NK-BGB/*Lehmann*, Art. 17 Rom II Rn. 74.

648 Dies wird bei der Haftung zwischen den Insassen eines Unfallfahrzeugs gegen die Heranziehung der örtlichen Verhaltensregeln vorgebracht, vgl. *von Bar*, JZ 1985, 961 (967); BeckOK-BGB/*Spickhoff*, VO (EG) 864/2007 Art. 17 Rn. 4.

649 Siehe: *Pfeiffer*, Datumstheorie und „local data“ in der Rom II-VO – am Beispiel von Straßenverkehrsunfällen in FS Schurig 2012, 229–236.

nach sich. Hinsichtlich der Produktsicherheitsvorschriften gilt Folgendes: Lediglich konkretisierende technische Normen haben keinen verbindlichen Rechtscharakter.[650] Entspricht ein Produkt aber nicht den gesetzlichen Produktsicherheitsvorschriften, so hat die zuständige Marktaufsichtsbehörde weitreichende Eingriffsbefugnisse; zum Beispiel kann sie ein Vermarktungsverbot oder einen Produktrückruf veranlassen (§ 26 Abs. 2 Nr. 6, 7 ProdSG). Widersetzt sich der Hersteller Anordnungen der Marktaufsicht, so können Bußgelder (§ 39 Abs. 1 Nr. 8 b) ProdSG) und im äußersten Fall Freiheitsstrafen (§ 40 ProdSG) verhängt werden. Folglich spricht auch der zwingende Charakter der öffentlich-rechtlichen Produktsicherheitsvorschriften sowie der deliktischen Verhaltenspflichten für eine Berücksichtigung der Regeln am Marktort.

b) Vorhersehbarkeit

Für die Angemessenheitsprüfung des Art. 17 Rom II-VO wird ferner die Vorhersehbarkeit des Schadenseintrittes vorgeschlagen.[651] So soll das Verhalten des Schädigers nicht nach dem Recht des Handlungsortes bemessen werden, wenn er den Eintritt eines Schadens in einem anderen Staat vorhersehen konnte.[652] Diese Überlegung ist an sich plausibel. Bei der Produkthaftung hilft sie aber kaum weiter. Denn jedenfalls bei beweglichen Produkten ist eine Verwendung außerhalb des Marktstaates für den Hersteller zwar theoretisch immer denkbar, aber nie örtlich zu überblicken.[653]

c) Folgen der Nichtberücksichtigung

Schließlich müssen entsprechend Art. 9 Abs. 3 S. 2 Rom I-VO die Folgen einer Nichtberücksichtigung als Kriterium der Angemessenheit beachtet werden.[654] Würden die Sicherheits- und Verhaltensregeln des Marktstaates im Rahmen von Art. 17 Rom II-VO unbeachtet bleiben, so könnten die Vorzüge des Marktortprinzips[655] nicht verwirklicht werden. Die den Hersteller und weitere Glieder der Vertriebskette treffenden Verkehrspflichten könnten ihrer Funktion einer marktbezogenen Verhaltenssteuerung nicht gerecht werden.

650 Klindt/*Menz*, ProdSG, § 4 Rn. 7.

651 *Dornis*, SZIER 2015, 183 (196, 214); MüKo-BGB/*Junker*, Art. 17 Rom II Rn. 27.

652 NK-BGB/*Lehmann*, Art. 17 Rom II Rn. 79.

653 Zur parallelen Problematik der Unvorhersehbarkeit des Inverkehrbringens im Rahmen von Art. 5 I 2 Rom II-VO – siehe oben Gliederungspunkt C.III.2.

654 NK-BGB/*Lehmann* Art. 17 Rom II Rn. 74.

655 Dazu bereits Gliederungspunkt C.I.

Weiterhin würden unter dem Deliktsstatut Produktsicherheitsvorschriften die zivilrechtliche Haftung ausformen, die nicht mit der öffentlich-rechtlichen Verantwortung des Herstellers für die Verkehrsfähigkeit seines Produktes am Marktort übereinstimmen. Solche Koordinationsprobleme soll Art. 17 Rom II-VO vermeiden. Damit sprechen auch gewichtige teleologische Argumente für eine Berücksichtigung der Verhaltensregeln am Marktort bei der Produkthaftung.

4. Ergebniskorrektur

In der Gesamtschau erscheint die Berücksichtigung der Sicherheits- und Verhaltensregeln des Marktstaates bei der Produkthaftung grundsätzlich angemessen. Im Einzelfall muss die Angemessenheitsprüfung aber die Funktion einer Ergebniskorrektur erfüllen.[656] Gewinnbringend ist dazu eine Orientierung an der Reichweite des Marktortprinzips und an den Besonderheiten der Produkthaftung.

a) Schädigung unbeteiligter Dritter

Nicht nur Produktverwender, sondern auch unbeteiligte Dritte (*Bystanders*) können Produkthaftungsansprüche gegen den Hersteller geltend machen.[657] Allerdings lassen sich wesentliche Argumente für das Marktortprinzip nicht auf unbeteiligte Dritte übertragen: Im Gegensatz zu den Erwerbern des Produktes haben sie keine notwendige Beziehung zum Marktort und damit auch keine Möglichkeit, sich über die dort geltenden Sicherheitsanforderungen zu informieren.[658] Ohne einen Bezug zum Erwerb des Produktes vertrauen unbeteiligte Dritte vielmehr berechtigterweise auf die Geltung des Rechtes am Schadensort.

Folgerichtig wird für *Bystanders* eine Anknüpfung an den Schadensort über die Ausweichklausel des Art. 5 Abs. 2 Rom II-VO bejaht.[659] Insoweit muss der Hersteller das wirtschaftliche Risiko einer Haftung für sein Produkt nach ausländischem Recht ausnahmsweise allein tragen.[660] Das Vertrauen der *Bystanders*

---

656 Vgl. Rauscher/*Jakob/Picht* Europäisches Zivilprozess- und Kollisionsrecht, Art. 17 Rom II-VO Rn. 11; NK-BGB/*Lehmann*, Art. 17 Rom II Rn. 66.

657 *Graf von Westphalen* in Foerste/Graf von Westphalen (Hrsg.), Produkthaftungshandbuch, § 45 Rn. 13.

658 *Wandt*, Internationale Produkthaftung, § 18 Rn. 1087.

659 NK-BGB/*Lehmann*, Art. 5 Rom II Rn. 108; BeckOK-BGB/*Spickhoff*, VO (EG) 864/2007 Art. 5 Rn. 9.

660 *Freitag*, Der Einfluss des Europäischen Gemeinschaftsrechts auf das internationale Produkthaftungsrecht, S. 116f.; *Rühl*, Statut und Effizienz, S. 692.

erstreckt sich in gleicher Weise auf das Schutzniveau der Sicherheits- und Verhaltensregeln des Schadensortes. Eine Berücksichtigung von abweichenden Verhaltensregeln erscheint daher nicht „angemessen“ i.S.v. Art. 17 Rom II-VO.

b) Verschuldensunabhängige Haftung?

De Lima Pinheiro spricht sich ferner gegen eine Berücksichtigung von statutsfremden Sicherheits- und Verhaltensregeln bei der verschuldensunabhängigen Haftung aus.[661] Eine solche Ausnahme der verschuldensunabhängigen Haftung von den Rechtsfolgen des Art. 17 Rom II-VO könnte sich aus ihrem Schutzzweck rechtfertigen. So weist die ProdHaftRL die mit der modernen technischen Produktion verbundenen Risiken zum Schutz der Verbraucher „verschuldensunabhängig“ dem Hersteller zu.[662] Das Risiko von potentiell unvermeidbaren Schäden soll dadurch der Partei zugewiesen werden, welche dieses Risiko besser tragen oder versichern kann.[663]

Es erscheint allerdings vorschnell daraus zu schlussfolgern, dass die Übertretung von Sicherheits- und Verhaltensregeln für eine verschuldensunabhängige Haftung nicht bewertet werden müsste.[664] So orientiert sich die Bewertung der Fehlerhaftigkeit eines Produkts an den öffentlich-rechtlichen Produktsicherheitsvorschriften.[665] Zu Beginn dieser Untersuchung wurde ferner dargelegt, dass der Begriff einer verschuldensunabhängigen Haftung in der europäischen ProdHaftRL nicht darüber hinwegtäuschen kann, dass sowohl der Fehlerbegriff des § 3 ProdHaftG als auch die Entlastungsmöglichkeiten des Herstellers einen gewissen Verhaltensbezug aufweisen.[666] Die dadurch verkörperten Verhaltensregeln sind marktbezogen.[667] Insofern wäre es nicht sachgerecht, von einer Unangemessenheit der Berücksichtigung von Verhaltensregeln des Marktstatutes auszugehen.

---

661 *De Lima Pinheiro*, Rivista di diritto internationale privato e processuale 2008, 5 (33); in diese Richtung auch: *Marenghi*, Yearb Priv. Int. Law 16 (2014/2015), 511 (534).

662 Erwägungsgrund 2 der Richtlinie 85/374/EWG des Rates vom 25. Juli 1985 zur Angleichung der Rechts- und Verwaltungsvorschriften der Mitgliedstaaten über die Haftung für fehlerhafte Produkte, ABl. 1985 L 210, 29.

663 *Kötz* FS Steindorff 1990, 643 (660–662).

664 Vgl. *Dickinson*, The Rome II Regulation Rn. 15.33; *Stoll* in von Caemmerer (Hrsg.), Vorschläge und Gutachten zur Reform des deutschen internationalen Privatrechts der außervertraglichen Schuldverhältnisse, S. 160 (174).

665 Siehe oben Gliederungspunkt B.III.

666 Siehe oben Gliederungspunkt A.I.3.b).

667 Siehe oben Gliederungspunkt C.I.1.

5. Schlussfolgerung

Für eine „Angemessenheit" der Berücksichtigung von Sicherheits- und Verhaltensregeln am Marktort sprechen deren Schutzrichtung und zwingender Charakter, die Vorzüge des Marktortprinzips und eine Vermeidung von Koordinationsproblemen mit dem öffentlichen Produktsicherheitsrecht. Inwieweit eine Berücksichtigung von statutsfremden Sicherheits- und Verhaltensregeln des Marktstaates bei der verschuldensunabhängigen Haftung angemessen ist, hängt vom berufenen Deliktsstatut ab. Lediglich bei der Haftung gegenüber unbeteiligten Dritten erscheint eine Heranziehung der Verhaltensregeln des Marktortes nicht „angemessen" im Sinne von Art. 17 Rom II-VO.

V. Anwendung auf den Beispielfall

Die dargestellte marktortbezogene Berücksichtigung von Sicherheits- und Verhaltensregeln nach Art. 17 Rom II-VO soll abschließend auf den in Kapitel B gebildeten Beispielfall zu einem in China vermarkteten Kleinwagen angewendet werden.

1. Haftung gegenüber dem Produkterwerber

Wenn sich der Wanderarbeiter B mit gewöhnlichem Wohnsitz in Kambodscha bei einem Unfall in Vietnam durch seinen Kleinwagen verletzt, der lediglich in China vermarktet wurde, richtet sich das anwendbare Recht bei einer Klage am deutschen Sitz des Herstellers nach Art. 5 Rom II-VO. Wie in Kapitel B dargestellt wurde, läuft die Anknüpfungsleiter nach Art. 5 Abs. 1 S. 1 lit. a–c leer, sodass nach Art. 5 Abs. 1 S. 2 Rom II-VO im Verhältnis von B und der V-AG deutsches Recht als Produkthaftungsstatut zur Anwendung kommt.[668]

B stützt seine Produkthaftungsklage darauf, dass sein Wagen entgegen Art. 12 Abs. 1 Verordnung (EG) Nr. 661/2009[669] nicht mit einem Elektronischen Stabilitätsprogramm (ESP) ausgestattet war. Die haftungsrechtliche Bewertung der Verletzung solcher Sicherheitsregeln ist Sache des Deliktsstatutes. Im deutschen

668 Siehe oben Gliederungspunkt B.II.3.c).

669 Verordnung (EG) Nr. 661/2009 des Europäischen Parlaments und des Rates vom 13. Juli 2009 über die Typgenehmigung von Kraftfahrzeugen, Kraftfahrzeuganhängern und von Systemen, Bauteilen und selbstständigen technischen Einheiten für diese Fahrzeuge hinsichtlich ihrer allgemeinen Sicherheit – die seit 2011 für die Neuzulassung von Personenkraftwagen der Fahrzeugklassen M_1 und N_1 ein „Elektronisches Fahrdynamik-Regelsystem" vorschreibt.

Recht indiziert eine Verletzung der öffentlich-rechtlichen Produktsicherheitsregeln die Fehlerhaftigkeit des Produktes.[670]

Wie sich im Haftungsprozess herausstellt, entsprach der Kleinwagen aber den in China anwendbaren öffentlich-rechtlichen Anforderungen an die Produktsicherheit. Ausschließlich dort wurde der verunfallte Wagen vertrieben und vom ersten Endabnehmer erworben. Der Fehlerbegriff des § 3 ProdHaftG bezieht sich auf die Sicherheit, die unter Berücksichtigung aller Umstände berechtigterweise von der Allgemeinheit *des Marktstaates* erwartet wird. Um einen Gleichlauf von Preis und Haftungsregime zu gewährleisten, sind maßgeblich die chinesischen Verhaltensanforderungen an den Hersteller nach Art. 17 Rom II-VO sachrechtlich zu berücksichtigen. Wenn die Volksrepublik China für die Verkehrssicherheit von PKW kein Elektronisches Stabilitätsprogramm vorschreibt, dann spiegelt dies eine Abwägung zwischen Produktauswahl, Preis und Schadensprävention wider, welche den örtlichen wirtschaftlichen und gesellschaftlichen Verhältnissen am besten entspricht. Es ist daher nach Art. 17 Rom II-VO „angemessen", Produktsicherheitsvorschriften der Volksrepublik China heranzuziehen. Ein Bedürfnis nach einer Ergebniskorrektur ist nicht ersichtlich. Folglich darf der Verstoß gegen die Anforderungen des Art. 12 Verordnung (EG) Nr. 661/2009 für eine Haftung der V-AG im Ergebnis keinerlei Vermutung begründen.

2. Haftung gegenüber dem unbeteiligten Dritten

In einer möglichen Haftungsbeziehung zwischen dem Touristen A und der V-AG gelangt man über die vorrangige Anknüpfung an den gemeinsamen Aufenthaltsort (Art. 5 Abs. 1 S. 1, Art. 4 Abs. 2, Art. 23 Abs. 1 Rom II-VO) ebenfalls zur Anwendung deutschen Rechts. Allerdings ist A hinsichtlich eines Produkthaftungsfalls zwischen B und der V-AG unbeteiligter Dritter („Bystander"). Ohne einen Bezug zum Erwerb des Produktes richtet sich die Erwartung unbeteiligter Dritter auf den Sicherheitsstandard des Unfallortes – hier Vietnam. Eine Heranziehung der statutsfremden Sicherheits- und Verhaltensregeln des Marktstaates China erscheint folglich nicht „angemessen" im Sinne des Art. 17 Rom II-VO.

670 *Stoll* in von Caemmerer (Hrsg.), Vorschläge und Gutachten zur Reform des deutschen internationalen Privatrechts der außervertraglichen Schuldverhältnisse, S. 160 (174).

VI. Fazit: Marktortprinzip der Verhaltenssteuerung

Art. 17 Rom II-VO kann bei der Produkthaftung einen Beitrag zur Abstimmung von Markt und Internationalem Privatrecht leisten. Eine wertende Lokalisierung der „schädigenden Handlung" ermöglicht die Verwirklichung eines Marktortprinzips der Verhaltenssteuerung im geltenden EU-Kollisionsrecht. Auch soweit das nach Art. 5 Rom II-VO berufene Haftungsstatut keinen Bezug zur Vermarktung des Produktes aufweist, führt dies zu einer Heranziehung der Sicherheits- und Verhaltensregeln, die am Ort und zum Zeitpunkt der Vermarktung an den ersten Endabnehmer galten. So kann sich der Hersteller bei der Gestaltung, Produktion und Instruktion seines Produktes bestmöglich auf die Sorgfaltsanforderungen des Marktstaates einstellen. Diese Korrektur entspricht dem Marktbezug der von den Sicherheits- und Verhaltensregeln unmittelbar bezweckten Schadensprävention. Ferner werden im Interesse des Herstellers Koordinationsschwierigkeiten mit dem am Marktort anwendbaren öffentlichen Produktsicherheitsrecht vermieden.

Während sich die Haftungstatbestände bei der Produkthaftung grundsätzlich für eine tatbestandliche Berücksichtigung statutsfremder Sicherheits- und Verhaltensregeln eignen, lässt sich nicht durchgehend eine Unterscheidung zu einer Anwendung dieser Regeln erkennen. Nicht „angemessen" im Sinne von Art. 17 Rom II-VO erscheint eine dergestalt verwirklichte Maßgeblichkeit der Verhaltensregeln des Marktortes lediglich bei der Schädigung von unbeteiligten Dritten.

E. Berücksichtigung der Sicherheits- und Verhaltensregeln des Herkunftslandes

Die Korrektur- und Koordinationsfunktion des Art. 17 Rom II-VO kann in vielen Fällen durch eine wertende Lokalisierung der „schädigenden Handlung" am Marktort verwirklicht werden. Offen ist damit noch, ob bzw. in welchen Konstellationen stattdessen eine Berücksichtigung der Sicherheits- und Verhaltensregeln des Herkunftslandes in Betracht kommt.

I. Kein Herkunftslandprinzip der Verhaltenssteuerung

Das „Herkunftsland" im Sinne dieser Untersuchung bezeichnet den Ort der ersten Vermarktung eines Produktes des gleichen Modells.[671] Wichtig ist an dieser Stelle zu wiederholen, dass sich das Herkunftsland vom Marktort eines Produktes unterscheidet. Wenn Käufer C ein Sofa bei einem Händler in Großbritannien erwirbt, dann liegt der Marktort des erworbenen Produktes in diesem Staat. Wurde das Modell von seinem Hersteller aber zunächst in Deutschland und dann erst in anderen EU-Mitgliedstaaten vermarktet, so ist sein Herkunftsland Deutschland.

1. Zurechenbarkeit der anwendbaren Sicherheits- und Verhaltensregeln

Für eine Heranziehung der Sicherheits- und Verhaltensregeln des Herkunftslandes könnte die Forderung nach der Zurechenbarkeit der anwendbaren Verhaltensregeln sprechen. *Ehrenzweig* betrachtete die Vorhersehbarkeit des anwendbaren Rechts als maßgebliches Kriterium des Internationalen Produkthaftungsrechtes (*Enterprise Liability under Foreseeable and Insurable Laws*).[672] Ausgehend davon wurde auch im deutschen Schrifttum gefordert, dass die bei der Produkthaftung zugrunde gelegten Sicherheitsanforderungen einer bestimmten Rechtsordnung für den Hersteller vorhersehbar[673] und ihm damit zurechenbar[674] sein müssen. Gerade im Hinblick auf die Sicherheits- und

671 Siehe oben Gliederungspunkt C.III.

672 *Ehrenzweig*, Yale Law J. 69 (1960), 794, (803).

673 Vgl. *von Hein*, Das Günstigkeitsprinzip im Internationalen Deliktsrecht, S. 206; *Wagner*, IPrax 2006, 372 (374).

674 *Schmidt-Salzer*, Produkthaftung, S. 274.

Verhaltensregeln erscheint diese Überlegung berechtigt. Schließlich muss sich der Hersteller im Rahmen seiner *Product Compliance* auf die Geltung bestimmter Sicherheitsanforderungen einstellen können.[675]

Eine marktortbezogene Auslegung des Art. 17 Rom II-VO berücksichtigt die Zurechenbarkeit von anwendbaren Sicherheits- und Verhaltensregeln. Der haftpflichtige Hersteller produziert sein Produkt, um es am Marktort selbst oder durch andere an den Verwender zu vertreiben. Diese Beziehung zwischen dem Hersteller und dem geschädigten Erwerber wird durch den Verkäufer als letztem Glied der Vertriebskette vermittelt.[676] Innerhalb seines Vertriebsnetzes ist der Marktort für den Produzenten auch vorhersehbar, sodass ihm fremde Absatzbemühungen zurechenbar sind.[677]

Dies gilt aber nicht in solchen Fällen, in denen das fehlerhafte Produkt von unabhängigen Vertriebspersonen (weiter-)verkauft wurde. Die Möglichkeiten des Herstellers, den Vertrieb seiner Produkte geographisch zu beschränken, sind insbesondere innerhalb des EU-Binnenmarktes limitiert.[678] Im Einzelfall kann der Marktort des schadensursächlichen Produktes für den Hersteller also unvorhersehbar gewesen sein.[679] Ob dann noch von einer Zurechenbarkeit gesprochen werden kann ist fraglich.[680] Folglich berücksichtigt eine marktortbezogene Auslegung des Art. 17 Rom II-VO zwar das Kriterium der Zurechenbarkeit von Sicherheits- und Verhaltensregeln, kann dieses aber nicht lückenlos verwirklichen.

Bei der Suche nach einem geeigneten Anknüpfungskriterium sind verschiedene kollisionsrechtliche Interessen gegeneinander abzuwägen.[681] So lässt sich nicht leugnen, dass ein Herkunftslandprinzip der Verhaltenssteuerung das Rechtsanwendungsrisiko des Herstellers minimieren würde. Nach diesem Prinzip könnte er sein Produkt nach dem Recht des Ortes, an dem er das Modell erstmals in den Verkehr gebracht hat, im Ausland vertreiben. Da der Hersteller den Erstvertrieb seines Produktes gezielt planen kann, wären die bei der Haftung

---

675 Vgl. aus Praktikersicht: *Klindt/Handorn* NJW 2010, 1105 (1108).

676 *Trutmann*, Das internationale Privatrecht der Deliktsobligationen, S. 168.

677 *Von Hein*, RIW 2000, 820 (827f.).

678 Siehe im Einzelnen oben Gliederungspunkt C.III.2.b)

679 Vgl. oben Gliederungspunkt D.II.3.

680 Dafür: *Sack* FS Eugen Ulmer 1973, 495 (506) mit dem Argument, dass der Hersteller selbst dann vom Absatz seiner Produkte profitiere und ihm Regressansprüche gegen Vertriebspersonen zustünden, die gegen eine vertragliche Beschränkung des Absatzgebietes verstoßen.

681 *Kegel/Schurig*, Internationales Privatrecht, § 6 III.

für fehlerhafte Produkte maßgeblichen Sicherheitsstandards für ihn demnach exakt vorhersehbar.[682]

2. Bedenken gegen ein Herkunftslandprinzip der Verhaltenssteuerung

Die Zurechenbarkeit der anwendbaren Sicherheits- und Verhaltensregeln darf aber lediglich *einen* Aspekt der Internationalen Produkthaftung darstellen. Die vorangegangenen Ausführungen haben anstelle des Herkunftslandes den Marktort des schadensursächlichen Produktes zum zentralen Anknüpfungspunkt der Berücksichtigung von Sicherheits- und Verhaltensregeln im Rahmen von Art. 17 Rom II-VO gemacht. Ausgangspunkt dafür ist der Marktbezug der von den Sicherheits- und Verhaltensregeln bezweckten Verhaltenssteuerung und Schadensprävention.[683] Gegen eine abweichende Heranziehung der Sicherheits- und Verhaltensregeln des Herkunftslandes sprechen maßgeblich die berechtigten Interessen des geschädigten Erwerbers. Dieser hat zum Herkunftsland des Produktmodells im Gegensatz zum Marktort des erworbenen Produktes keinen besonderen Bezug. Er kennt nicht notwendigerweise das Produktsicherheitsniveau des Herkunftslands und müsste einseitig die mit dem anwendbaren Recht verbundenen Informationslasten tragen.[684]

Durch die Geltung unterschiedlicher Haftungsmaßstäbe könnte ferner der Wettbewerb zwischen in- und ausländischen Anbietern auf einem gegebenen Absatzmarkt verzerrt werden.[685] Ohne einen bestimmten Absatzmarkt aufgeben zu müssen, könnten Hersteller die Geltung der für diesen Markt relevanten Sorgfaltsanforderungen dadurch umgehen, dass sie ihre Produktion bzw. den Erstvertrieb in einen Staat mit niedrigeren Sicherheitsanforderungen verlagern.[686] Ein *race to the bottom* bei den Produktsicherheitsbestimmungen könnte im Ergebnis die Schadensprävention des Haftungsrechtes schwächen.

Eine Gesamtschau dieser Argumente bestätigt die These eines Marktortprinzips der Verhaltenssteuerung. Eine lückenlose Vorhersehbarkeit der Produkthaftungsrisiken durch den potentiell Haftpflichtigen ist unter der Berücksichtigung widerstreitender Interessen, insbesondere des Geschädigten, nicht zu verwirklichen.

---

682 *Wandt*, Internationale Produkthaftung, § 14 Rn. 735.

683 Dazu im Einzelnen oben Gliederungspunkt C.I.1.

684 *Roth*, EWS 2011, 314 (326).

685 *Sack* FS Eugen Ulmer 1973, 495 (500f.); *Wandt*, Internationale Produkthaftung, § 17 Rn. 1056.

686 Vgl. *Freitag*, LMK 2014, 355576.

Damit besteht kein generelles Korrekturbedürfnis zugunsten der Anwendung von Sicherheits- und Verhaltensregeln des Herkunftslandes. Jedenfalls für Verhaltensregeln auf der Ebene des Deliktsrechtes verbleibt es im Rahmen von Art. 17 Rom II-VO bei einer Lokalisierung des Handlungsortes am Marktort des schadensursächlichen Produktes.

II. Koordination mit dem EU-Produktsicherheitsrecht

Etwas anderes könnte für die Produktsicherheitsvorschriften innerhalb des europäischen Binnenmarkts gelten. Aus Sicht des Haftpflichtigen verbleibt in bestimmten Konstellationen ein *Koordinationsbedürfnis*, die öffentlich-rechtlichen Produktsicherheitsvorschriften eines EU-Herkunftslandes bei der zivilrechtlichen Haftung zu berücksichtigen. Wie ist dies zu erklären? Angenommen, ein Verwender wird durch ein fehlerhaftes Produkt aus einem anderen EU-Mitgliedstaat geschädigt. Er erhebt Produkthaftungsklage und stützt seinen Anspruch auf die Verletzung bestimmter Produktsicherheitsvorschriften des Marktstaats. Wenn nun im Rahmen des Haftungsrechtes mittelbar öffentlich-rechtliche Anforderungen des Marktstaates durchgesetzt werden, so besteht die Gefahr, das Prinzip *gegenseitiger Anerkennung* zu negieren.[687]

Nach diesem Grundsatz wird im EU-Produktsicherheitsrecht die Regelungskompetenz des Marktstaates partiell überlagert, um den freien Warenverkehr innerhalb des EU-Binnenmarktes zu gewährleisten.[688] Daraus lässt sich zwar keine Vorgabe eines kollisionsrechtlichen Herkunftslandprinzips entnehmen.[689] Das Unionsrecht erfordert also nicht, dass der Hersteller sein Produkt nach dem Produkthaftungsrecht seines Herkunftslandes im gesamten Binnenmarkt vertreiben kann. Allerdings hat *Roth* aufgezeigt, dass öffentlich-rechtliche Regelungskompetenzen des Herkunftsstaats eine Berücksichtigung bei der Anwendung der Haftungsnormen anderer Rechtsordnungen erfordern.[690] In diesem Sinne schlagen *Fallon* und *Meeusen* folgenden Ansatz vor: Nach der Ermittlung des nach dem Kollisionsrecht anzuwendenden Zivilrechtes sei in einem zweiten Schritt zu prüfen, ob das Prinzip *gegenseitiger Anerkennung* die Nichtanwendbarkeit bestimmter Vorschriften dieser Rechtsordnung erfordert.[691] Dieser Vorbehalt gegenseitiger

---

687 *Audit* in Cafaggi/Muir Watt (Hrsg.), The regulatory function of European private law, S. 259 (266).

688 Siehe bereits oben: Gliederungspunkt B.I.3.

689 Siehe oben Gliederungspunkt C.III.1.

690 *Roth*, RabelsZ 55 (1991), 623 (666f.).

691 *Fallon/Meeusen*, Yearbook of Private International Law 4 (2002), 39 (61–63).

Anerkennung („Exception of mutual recognition“) habe kassatorischen Charakter und trage dadurch den Anforderungen des Binnenmarktes Rechnung. Für die Produkthaftung wird daraus folgende Schlussfolgerung gezogen: Die Anerkennung von Sicherheitsstandards des Herkunftslandes als gleichwertig gilt nicht nur im Verhältnis des Herstellers zur Verwaltung, sondern auch vor den Zivilgerichten des Marktstaates.[692] Folglich müssen abweichende Produktsicherheitsvorschriften des Marktstaates oder eines Drittstaates bei der zivilrechtlichen Haftung außer Acht bleiben.[693]

Dieser Ansatz geht in die richtige Richtung, muss aber ergänzt werden. An früherer Stelle dieser Untersuchung wurde aufgezeigt, dass zwischen der Beachtung öffentlich-rechtlicher Anforderungen des Produktsicherheitsrechtes und der zivilrechtlichen Haftung für Schäden durch fehlerhafte Produkte verschiedene sachrechtliche Verknüpfungen bestehen.[694] Das Internationale Produkthaftungsrecht muss gewährleisten, dass diese Zusammenhänge bei internationalen Sachverhalten ebenso wie bei Binnensachverhalten berücksichtigt werden. Die gegenseitige Anerkennung im EU-Binnenmarkt befreit Produkte nicht schlechthin von der Einhaltung von Produktsicherheitsvorschriften, sondern unterstellt die Produkte in bestimmten Konstellationen den Anforderungen ihres Herkunftsstaates. Folglich genügt es im Rahmen der Produkthaftung nicht, von einer sachrechtlichen Berücksichtigung der Produktsicherheitsvorschriften der nach Art. 5 Rom II-VO berufenen Rechtsordnung abzusehen („Exception of mutual recognition“), sondern es ist auch erforderlich, stattdessen die entsprechenden Sicherheitsregeln des EU-Herkunftslandes als Indiz für Verkehrserwartungen zu berücksichtigen.

Das EU-Kollisionsrecht der außervertraglichen Schuldverhältnisse enthält mit Art. 17 Rom II-VO eine allgemeine Vorschrift, um die Koordination von Öffentlichem Recht und Privatrecht zu gewährleisten. Um dieser Koordinationsfunktion im Kontext des Prinzips gegenseitiger Anerkennung gerecht zu werden, ist mit *Lehmann* eine Berücksichtigung der Produktsicherheitsanforderungen von EU-Herkunftsländern nach Art. 17 Rom II-VO erforderlich.[695] Im Rahmen dieser Untersuchung soll nun im Einzelnen dargelegt werden, in welcher Weise Art. 17 Rom II-VO auf Binnenmarktsachverhalte bei der Produkthaftung anzuwenden ist. Nötig ist dafür zunächst eine binnenmarktspezifische Lokalisierung

692 *Audit* in Cafaggi/Muir Watt (Hrsg.), The regulatory function of European private law, S. 259 (266).

693 AaO. S. 267.

694 Siehe oben Gliederungspunkt B.III.

695 Vgl. NK-BGB/*Lehmann*, Art. 5 Rom II-VO Rn. 116; Art. 17 Rom II-VO Rn. 70.

der „schädigenden Handlung“ (Erwägungsgrund 34) im EU-Herkunftsland. Weiter ist zwischen nicht-harmonisierten und harmonisierten Produkten zu unterscheiden.

1. Binnenmarktspezifische Lokalisierung des Handlungsortes

Gegen eine binnenmarktspezifische Lokalisierung des Handlungsortes könnte der Einwand erhoben werden, dass ein solcher Ansatz nicht mit der universellen Anwendbarkeit der Rom II-VO in Einklang stehe. Die Kollisionsnormen der Rom II-VO können das Recht von Mitgliedstaaten und Nicht-Mitgliedstaaten zur Anwendung berufen (Art. 3). Dies gilt auch für die Anknüpfungsleiter bei der Produkthaftung (Art. 5). Die Verordnung enthält zudem keine Bestimmungen, deren Anwendungsbereich auf den Binnenmarkt beschränkt wäre. Ein einheitliches Kollisionsrecht erleichtert die Ermittlung der zur Anwendung berufenen Rechtsordnung. Ferner werden Koordinationsprobleme bei Schadensfällen, die auch Drittstaaten betreffen, vermieden.[696]

Andererseits beeinflussen die faktischen Besonderheiten des Binnenmarktes durchaus die Anwendung von Kollisionsregeln der Verordnung auf einen konkreten Lebenssachverhalt. Bei der Produkthaftung wird dies im Rahmen der Vorhersehbarkeitsklausel (Art. 5 Abs. 1 S. 2 Rom II-VO) deutlich. Diese Bestimmung soll verhindern, dass die Produkthaftung einer Rechtsordnung unterstellt wird, auf deren Territorium eine Vermarktung des Produktes für den Hersteller vernünftigerweise nicht vorhersehbar war. Es wurde allerdings dargelegt, dass sich der Hersteller angesichts des freien Warenverkehrs innerhalb des EU-Binnenmarktes kaum mit Erfolg darauf berufen kann, er habe den Vertrieb seines Produktes lediglich in bestimmten, nicht aber in allen Mitgliedstaaten vorhersehen können.[697]

Entsprechend müssen die Besonderheiten des EU-Binnenmarktes die Anwendung des Art. 17 Rom II-VO beeinflussen. Wie Erwägungsgrund 34 klarstellt, bezieht sich Art. 17 Rom II-VO auf die Sicherheits- und Verhaltensregeln am Handlungsort.[698] Aufgrund der Vielzahl der bei der Produkthaftung in Betracht kommenden Handlungsorte ist dieser Bezugspunkt wertungsoffen. Der Europäische Gerichtshof scheint in seiner Entscheidung *Kainz/Pantherwerke AG* dafür offen zu sein, die haftungsbegründende Handlung bei der Produkthaftung nicht

---

696 *Roth*, EWS 2011, 314 (326).

697 Siehe im Einzelnen oben Gliederungspunkt C.III.2.b)

698 *Von Hein*, FS Hoffmann, 2011, 139, (147f.); *Huber/Bach*, IPrax 2005, 73 (82); MüKo-BGB/*Junker*, Art. 17 Rom II-VO Rn. 18.

für sämtliche Fallgestaltungen am gleichen Ort zu lokalisieren.[699] Auch *Freitag* schließt eine abweichende Lokalisierung in reinen Binnenmarktsachverhalten nicht aus.[700] Eine Parallele kann dabei zur Methode der „gespaltenen Auslegung" von Bestimmungen des deutschen Kaufrechtes gezogen werden, die dazu dient, Anforderungen der Verbrauchsgüterkaufrichtlinie zu entsprechen.[701]

Bereits vor Inkrafttreten der Rom II-VO wurde ein möglicher Handlungsort bei der Produkthaftung von der deutschen Rechtsprechung[702] und Literatur[703] dort lokalisiert, wo das Produkt mit Wissen und Wollen des Herstellers erstmals in den Verkehr gebracht wird. Diese Anknüpfung leuchtet unter dem Blickpunkt des Rechtsgüterschutzes ein, weil am Ort des Inverkehrbringens erstmals außerhalb der Sphäre des Herstellers stehende Personen möglichen Schadensrisiken des Produktes ausgesetzt werden.[704] In Binnenmarktsachverhalten ist dieses Risiko besonders bedeutsam, da eine Ausweitung des Vertriebs auf alle übrigen Mitgliedstaaten durch die Grundfreiheiten unionsrechtlich geschützt ist.

Diese Erwägungen sprechen dafür, dass der Handlungsort auch im Rahmen von Art. 17 Rom II-VO im Herkunftsland lokalisiert werden kann.[705] Vor dem Hintergrund des Marktortprinzips der Verhaltenssteuerung muss sich eine solche Auslegung des Art. 17 Rom II-VO aber auf das Notwendigste – d.h. die Koordination mit dem EU-Produktsicherheitsrecht – beschränken. Das Prinzip *gegenseitiger Anerkennung* verlangt letztlich nur in bestimmten Konstellationen des Binnenmarkthandels eine Modifikation des Marktortprinzips. Ob zur Koordination mit dem EU-Produktsicherheitsrecht in einem Sachverhalt tatsächlich die Sicherheitsstandards des Herkunftslandes berücksichtigt werden müssen, hängt zunächst davon ab, ob die in Rede stehenden Sicherheitsstandards durch die Europäische Union harmonisiert sind oder nicht.

---

699 Vgl. EuGH, Urt. v. 16.1.2014 – Rs. C-45/13, ECLI:EU:C:2014:7 Rn. 26 – nach dem Gerichtshof liegt das schädigende Ereignis *grundsätzlich* am Produktionsort; diese Formulierung lässt Raum für abweichende Ergebnisse.

700 *Freitag*, LMK 2014, 355576.

701 Vgl. BGHZ 192, 148 – Fliesenfall; BGHZ 195, 135 mit Anmerkung *Mörsdorf*, JZ 2013, 191–196.

702 OLG Düsseldorf, NJW-RR 2000, 833 (834).

703 *Drobnig* in von Caemmerer (Hrsg.), Vorschläge und Gutachten zur Reform des deutschen internationalen Privatrechts der außervertraglichen Schuldverhältnisse, S. 298 (314); *von Hein*, RIW 2000, 820 (825f.).

704 Vgl. *von Hein*, RIW 2000, 820 (826).

705 So wohl auch: Rauscher/*Unberath/Cziupka/Pabst* Europäisches Zivilprozess- und Kollisionsrecht, Art. 5 Rom II-VO Rn. 51.

2. Nicht-harmonisierte Produkte

Für die verbleibende Zahl von Produkten, die keinen spezifischen EU-Richtlinien mit Sicherheitsanforderungen für eine bestimmte Produktgruppe unterfallen, gelten innerhalb des Rahmens der Allgemeinen Produktsicherheitsrichtlinie 2001/95/EG nach wie vor nationale Produktsicherheitsvorschriften.[706] Die fortbestehenden Unterschiede nationaler Regelungen werfen dabei die Frage auf, in welchen Fällen eine Verweisung des Art. 17 Rom II-VO auf die Sicherheitsstandards des Herkunftsstaates geboten erscheint.

a) Prinzip gegenseitiger Anerkennung und Äquivalenzklauseln

Wurde ein Produkt in einem EU-Mitgliedstaat nach dessen Produktsicherheitsanforderungen rechtmäßig in den Verkehr gebracht, so ist es vorbehaltlich zwingender Erfordernisse des Gemeinwohls im gesamten Binnenmarkt verkehrsfähig.[707] Sekundärrechtlich verfestigt wird dieses Prinzip gegenseitiger Anerkennung durch die Verordnung (EG) 764/2008, die den Marktstaat grundsätzlich dazu verpflichtet, technische Sicherheitsnormen von EU-Herkunftsländern als gleichwertig anzuerkennen.[708]

An dieser Stelle wird nun bedeutsam, in welcher Form diese Bezugnahme des Produktsicherheitsrechtes auf die Regeln des Herkunftsstaates bei der Produkthaftung rechtstechnisch berücksichtigt werden kann. Dafür kommt zunächst die Einfügung von Äquivalenzklauseln in das Produktsicherheitsrecht des Marktortes in Betracht. Äquivalenzklauseln, wie § 54 Abs. 1 Lebens- und Futtermittelgesetzbuch (LFGB), befreien ausdrücklich von der Einhaltung nationaler Sicherheitsanforderungen, sofern das Produkt in einem anderen EU-Mitgliedstaat rechtmäßig in den Verkehr gebracht wurde.[709] Bei einer solchen Rechtslage verweist das Marktrecht ausdrücklich auf die Standards des Herkunftslandes. Diese Verweisung wirkt bei der Produkthaftung fort, sei es im Rahmen der im Verkehr des Marktstaates erforderlichen Sorgfalt (§ 823 Abs. 1 BGB) oder zur Bestimmung der Sicherheitserwartungen des Marktstaates (Art. 3 ProdHaftG). Insoweit kann es bei einer marktortbezogenen Auslegung des Art. 17 Rom II-VO bleiben.[710]

---

706 *Haak/Klöck*, EuZW 2010, 53 (56).

707 EuGH Urteil v. 20.2.1979 - C-120/78, Slg. 1979, 649 Rn. 14 - Rewe-Zentral AG v Bundesmonopolverwaltung für Branntwein.

708 Vgl. oben Gliederungspunkt B.I.3.

709 Siehe im Einzelnen oben Gliederungspunkt B.I.3.c).

710 Dazu im Einzelnen bereits Kapitel D.

b) Herkunftslandbezogene Auslegung des Art. 17 Rom II-VO

Sofern es dagegen an einer Äquivalenzklausel im Produktsicherheitsrecht des Marktstaates fehlt, ist eine unmittelbare Berücksichtigung der Sicherheits- und Verhaltensregeln des Herkunftslandes erforderlich. Nach einer herkunftslandbezogenen Auslegung des Art. 17 Rom II-VO sind dazu die Sicherheits- und Verhaltensregeln im EU-Herkunftsland zu berücksichtigen. Wie dargestellt, ist eine wertende Lokalisierung des maßgeblichen Handlungsortes im Herkunftsland methodisch möglich und vor dem Hintergrund der Koordinationsfunktion des Art. 17 Rom II-VO auch erforderlich.

Bei der Anwendung von Haftungsnormen muss insofern das EU-Herkunftsland als „räumlich prägender" Verkehrskreis betrachtet werden. Damit ist im Rahmen von § 3 ProdHaftG zu prüfen, ob der Hersteller den Sicherheitserwartungen der Allgemeinheit *im Herkunftsland* genügt hat. Entsprechend liegt eine Verkehrspflichtverletzung i. S. v. § 823 Abs. 1 BGB dann vor, wenn die im Verkehr *des Herkunftslandes* erforderliche Sorgfalt nicht eingehalten wurde. Die binnenmarktspezifische Auslegung des Art. 17 Rom II-VO gewährleistet im Ergebnis, dass der Anerkennung von Produktsicherheitsvorschriften eines EU-Herkunftslandes bei der Produkthaftung Rechnung getragen wird. Innerhalb des Rahmens der Allgemeinen Produktsicherheitsrichtlinie 2001/95/EG sind – im Gegensatz zu außereuropäischen Herkunftsländern – dabei keine krassen Schutzlücken zu befürchten.

Eine herkunftslandbezogene Auslegung des Art. 17 Rom II-VO soll anhand des in Kapitel B gebildeten Beispielfalls zu einem Binnenmarktsachverhalt illustriert werden. Nach dem Sachverhalt[711] vertreibt der deutsche Unternehmer H Sofas aus Naturmaterialien im Einklang mit den Anforderungen des deutschen Produktsicherheitsgesetzes. Er exportiert auch Sofas nach Großbritannien, ohne dass die britische Marktaufsicht wegen der Nichtdurchführung des britischen Prüfstandards zur Entflammbarkeit des Produktes Marktaufsichtsmaßnahmen nach dem Verfahren der Verordnung (EG) 764/2008 eingeleitet hätte. Nach dem Prinzip gegenseitiger Anerkennung ist damit die Einhaltung der deutschen Standards aus öffentlich-rechtlicher Sicht für einen Vertrieb in Großbritannien genügend.

Beim englischen Kunden C in London entzündet sich das Sofa durch den Kontakt mit einer brennenden Kerze und es kommt zu einem Zimmerbrand. Der Geschädigte beruft sich darauf, dass der Hersteller H schon deswegen fahrlässig gehandelt hat, weil er die britischen *Fire Safety Regulations 1988* nicht

711 Siehe Gliederungspunkt B.II.4.

beachtet hat. Eine haftungsrechtliche Bewertung der Einhaltung von Sicherheitsregeln ist Sache des Deliktsstatutes.[712] Da C seinen gewöhnlichen Aufenthalt in Großbritannien hatte und das Sofa dort auch vertrieben wurde, findet nach Art. 5 Abs. 1 S. 1 lit. a i.V.m. Art. 25 Abs. 1 Rom II-VO englisches Recht auf mögliche Produkthaftungsansprüche Anwendung.[713] Im englischen Recht kann die Verletzung von Industriestandards zur Begründung einer Verkehrspflichtverletzung herangezogen werden (*breach of duty of care*).[714] Dies scheint zunächst für die Auffassung des Geschädigten zu sprechen.

Allerdings sind nach Art. 17 Rom II-VO in einem Binnenmarktsachverhalt die Sicherheits- und Verhaltensregeln des Herkunftslandes Deutschland zu berücksichtigen. Für die Bewertung von Hs Verhalten als fahrlässig ist folglich zu würdigen, ob dieser die im Verkehr des *Herkunftslandes* maßgebliche Sorgfalt eingehalten hat. Den produktspezifischen Sicherheitsanforderungen des Herkunftslandes Deutschland nach § 3 Abs. 2 i.V.m. § 4 Abs. 1, 2 ProdSG, konkretisiert durch DIN EN-1021, hat H genügt. Die Produktion nach anerkannten technischen Normen begründet einen Anschein dafür, dass das Produkt den „berechtigten Sicherheitserwartungen" der Allgemeinheit entspricht.[715] Um das Prinzip der *gegenseitigen Anerkennung* auf der Ebene des Haftungsrechtes nicht auszuhöhlen, darf die Nichteinhaltung des strengeren britischen Prüfstandards demgegenüber keine Rolle spielen.[716] Entgegen der Auffassung des Geschädigten besteht damit keine Vermutung für ein fahrlässiges Verhalten des Herstellers.

Einen anderen Anwendungsfall der sachrechtlichen Berücksichtigung von Produktsicherheitsvorschriften eines EU-Herkunftslandes stellt die Auslegung des Haftungsausschlusses nach § 1 Abs. 2 Nr. 4 ProdHaftG dar. Soweit sich produktsicherheitsrechtliche Regeln des EU-Herkunftslandes im Einzelfall zu „zwingenden Vorschriften" nach § 1 Abs. 2 Nr. 4 ProdHaftG verdichten,[717] ist im Schrifttum allgemein anerkannt, dass deren Einhaltung zu

---

712 Vgl. *Stoll* in von Caemmerer (Hrsg.), Vorschläge und Gutachten zur Reform des deutschen internationalen Privatrechts der außervertraglichen Schuldverhältnisse, S. 160 (174).

713 Siehe bereits Gliederungspunkt B.II.4.

714 *Ward v Ritz Hotel* (CA) [1992] PIQR 315, 327.

715 Vgl. Gliederungspunkt B.III.3.c).

716 Vgl. *Audit* in Cafaggi/Muir Watt (Hrsg.), The regulatory function of European private law, S. 259 (267).

717 Siehe dazu oben Gliederungspunkt B.III.2.

einer Haftungsfreistellung des Herstellers führt.[718] Dies kann nicht nur auf die Warenverkehrsfreiheit (Art. 34 AEUV) gestützt werden, sondern rechtstechnisch auch als Ergebnis einer sachrechtlichen Berücksichtigung nach Art. 17 Rom II-VO verstanden werden.

c) Angemessenheitsprüfung

Sicherheits- und Verhaltensregeln sind nach Art. 17 Rom II-VO „soweit angemessen" zu berücksichtigen. Für eine Angemessenheit der Berücksichtigung von Produktsicherheitsanforderungen des Herkunftslandes spricht – ebenso wie bei der marktbezogenen Auslegung – ihr zwingender Charakter.[719] Differenziert werden muss hingegen bei den Folgen einer Nichtberücksichtigung von Sicherheitsvorschriften des Herkunftslandes. Um Abweichungen vom Marktortprinzip möglichst zu beschränken, ist für den Umfang der Berücksichtigung das Schutzniveau der Produktsicherheitsvorschriften des EU-Herkunftslandes zu beachten. Grund dafür ist keine materiell-rechtliche Tendenz des Art. 17 Rom II-VO,[720] sondern die bezweckte Koordinationsfunktion mit dem EU-Produktsicherheitsrecht. Bleiben mildere Sicherheitsstandards des EU-Herkunftslandes bei der Produkthaftung unberücksichtigt, so würde Art. 17 Rom II-VO seine Koordinationsfunktion zwischen Öffentlichem Recht und Privatrecht nicht erfüllen, wie der Beispielfall illustriert. Folglich ist die Berücksichtigung von milderen Sicherheitsvorschriften des EU-Herkunftslandes „angemessen" i.S.v. Art. 17 Rom II-VO.

Anders verhält es sich bei strengeren Sicherheitsanforderungen des EU-Herkunftsstaates. Dies zeigt sich, wenn man den Beispielfall in geographischer Hinsicht „umkehrt". Angenommen, ein britisches Unternehmen exportiert Sofas aus Naturmaterialien von Großbritannien nach Deutschland, die zwar dem deutschen Produktsicherheitsrecht, nicht aber den englischen Furniture and Furnishings (Fire) (Safety) Regulations entsprechen.

In einer solchen Konstellation ist für die Koordination der zivilrechtlichen Produkthaftung mit dem öffentlichen Recht keine Berücksichtigung der Sicherheitsvorschriften des Herkunftslandes erforderlich.[721] Das EU-Produktsicherheitsrecht erfordert keine mittelbare Sanktionierung der strengeren Regeln

---

718 Soergel/*Krause* § 1 ProdHaftG Rn. 12; Staudinger/*Oechsler* § 1 ProdHaftG Rn. 109; MüKo-BGB/*Wagner* § 1 ProdHaftG Rn. 48; *Graf v. Westphalen* in Foerste/Graf v. Westphalen (Hrsg.), Produkthaftungshandbuch § 46 Rn. 59.

719 Vgl. oben Gliederungspunkt D.IV.

720 Vgl. oben D.IV.2.

721 Offen gelassen von *Wandt*, Internationale Produkthaftung, § 14 Rn. 770.

des Herkunftslandes bei der Produkthaftung. Die Berücksichtigung der Regeln des Herkunftslandes Großbritannien würde den englischen Produzenten auf dem deutschen Absatzmarkt vielmehr unangemessen benachteiligen. Durch sein Haftungsrisiko würde er mittelbar zur Einhaltung höherer Sicherheitsanforderungen gezwungen. Damit verbunden sind höhere Kosten, die den englischen Produzenten gegenüber seinen inländischen Wettbewerbern faktisch diskriminieren.[722] Die britische Produktsicherheitsvorschrift im Beispielfall nimmt Exportprodukte ausdrücklich von ihrem Geltungsbereich aus.[723] Dies kann als Beleg dafür verstanden werden, dass sich die Sicherheitserwartungen der Allgemeinheit in Deutschland (§ 3 ProdHaftG) bei einem aus Großbritannien importierten Sofa nicht generell auf eine erhöhte Brandsicherheit des Möbelstücks richten.

Anderes könnte sich lediglich aus besonderen Umständen ergeben. Nach § 3 Abs. 1 lit. a ProdHaftG sind die Umstände der Darbietung bei der Bewertung berechtigter Erwartungen der Allgemeinheit an die Produktsicherheit zu würdigen. Besondere Erwartungen kommen insbesondere dann in Betracht, wenn der Hersteller sein Produkt mit der Einhaltung britischer Normen bewirbt und damit erhöhte Sicherheitserwartungen im Marktstaat hervorruft.[724] Lediglich unter solchen Umständen ist eine Berücksichtigung von strengeren Regeln des Herkunftslandes „angemessen" im Sinne von Art. 17 Rom II-VO.

3. Harmonisierte Produkte

Für die Mehrzahl aller im Binnenmarkt gehandelten Produkte gelten mittlerweile europäisch-harmonisierte Produktsicherheitsvorschriften.[725] Hinsichtlich solcher Sicherheitsanforderungen fehlt es an einer materiell-rechtlichen

---

722 *Roth*, RabelsZ 55 (1991), 623 (645f.).

723 Reg. 4 Furniture and Furnishings (Fire) (Safety) Regulations 1988 - eine solche Regelung ist mit dem unionsrechtlichen Prinzip gegenseitiger Anerkennung durchaus vereinbar. Für die gegenseitige Anerkennung ist nämlich zunächst eine rechtmäßige Vermarktung im Herkunftsland erforderlich - siehe: EuGH-Urteil v. 20.2.1979 - C-120/78, Slg. 1979, 649 Rn. 14 - Rewe-Zentral AG v Bundesmonopolverwaltung für Branntwein.

724 Vgl. zu den Verkehrspflichten von Pauschalreiseanbietern gegenüber inländischen Kunden bei Unfällen am Urlaubsort: *Stoll*, IPrax 1989, 89 (93); Calliess/*von Hein*, Rome Regulations, Art. 17 Rome II Rn. 22f.; vgl. ferner BGH NJW-RR 1995, 342 (343) zur differenzierten Verantwortlichkeit des Vertriebshändlers für die Einhaltung der Sicherheitsstandards des *Absatzmarktes*.

725 Siehe dazu oben Gliederungspunkt A.II.1.a).

Divergenz zwischen Herkunfts- und Marktstaat, welche eine herkunftslandbezogene Auslegung des Art. 17 Rom II-VO bei der Produkthaftung des Herstellers erforderte. Vielmehr können die übereinstimmenden Produktsicherheitsanforderungen durch das Marktortprinzip der Verhaltenssteuerung zur Geltung gebracht werden.

Etwas anderes gilt für die Haftung von Importeuren innerhalb des EU-Binnenmarkts. Bei ihrer Haftung ist die Angleichung der Sicherheitsanforderungen von Herkunfts- und Marktstaat eine haftungsrechtlich zu berücksichtigende Tatsache. § 4 Abs. 2 ProdHaftG stellt Importeure, die Waren außereuropäischen Ursprungs in den Binnenmarkt einführen, mit Herstellern gleich. Importeure, die Produkte aus einem anderen EU-Mitgliedstaat einführen, haften dagegen nicht nach der ProdHaftRL. Die Haftung solcher Importeure nach dem allgemeinen Deliktsrecht des Marktstaates unterliegt engen Grenzen, wenn das Produkt im Herkunftsland mit einer CE-Kennzeichnung (*conformité européenne*) versehen wurde. Mit der CE-Kennzeichnung erklärt der Hersteller, dass sein Produkt mit den harmonisierten Sicherheitsanforderungen übereinstimmt und übernimmt dafür die alleinige Verantwortung (Art. 30 Abs. 3 Verordnung (EG) Nr. 765/2008).[726] Bei Produkten mit besonderem Gefahrenpotential muss eine akkreditierte (Prüf-)Stelle in die Konformitätsprüfung einbezogen werden.[727] Der Umfang solcher externen Prüfungen, z.B. im Hinblick auf das Qualitätsmanagement, ergibt sich aus den produktspezifischen Richtlinien des EU-Sicherheitsrechtes.[728] Einzelne Richtlinien – wie die Maschinenrichtlinie 2006/42/EG – knüpfen an die CE-Kennzeichnung eine Vermutung hinsichtlich der Einhaltung der harmonisierten Sicherheitsanforderungen.[729] Der Hersteller

726 Art. 30 III Verordnung (EG) Nr. 765/2008 des Europäischen Parlaments und des Rates vom 9. Juli 2008 über die Vorschriften für die Akkreditierung und Marktüberwachung im Zusammenhang mit der Vermarktung von Produkten und zur Aufhebung der Verordnung (EWG) Nr. 339/93 des Rates, ABl. 2008, L 218, 30; *Langner/Klindt* in Dauses (Hrsg.), EU-Wirtschaftsrecht, C. VI. Technische Sicherheitsvorschriften und Normen Rn. 50.

727 *Klindt/Kapoor*, EuZW 2008, 649 (650f.); vgl. beispielsweise für Maschinen: Art. 12 Richtlinie 2006/42/EG in Verbindung mit Anhängen IV, IX, X.

728 Die Reichweite dieser Pflichten war Gegenstand der Verfahren gegen den TÜV Rheinland im Zusammenhang mit dem Skandal über Silikonbrustimplantate des Herstellers Poly Implant Prothèse („PIP“), OLG Zweibrücken MPR 2014, 62; dazu kritisch: *Rott/Glinski*, ZEuP 2015, 192 (205–208).

729 Vgl. Art. 7 I Richtlinie 2006/42/EG des Europäischen Parlaments und des Rates vom 17. Mai 2006 über Maschinen, ABl. 2006 L 157, 24.

bleibt aber unabhängig von der Einschaltung einer Prüfstelle für die Sicherheit seiner Produkte selbst verantwortlich.[730]

Dies zeigt, dass das EU-Produktsicherheitsrecht die Verantwortung für die Sicherheit von harmonisierten Produkten beim Hersteller konzentriert. Im Gegenzug beschränkt es die Haftung sonstiger Personen der Vertriebskette. So darf das allgemeine Deliktsrecht des Marktstaates nach der Rechtsprechung des Europäischen Gerichtshofs die Importeure harmonisierter Produkte nicht dazu verpflichten, erneut die Einhaltung von harmonisierten Sicherheitsanforderungen zu prüfen.[731] Den Importeur können innerhalb des Binnenmarktes damit keine weiter reichenden Verkehrspflichten zur Untersuchung eines Produktes treffen als jeden anderen Händler der Vertriebskette.[732]

Diese von der Warenverkehrsfreiheit (Art. 34 AEUV) geforderten Beschränkungen des zur Anwendung berufenen Deliktsrechtes lassen sich aus der Sicht des Kollisionsrechtes entsprechend Art. 17 Rom II-VO konzeptualisieren. Wie dargestellt, können in Binnenmarktsachverhalten nach dieser Vorschrift Sicherheits- und Verhaltensregeln des Herkunftslandes bei der Haftung berücksichtigt werden. Bei harmonisierten Produkten fehlt es aber an inhaltlich vom Deliktsstatut abweichenden Sicherheitsstandards. Eine unmittelbare Anwendung des Art. 17 Rom II-VO scheidet folglich aus.

In Betracht kommt aber eine sachrechtliche Berücksichtigung der Konformitätsprüfung als Faktum. Öffentlich-rechtliche Erlaubnisse und Genehmigungen können nach Art. 17 Rom II-VO wie Sicherheitsregeln zu berücksichtigen sein, wenn der Haftpflichtige in ihren Bestand vertraut hat.[733] Zwar handelt es sich bei der Konformitätsprüfung nicht um eine behördliche Genehmigung,[734] allerdings sind Inhalt und Verfahren der Konformitätsprüfung durch Verordnung

---

730 *Langner/Klindt* in Dauses (Hrsg.), EU-Wirtschaftsrecht, C. VI. Technische Sicherheitsvorschriften und Normen Rn. 50 – so wurde im Skandal über Silikonbrustimplantate auch nicht die Verantwortung des Herstellers PIP für die Verwendung von Industriesilikon bestritten. Aufgrund der Insolvenz von PIP versuchten die Geschädigten vielmehr *daneben* den TÜV Rheinland als benannte Prüfstelle für das Qualitätsmanagement haftbar zu machen (*Rott/Glinski*, ZEuP 2015, 192 (196f., 207); der Bundesgerichtshof hat die Frage einer möglichen Schutzwirkung des Vertrags zwischen PIP und dem TÜV dem EuGH im Wege des Vorabentscheidungsverfahrens vorgelegt (BGH NJW 2015, 2737).

731 EuGH, Urt. v. 8.9.2005 – Rs. C-40/04, Slg. 2005 I-7755 Rn. 53 – Syuichi Yonemoto.

732 So bereits: BGH NJW 1980, 1219 (1220) – „Klapprad".

733 *Kadner Graziano*, RabelsZ 73 (2009), 1 (49–52); NK-BGB/*Lehmann*, Art. 17 Rom II-VO Rn. 28–32.

734 Vgl. *Klindt/Kapoor*, EuZW 2008, 649 (650f.).

(EG) Nr. 765/2008 detailliert geregelt. Bei Produkten mit CE-Kennzeichnung dürfen Importeure innerhalb des Binnenmarktes nach der Konzeption des EU-Produktsicherheitsrechtes darauf vertrauen, dass der Hersteller für die Einhaltung der harmonisierten Sicherheitsanforderungen einsteht. Daraus ergibt sich entsprechend Art. 17 Rom II-VO eine Beschränkung der Haftung des Importeurs für die Fehlerhaftigkeit von europäisch-harmonisierten Produkten.

4. Zwischenergebnis

Zur Koordination des Deliktsstatutes mit den Besonderheiten des EU-Produktsicherheitsrechtes sind in bestimmten Binnenmarktsachverhalten die öffentlich-rechtlichen Produktsicherheitsvorschriften von EU-Herkunftsländern nach Art. 17 Rom II-VO zu berücksichtigen. So kann dem Prinzip gegenseitiger Anerkennung innerhalb des EU-Binnenmarktes dadurch Rechnung getragen werden, dass bei nicht-harmonisierten Produkten Sicherheitsanforderungen des Herkunftslandes bei der Produkthaftung berücksichtigt werden. Sofern nicht das Marktstatut selbst durch Äquivalenzklauseln auf diese Regeln verweist, kann eine binnenmarktspezifische Lokalisierung der „schädigenden Handlung" nach Art. 17 Rom II-VO im EU-Herkunftsland erfolgen.

Vor dem Hintergrund des Marktortprinzips der Verhaltenssteuerung muss eine solche Auslegung des Art. 17 Rom II-VO aber auf die Koordination mit dem EU-Produktsicherheitsrecht beschränkt werden. Dies geschieht bei der Folgenabwägung einer Nichtberücksichtigung als Kriterium der „Angemessenheitsprüfung" des Art. 17 Rom II-VO. Blieben mildere, äquivalente Sicherheitsregeln des Herkunftslands unberücksichtigt, so würde das Prinzip gegenseitiger Anerkennung durch eine zivilrechtliche Haftung des Herstellers ausgehöhlt. Die Koordination mit dem EU-Produktsicherheitsrecht erfordert dagegen keine Sanktionierung von strengeren Regeln des Herkunftslandes. Eine Bezugnahme auf das EU-Herkunftsland wäre in solchen Konstellationen – vorbehaltlich besonderer Umstände der Darbietung des Produktes – folglich nicht „angemessen" im Sinne von Art. 17 Rom II-VO.

Bei europäisch-harmonisierten Sicherheitsmerkmalen ist keine kollisionsrechtliche Einbettung von Produktsicherheitsanforderungen eines EU-Herkunftslandes in das Deliktsstatut erforderlich. Allerdings führt entsprechend Art. 17 Rom II-VO die Berücksichtigung der Konformitätsprüfung im Herkunftsland zu einer Haftungsbeschränkung von Importeuren innerhalb des Binnenmarktes.

III. Koordination mit Freihandelsabkommen

Auch im internationalen Handelsverkehr jenseits des EU-Binnenmarktes existieren Mechanismen der *gegenseitigen Anerkennung* im Bereich der Produktsicherheit. Solche Mechanismen können Bestandteil von Freihandelsabkommen, wie dem zwischen der Europäischen Union und Kanada abgeschlossenen *Comprehensive Economic and Trade Agreement* (CETA) sein. Dies wirft die Frage auf, ob Art. 17 Rom II-VO bei der Produkthaftung auch zu einer Heranziehung von Sicherheits- und Verhaltensregeln von außereuropäischen Herkunftsstaaten führen kann.

Wie bereits im Rahmen der Untersuchung von öffentlich-rechtlichen Regelungskompetenzen dargestellt, muss zwischen der Anerkennung von Produktsicherheitsanforderungen des Handelspartners als gleichwertig (*equivalence*) und der Anerkennung von Konformitätsprüfungen auf dem Territorium des Handelspartners nach den Standards des Absatzmarktes (*mutual recognition*) unterschieden werden.[735] Die gegenseitige Anerkennung von Konformitätsprüfungen wird im transatlantischen Handel bereits für einige Sektoren praktiziert. Gegenüber Kanada erfolgt durch CETA eine deutliche Ausweitung dieses Mechanismus. Eine Anerkennung von Produktsicherheitsanforderungen des Handelspartners wird in CETA dagegen lediglich als Handlungsoption regulatorischer Zusammenarbeit genannt. Darzustellen bleibt, welche Auswirkungen eine solche Bündelung von Regelungskompetenzen auf das Produkthaftungsstatut hat bzw. in Zukunft haben könnte.

1. Gegenseitige Anerkennung von Konformitätsprüfungen

Die völkerrechtlichen Abkommen, auf deren Grundlage im transatlantischen Handel die gegenseitige Anerkennung von Konformitätsprüfungen praktiziert wird, sehen zum Teil Bestimmungen über das Verhältnis zur Produkthaftung vor. So führt Art. V Abs. 1 des *Mutual Recognition Agreement* zwischen der Europäischen Gemeinschaft und Kanada aus, dass die zivilrechtliche Produkthaftung von Herstellern und Vertreibern von Produkten, die eine Konformitätsprüfung nach diesem Abkommen durchlaufen haben, nicht verändert werden soll.[736] Eine verkürzte Wiedergabe dieser Ausschlussklausel findet sich auch in

735 Siehe oben Gliederungspunkt B.I.4.b).

736 „Nothing in this Agreement is intended to change or modify the law in the territory of either Party applicable to civil liability of manufacturers, distributors, suppliers, conformity assessment bodies, designating bodies, regulatory authorities or governments, to consumers or among each other, in respect of the design, manufacture,

CETA.[737] Mit den Vereinigten Staaten wurde bislang keine vergleichbare Vereinbarung getroffen.

An den verwendeten Klauseln ist bemerkenswert, dass die Verfasser an mögliche Folgen der Anerkennung von Konformitätsprüfungen für die zivilrechtliche Produkthaftung gedacht haben. Letztlich ist der Inhalt der Klausel aber deklaratorisch. Konformitätsprüfungen sind im Rahmen von Mutual Recognition Agreements nach den Standards des Absatzmarktes durchzuführen.[738] Ähnlich wie bei harmonisierten Produkten innerhalb des EU-Binnenmarktes genügt daher eine marktortbezogene Auslegung des Art. 17 Rom II-VO, um Koordinationsprobleme mit dem öffentlichen Produktsicherheitsrecht zu vermeiden. Insofern wird die Haftung des Produzenten für die Einhaltung der Sicherheitsstandards des Absatzmarktes nicht verändert.

Zweifelhaft ist dagegen, ob diese Klauseln auch für die Produkthaftung von Importeuren eine sachrechtliche Berücksichtigung der Konformitätsprüfung im Herkunftsland ausschließen. Dabei ist Sinn und Zweck dieser Abkommen zu beachten, eine Doppelung von Konformitätsprüfungen zu vermeiden.[739] In der Folge wird die Prüfung der Produktsicherheit im Herkunftsland konzentriert. Eine Verpflichtung von Importeuren, ein Produkt im transatlantischen Handel erneut auf seine Vereinbarkeit mit zertifizierten Sicherheitsanforderungen zu überprüfen, wäre damit unvereinbar.[740] Folglich muss einer CE-Kennzeichnung nach den europäischen Normen, die bereits in Kanada vorgenommen wurde, die gleiche Wirkung zukommen wie einer Konformitätsprüfung innerhalb des EU-Binnenmarktes. So knüpfen einzelne Richtlinien an die CE-Kennzeichnung eine Vermutung hinsichtlich der Einhaltung harmonisierter Sicherheitsanforderungen.[741] Die CE-Kennzeichnung gewährleistet damit *prima facie* die

---

testing, inspection, distribution or sale of products that have undergone conformity assessment pursuant to this Agreement."

737 „This Protocol does not affect or modify the laws or obligations in the territory of a Party applicable to civil liability." (Art. 2 Abs. 8 Protocol on the mutual acceptance of the results of conformity assessment); gesamte Vorschrift im Anhang abgedruckt.

738 Siehe oben Gliederungspunkt B.I.4.b).

739 *Struck*, Product regulations and standards in WTO law, § 4.06 [E][4].

740 Vgl. zur CE-Zertifizierung innerhalb des EU-Binnenmarkts oben Gliederungspunkt E.II.2.

741 Siehe: Art. 7 Abs. 1 Richtlinie 2006/42/EG des Europäischen Parlaments und des Rates vom 17. Mai 2006 über Maschinen, ABl. 2006 L 157, 24.

Verkehrsfähigkeit im gesamten Binnenmarkt. Haftungserleichterungen für den Hersteller sind mit der Kennzeichnung nicht verbunden.[742]

2. Gegenseitige Anerkennung von Produktsicherheitsanforderungen des Handelspartners

Folgen für die zivilrechtliche Produkthaftung des Herstellers kann hingegen die gegenseitige Anerkennung von Normen, die sich auf die Produktsicherheit beziehen, entfalten. Politische Voraussetzung für eine solche Normanerkennung sind vergleichbare Schutzniveaus der beteiligten Handelspartner und eine intensive regulatorische Kooperation.[743] Sofern im transatlantischen Handel *de conventionibus ferenda* eine Anerkennung von Produktsicherheitsanforderungen der Handelspartner USA und Kanada als gleichwertig festgeschrieben wird, müsste deren Einhaltung dieselben deliktsrechtlichen Folgen haben, wie die Einhaltung der öffentlich-rechtlichen Anforderungen von Herkunftsländern innerhalb des EU-Binnenmarktes. Von der Nichteinhaltung abweichender Anforderungen des Absatzmarktes dürfte dann keinerlei Indizwirkung für ein Fehlverhalten des Herstellers ausgehen.[744] Anderenfalls liefen Produkthaftungsrisiken von Herstellern und Importeuren jeder völkerrechtlich vereinbarten Erleichterung des Marktzugangs zuwider.

Dies gilt insbesondere für den Handelsverkehr mit den Vereinigten Staaten. Wegen der exorbitanten Höhe von Schadensersatzforderungen in einigen US-Bundesstaaten (*punitive damages*) wird Produktsicherheit dort in höherem Maße durch private Schadensersatzprozesse als durch die Instrumente des Produktsicherheitsrechts erreicht.[745] Schadensersatzansprüche in Form von *punitive damages* können für einen deutschen Mittelständler ruinös sein. Folglich wird er sich dazu gezwungen sehen, das Design seiner Produkte für den amerikanischen Markt den dort deliktsrechtlich geforderten Verhaltensmaßstäben anzupassen. Dies zeigt: Die Anerkennung von Sicherheitsstandards eines Handelspartners müsste gleichermaßen von der Marktaufsicht und den Zivilgerichten des Marktstaates verwirklicht werden.[746] Wenn die Europäische Union die Sicherheitsanforderungen eines außereuropäischen Herkunftslandes völkerrechtlich als

742 Vgl. zu harmonisierten Produkten im EU-Binnenmarkt oben Gliederungspunkt E.II.3.

743 Vgl. *Mathis*, Legal Issues of Economic Integration 39 (2012), 73 (78).

744 Vgl. oben Gliederungspunkt E.II.2.b).

745 Siehe bereits oben Gliederungspunkt A.II.1.b).

746 So zur gegenseitigen Anerkennung innerhalb des EU-Binnenmarktes: *Audit* in Cafaggi/ Muir Watt (Hrsg.), The regulatory function of European private law, S. 259 (266).

gleichwertig für den Marktzugang anerkennt, dann müssten die Mitgliedstaaten diese Entscheidung auch auf der Ebene des Zivilrechtes berücksichtigen.

Entsprechend der vorgeschlagenen Lösung für Binnenmarktsachverhalte kann dieses Ergebnis entweder durch eine Verweisung des Produktsicherheitsrechtes auf das Recht des Partnerherkunftslandes (Äquivalenzklausel) oder durch eine unmittelbare Berücksichtigung der Sicherheitsanforderungen des Partnerherkunftslandes im Rahmen von Art. 17 Rom II-VO erfolgen. Keinesfalls sollten präferentielle Freihandelsabkommen dagegen mit Klauseln versehen werden, welche eine haftungsrechtliche Berücksichtigung der gegenseitigen Anerkennung ausschließen. Solche Bestimmungen würden die öffentlich-rechtliche Anerkennung von Sicherheitsstandards gefährden und den Funktionszusammenhang[747] zwischen öffentlich-rechtlichen Produktsicherheitsanforderungen und der Produkthaftung negieren.

IV. Fazit

Die Argumente für ein Marktortprinzip der Verhaltenssteuerung überwiegen gegenüber der Vorhersehbarkeit von Haftungsrisiken als Vorzug eines Herkunftslandprinzips bei der Internationalen Produkthaftung. Zur Koordination des Deliktsstatutes mit den Besonderheiten des EU-Produktsicherheitsrechtes sind jedoch in bestimmten Binnenmarktsachverhalten die Sicherheitsanforderungen des Herkunftslandes nach Art. 17 Rom II-VO zu berücksichtigen. So muss dem Prinzip gegenseitiger Anerkennung innerhalb des EU-Binnenmarktes dadurch Rechnung getragen werden, dass bei nicht-harmonisierten Produkten mildere Sicherheitsanforderungen des Herkunftslandes bei der zivilrechtlichen Produkthaftung berücksichtigt werden. Sofern nicht das Marktstatut selbst durch Äquivalenzklauseln auf diese Regeln verweist, erfolgt dazu im Rahmen von Art. 17 Rom II-VO eine binnenmarktspezifische Lokalisierung des Handlungsortes im EU-Herkunftsland.

Im internationalen Handelsverkehr ist sorgfältig zu prüfen, ob die Anerkennung bestimmter Produktsicherheitsanforderungen des Herkunftslandes als gleichwertig (*equivalence*) völkerrechtlich vereinbart ist. Sieht ein präferentielles Freihandelsabkommen entsprechende Vereinbarungen vor, so sind die Sicherheitsregeln des Herkunftslandes nach Art. 17 Rom II-VO bei der Produkthaftung zu berücksichtigen. *De conventionibus ferenda* sollten Klauseln vermieden werden,

747 Dazu: *Freitag*, Der Einfluss des Europäischen Gemeinschaftsrechts auf das internationale Produkthaftungsrecht, S. 105f.; *Kadner Graziano*, Europäisches Internationales Deliktsrecht, S. 75; *Wandt*, Internationale Produkthaftung, § 14 Rn. 631, 635.

welche eine sachgerechte Berücksichtigung der gegenseitigen Anerkennung bei der zivilrechtlichen Produkthaftung ausschließen. Anderenfalls wird jede öffentlich-rechtlich vereinbarte Erleichterung des Marktzugangs durch eine mittelbare Sanktionierung der Sicherheitsstandards am Marktort negiert.

F. Schlussbetrachtung in Thesenform

Sicherheits- und Verhaltensregeln im Produkthaftungsstatut

A.I.

Nach Auslegung unter maßgeblicher Berücksichtigung des Regelungszwecks umschreiben „Sicherheits- und Verhaltensregeln" im Sinne von Art. 17 Rom II-VO den objektiven, am Handlungsort einzuhaltenden Pflichtenmaßstab und dienen damit unmittelbar der Schadensprävention. Bei der Produkthaftung spielen solche Regeln eine erhebliche Rolle. Sie beschreiben in diesem Kontext Verhaltensanforderungen an den Hersteller, die auf die Sicherheit seiner Produkte bezogen sind.

Bei der Qualifikation als Sicherheits- und Verhaltensregeln im Sinne von Art. 17 Rom II-VO ist zwischen einer der deliktischen Haftung vorgelagerten Ebene des öffentlich-rechtlichen Produktsicherheitsrechts und der zivilrechtlichen Haftung zu unterscheiden. Das Produktsicherheitsrecht enthält Sicherheitsvorschriften in Form von allgemeinen und produktspezifischen Verhaltensanforderungen für den Vertrieb von Waren auf einem Absatzmarkt. Im Bereich der allgemeinen deliktischen Produzentenhaftung sind die detaillierten richterrechtlichen Verkehrspflichten zu Konstruktion, Fabrikation, Instruktion und Produktbeobachtung als Verhaltensregeln zu qualifizieren. Auch der Fehlerbegriff des Art. 6 Richtlinie 85/374/EG sowie die Haftungsgrenzen für Entwicklungsrisiken beinhalten im weiteren Sinne Verhaltensregeln.

A.II.

Ein kollisionsrechtlicher Regelungsbedarf besteht zwischen den untersuchten Rechtsordnungen fort. Trotz Harmonisierungsbestrebungen verbleiben zwischen Deutschland, Frankreich und Großbritannien sachrechtliche Divergenzen hinsichtlich der Sicherheits- und Verhaltensregeln bei der Haftung für fehlerhafte Produkte. Unterschiedliche Produktsicherheitsvorschriften verbleiben innerhalb des EU-Binnenmarktes im nicht-harmonisierten Bereich. Auf der Ebene des Deliktsrechts führt die richterrechtliche Ausgestaltung von Verkehrspflichten zu Unterschieden. Dies gilt besonders für den Bereich der Produzentenhaftung, wo mangels einer europäischen Harmonisierung grundsätzliche Differenzen zwischen den Deliktsrechten der Mitgliedstaaten existieren.

Weitreichende Rechtsunterschiede bestehen gegenüber den Vereinigten Staaten, die eine andere öffentliche Produktregulierung und technische Normierung als die EU-Mitgliedstaaten verfolgen. Eine besondere Rolle im US-amerikanischen Deliktsrecht spielt die kalkulatorische Ermittlung sorgfaltswidrigen Verhaltens nach der „Hand-Formel", die vor europäischen Gerichten in dieser Form nicht anerkannt ist. Außerdem hat sich die Produkthaftung in den Vereinigten Staaten im Gegensatz zur EG-ProdHaftRL von der Konzeption einer verschuldensunabhängigen Haftung entfernt. Dabei muss der zwischen den untersuchten Rechtsordnungen entstandene rechtsvergleichende Diskurs nicht zur Konvergenz der Rechte führen, sondern kann auch der Abgrenzung dienen.

B.

Es existieren zwei unterschiedliche Anknüpfungssysteme für die öffentlichrechtliche Produktsicherheit einerseits und die zivilrechtliche Produkthaftung andererseits. Das Internationale Produkthaftungsrecht muss gewährleisten, dass sachrechtliche Verknüpfungen zwischen Produktsicherheit und Haftung bei internationalen Sachverhalten ebenso wie bei Binnensachverhalten gelten. Im Fall divergierender Anknüpfungen ist zur Koordination zwischen Öffentlichem Recht und zivilrechtlicher Haftung eine Anpassung des Haftungsstatutes erforderlich.

B.I.

Das Internationale Produktsicherheitsrecht knüpft grundsätzlich an die Vermarktung des einzelnen Produktes an. Im EU-Binnenmarkt haben Integrationsbemühungen zu einer Modifikation dieser Regelungskompetenz des Marktstaates geführt. Existieren keine europäisch-harmonisierten Sicherheitsanforderungen, so gilt das vom Europäischen Gerichtshof geschaffene und durch das EU-Produktsicherheitsrecht verfestigte Prinzip *gegenseitiger Anerkennung*. Dadurch wird die Marktortanknüpfung dahingehend modifiziert, dass zugunsten des Herstellers an den *erstmaligen* Vertrieb eines Produktes der gleichen Gattung innerhalb des Binnenmarktes angeknüpft wird.

Auch in präferentiellen Freihandelsabkommen existieren Mechanismen „gegenseitiger Anerkennung". In dem zwischen der Europäischen Union und Kanada abgeschlossenen *Comprehensive Economic and Trade Agreement* (CETA) ist eine Anerkennung von Produktsicherheitsanforderungen des Handelspartners als gleichwertig (*equivalence*) nur als Handlungsoption der Vertragsparteien vereinbart. Davon abzugrenzen ist die bereits praktizierte Anerkennung von Konformitätsprüfungen auf dem Territorium des Handelspartners nach den Normen des Absatzmarktes (*mutual recognition*).

B.II.

Das Internationale Produkthaftungsrecht sieht in Art. 5 Rom II-VO eine mehrstufige Anknüpfungsleiter mit der Kumulation verschiedener Anknüpfungspunkte vor. Zwar stellt die für die Produktsicherheit zentrale Vermarktung des Produktes auch ein Kriterium der Anknüpfungsleiter des Art. 5 Rom II-VO dar. Allerdings muss der Vermarktungsvorbehalt des Art. 5 Abs. 1 S. 1 Rom II-VO aus systematischen Gründen auf jegliche „gleichartige" Produkte bezogen werden und gilt überdies nicht lückenlos. Das nach Art. 5 Rom II-VO zur Anwendung berufene Produkthaftungsstatut weist damit nicht zwingend einen Bezug zum Marktort des schadensursächlichen Produkts auf. In der Folge sind divergierende Anknüpfungen von Produktsicherheitsrecht und Produkthaftung möglich. Auch in Binnenmarktsachverhalten ist ein kollisionsrechtlicher Gleichlauf von Produktsicherheit und Produkthaftung nicht garantiert, da dem erstmaligen Vertrieb innerhalb des Binnenmarktes im Rahmen des Art. 5 Rom II-VO keine eigenständige Bedeutung zukommt.

B.III.

Zur Vermeidung von Koordinationsproblemen zwischen dem öffentlichen Recht und dem Privatrecht ist bei divergierenden Anknüpfungen von Produktsicherheit und Produkthaftung eine Anpassung des Haftungsstatutes erforderlich. Dies liegt daran, dass zwischen der Produktsicherheit und der Produkthaftung aufgrund ihres Funktionszusammenhangs verschiedene sachrechtliche Verknüpfungen bestehen. Öffentlich-rechtliche Anforderungen konkretisieren die der zivilrechtlichen Haftung zugrunde liegenden Verhaltenspflichten. So indiziert die Nichteinhaltung von Produktsicherheitsvorschriften einen zivilrechtlichen Pflichtenverstoß. Im Gegenzug begründet die Einhaltung öffentlich-rechtlicher Anforderungen wenigstens den Anschein, dass ein Produkt den berechtigten Verkehrserwartungen der Allgemeinheit entspricht.

C.

Die besondere Kollisionsnorm des Art. 5 Rom II-VO erscheint im Hinblick auf Verhaltensregeln ergänzungsbedürftig. Dies zeigt sich insbesondere an den berechtigten Anliegen des Marktortprinzips. Eine Anwendung der Verhaltensregeln des Marktstaates entspricht der Schutzrichtung der Schadensprävention und der Parteienerwartung. Nur das Marktortprinzip ermöglicht darüber hinaus eine optimale, marktspezifische Preisbildung. Diese Vorteile können vom Anknüpfungssystem des Art. 5 Rom II-VO – das sich grundsätzlich vom

Marktortprinzip unterscheidet – nicht verwirklicht werden. Große Bedenken bestehen insbesondere, ob die Anknüpfungen des gemeinsamen Wohnsitzes der Parteien (Art. 4 Abs. 2 Rom II-VO) und des Herstellersitzes (Art. 5 Abs. 1 S. 2 Rom II-VO), losgelöst von jeder Vermarktung, für die kollisionsrechtliche Behandlung von Produkthaftungsfällen geeignet sind. Für ein Herkunftslandprinzip bei der Produkthaftung spricht aus der Sicht des Herstellers die Vorhersehbarkeit von Haftungsrisiken. Art. 5 Abs. 1 S. 2 Rom II-VO kann diesem berechtigten Anliegen des Herstellers, insbesondere in Binnenmarktsachverhalten, nicht gerecht werden.

Der politische Kompromisscharakter des Art. 5 Rom II-VO macht Änderungen der Anknüpfungsleiter *de lege ferenda* unwahrscheinlich. Im Übrigen ist der politische Kompromiss der am Gesetzgebungsverfahren Beteiligten zu respektieren. Für die Behandlung von Sicherheits- und Verhaltensregeln müssen aber im Einzelnen besondere kollisionsrechtliche Erwägungen („conduct-regulating exception") gelten. Eine Ergänzung des Produkthaftungsstatutes ist *de lege lata* nach Art. 17 Rom II-VO möglich.

D.

Art. 17 Rom II-VO kann bei der Produkthaftung einen Beitrag zur Abstimmung von Markt und Internationalem Privatrecht leisten. Das nach Art. 5 Rom II-VO zu ermittelnde Produkthaftungsstatut wird dazu durch die Berücksichtigung statutsfremder Sicherheits- und Verhaltensregeln nach Art. 17 Rom II-VO ergänzt. Eine wertende Lokalisierung der „schädigenden Handlung" am Marktort ermöglicht die Verwirklichung eines Marktortprinzips der Verhaltenssteuerung.

D.I.

Art. 17 Rom II-VO verfolgt eine Korrektur- und Koordinationsfunktion. So kann sich der Hersteller bei der Gestaltung, Produktion und Instruktion seines Produktes bestmöglich auf die Sorgfaltsanforderungen des Marktstaates einstellen (*Korrekturfunktion*). Es wird gewährleistet, dass bestehende sachrechtliche Verknüpfungen zwischen Produktsicherheit und Haftung bei internationalen Sachverhalten ebenso wie bei Binnensachverhalten berücksichtigt werden (*Koordinationsfunktion*).

Argumente gegen eine Anwendung des Art. 17 Rom II-VO auf Produkthaftungsfälle sind nicht durchgreifend. Gegen einen Vorrang des Art. 5 Abs. 1 S. 2 Rom II-VO als *lex specialis* sprechen sowohl die Systematik der Rom II-VO als auch die Entstehungsgeschichte und der Inhalt des Art. 17 Rom II-VO. Die Korrektur- und Koordinationsfunktion, die Art. 17 Rom II-VO für Sicherheits- und Verhaltensregeln bei der Produkthaftung erfüllt, kann auch nicht durch die

Sonderanknüpfung von Eingriffsnormen nach Art. 16 Rom II-VO sichergestellt werden. So sind die Sicherheits- und Verhaltensregeln bei der Produkthaftung nicht deckungsgleich mit Eingriffsnormen. Auf Rechtsfolgenseite ist eine Sonderanknüpfung an die *lex fori* für eine Koordination mit dem öffentlich-rechtlichen Produktsicherheitsrecht ungeeignet.

D.II.

Die „schädigende Handlung" (Erwägungsgrund 34) muss im Rahmen des Art. 17 Rom II-VO wertend lokalisiert werden. Dabei sind alle zugunsten des Marktortprinzips entwickelten Erwägungen von Bedeutung. Im Ergebnis führt dies zu einer örtlichen und zeitlichen Anknüpfung der Sicherheits- und Verhaltensregeln an die Vermarktung des schädigenden Produktes an den ersten Endabnehmer. Der so bestimmte Marktstaat ist am besten in der Lage, einen angemessenen Ausgleich zwischen Produktauswahl, Preis und Schadensprävention zu definieren.

D.III.

Als Rechtsfolge des Art. 17 Rom II-VO wird verbreitet zwischen einer tatbestandlichen „Berücksichtigung" von Verhaltensregeln auf der Ebene des Sachrechts und einer kollisionsrechtlich angeordneten „Anwendung" unterschieden. Diese Unterscheidung lässt sich bei der Produkthaftung nicht lückenlos bestätigen. In welcher Form Sicherheits- und Verhaltensregeln in das Produkthaftungsstatut eingebettet werden, hängt von der Art der Verhaltensregel und dem Haftungstatbestand ab. Die Kompetenzverteilung zwischen der Europäischen Union und ihren Mitgliedstaaten ist sowohl für eine rein kollisionsrechtliche Auslegung des Art. 17 Rom II-VO, als auch für eine kollisionsrechtlich angeordnete Berücksichtigung von Sicherheits- und Verhaltensregeln im Rahmen der sachgerechten Anwendung des berufenen Deliktsrechtes offen.

Öffentlich-rechtliche Produktsicherheitsvorschriften sind tatbestandlich zur Bestimmung der im Rahmen von § 823 Abs. 1 BGB erforderlichen Sorgfalt bzw. der Fehlerhaftigkeit eines Produktes im Sinne von § 3 ProdHaftG heranzuziehen. Ferner ermöglicht § 823 Abs. 2 BGB die sachrechtliche Berücksichtigung von Produktsicherheitsvorschriften als Schutzgesetze. Für die Reichweite des Schutzgesetzbegriffs in § 823 Abs. 2 BGB ist nicht die Geltung eines Gesetzes in Deutschland, sondern dessen Schutzrichtung maßgeblich. Eine sachgerechte Auslegung der Bestimmung erfasst damit die Verletzung von Produktsicherheitsvorschriften des Marktortes, auch wenn dieser Ort im Ausland liegt.

Hinsichtlich deliktischer Verkehrspflichten auf der Ebene des Haftungsrechtes ist dagegen im Ergebnis kein Unterschied zwischen einer tatbestandlichen

„Berücksichtigung" bzw. einer „Anwendung" im Rahmen des Art. 17 Rom II-VO zu erkennen. Bei einer wertenden Betrachtung verdrängen die Verkehrspflichten des Marktrechts abweichende Sorgfaltsmaßstäbe des Deliktstatuts. Im Rahmen der Fahrlässigkeitsprüfung des Deliktsstatuts wird der Marktstaat „räumlich prägender" Verkehrskreis zur Bestimmung der im Verkehr erforderlichen Sorgfalt. Ebenso ist für den Fehlerbegriff des § 3 ProdHaftG auf die Sicherheitserwartungen der Allgemeinheit im Marktstaat abzustellen. Ob dies im Wege einer marktbezogenen Auslegung der den § 823 BGB und § 3 ProdHaftG inhärenten Sorgfaltsanforderungen oder durch eine Substitution der Verletzung von Verkehrspflichten des Deliktsstatutes geschieht, reduziert sich auf eine terminologische Frage.

D.IV.

Die „Angemessenheit" der Berücksichtigung von Sicherheits- und Verhaltensregeln im Sinne von Art. 17 Rom II-VO steht nicht in richterlichem Ermessen, sondern ist im Lichte kollisionsrechtlicher Interessen anhand von Fallgruppen zu ermitteln. Bei der Haftung für fehlerhafte Produkte sprechen mit der Schutzrichtung und dem zwingenden Charakter der Sicherheits- und Verhaltensregeln, den Vorzügen des Marktortprinzips und der Vermeidung von Koordinationsproblemen mit dem öffentlichen Produktsicherheitsrecht gewichtige Argumente für die „Angemessenheit" der Berücksichtigung von Verhaltensregeln des Marktortes. Auch bei der verschuldensunabhängigen Produkthaftung erscheint die Rechtsfolge des Art. 17 Rom II-VO nicht generell unangemessen. Lediglich bei der Haftung gegenüber unbeteiligten Dritten (Bystanders) ist eine Heranziehung der Verhaltensregeln des Marktortes ausnahmsweise nicht „angemessen" im Sinne von Art. 17 Rom II-VO.

E.I.

Die Argumente für ein Marktortprinzip der Verhaltenssteuerung überwiegen bei der Internationalen Produkthaftung gegenüber den Vorzügen des Herkunftslandprinzips. Zwar würde das Herkunftslandprinzip eine Zurechenbarkeit der anwendbaren Sicherheits- und Verhaltensregeln garantieren, aber eine lückenlose Vorhersehbarkeit der Produkthaftungsrisiken durch den potentiell Haftpflichtigen ist unter der Berücksichtigung widerstreitender Interessen nicht zu verwirklichen. So sprechen insbesondere der fehlende Bezug des Geschädigten zum Herkunftsland, die mögliche Verfälschung des Wettbewerbs und der Anreiz zu Produktionsverlagerungen in Staaten mit niedrigen Sicherheitsstandards gegen ein Herkunftslandprinzip der Verhaltenssteuerung. Jedenfalls für deliktische Verkehrspflichten verbleibt es damit im Rahmen von Art. 17 Rom II-VO bei einer Lokalisierung der „schädigenden Handlung" am Marktort des fehlerhaften Produktes.

E.II.

Zur Koordination des Haftungsstatuts mit den Besonderheiten des EU-Produktsicherheitsrechtes sind jedoch in bestimmten Binnenmarktsachverhalten die öffentlich-rechtlichen Produktsicherheitsvorschriften von EU-Herkunftsländern nach Art. 17 Rom II-VO zu berücksichtigen. So kann dem Prinzip gegenseitiger Anerkennung dadurch Rechnung getragen werden, dass bei nicht-harmonisierten Produkten Sicherheitsanforderungen des Herkunftslandes bei der Produkthaftung berücksichtigt werden. Sofern nicht das Marktstatut selbst durch Äquivalenzklauseln auf diese Regeln verweist, kann eine binnenmarktspezifische Lokalisierung der „schädigenden Handlung" nach Art. 17 Rom II-VO im EU-Herkunftsland erfolgen.

Im Rahmen der „Angemessenheitsprüfung" des Art. 17 Rom II-VO sind die Folgen einer Nichtberücksichtigung im Hinblick auf die bezweckte Koordination der zivilrechtlichen Haftung mit dem EU-Produktsicherheitsrecht zugrunde zu legen. Blieben mildere, äquivalente Sicherheitsregeln des Herkunftslands unberücksichtigt, so würde das Prinzip gegenseitiger Anerkennung durch eine zivilrechtliche Haftung des Herstellers ausgehöhlt. Die Koordination mit dem EU-Produktsicherheitsrecht erfordert dagegen keine Sanktionierung von strengeren Sicherheitsregeln des Herkunftslandes. Eine Bezugnahme auf das EU-Herkunftsland wäre in solchen Konstellationen – vorbehaltlich besonderer Umstände der Darbietung des Produktes – folglich nicht „angemessen" im Sinne von Art. 17 Rom II-VO.

E.III.

Im internationalen Handelsverkehr ist sorgfältig zu prüfen, ob die Anerkennung bestimmter Produktsicherheitsanforderungen des Herkunftslandes als gleichwertig (*recognition of equivalence*) völkerrechtlich verbindlich vereinbart ist. Sieht ein präferentielles Freihandelsabkommen entsprechende Vereinbarungen vor, so sind die Sicherheitsregeln des Herkunftslandes nach Art. 17 Rom II-VO bei der Produkthaftung zu berücksichtigen. Das Freihandelsabkommen CETA sieht eine Anerkennung von Produktsicherheitsvorschriften des Herkunftslandes dagegen nur als Handlungsoption der Vertragsparteien vor. *De conventionibus ferenda* sind Klauseln zu vermeiden, welche eine sachgerechte Berücksichtigung der gegenseitigen Anerkennung bei der zivilrechtlichen Produkthaftung ausschließen. Anderenfalls wird jede öffentlich-rechtlich vereinbarte Erleichterung des Marktzugangs durch eine mittelbare Sanktionierung der Sicherheitsstandards am Marktort negiert.

Anhang: Zitierte Vorschriften aus dem Comprehensive Economic and Trade Agreement (CETA) zwischen der Europäischen Union und Kanada

Abl. 2017 L 11/23

CHAPTER FOUR TECHNICAL BARRIERS TO TRADE

Article 4.4 Technical Regulations

1. The Parties undertake to co-operate as far as possible to ensure that their technical regulations are compatible with one another. To this end, if a Party expresses an interest in developing a technical regulation equivalent or similar in scope to one existing in or being prepared by the other Party, that other Party shall, on request, provide to the other Party, to the extent practicable, the relevant information, studies and data upon which it has relied in the preparation of its technical regulations, whether adopted or being developed. The Parties recognize that it may be necessary to clarify and agree on the scope of a specific request, and that confidential information may be withheld.
2. A Party that has prepared a technical regulation that it considers to be equivalent to a technical regulation of the other Party having compatible objective and product scope may request in writing that the other Party recognize it as equivalent. Such a request shall be made in writing and set out the detailed reasons why the technical regulations should be considered to be equivalent, including reasons with respect to product scope. The Party that does not agree that the technical regulations are equivalent shall provide to the other Party, upon request, the reasons for its decision.

Article 4.5 Conformity Assessment

The Parties shall observe the Protocol on the mutual acceptance of the results of conformity assessment, and the Protocol on the mutual recognition of the compliance and enforcement programme regarding good manufacturing practices for pharmaceutical products.

CHAPTER TWENTY-ONE REGULATORY COOPERATION

Article 21.2 Principles

1. The Parties reaffirm their rights and obligations with respect to regulatory measures under the TBT Agreement, the SPS Agreement, the GATT 1994 and the GATS.
2. The Parties are committed to ensure high levels of protection for human, animal and plant life or health, and the environment in accordance with the TBT Agreement, the SPS Agreement, the GATT 1994, the GATS, and this Agreement.
3. The Parties recognise the value of regulatory cooperation with their relevant trading partners both bilaterally and multilaterally. The Parties will, whenever practicable and mutually beneficial, approach regulatory cooperation in a way that is open to participation by other international trading partners.
4. Without limiting the ability of each Party to carry out its regulatory, legislative and policy activities, the Parties are committed to further develop regulatory cooperation in light of their mutual interest in order to:
   (a) prevent and eliminate unnecessary barriers to trade and investment;
   (b) enhance the climate for competitiveness and innovation, including by pursuing regulatory compatibility, recognition of equivalence, and convergence; and
   (c) promote transparent, efficient and effective regulatory processes that support public policy objectives and fulfil the mandates of regulatory bodies, including through the promotion of information exchange and enhanced use of best practices.
5. This Chapter replaces the Framework on Regulatory Co-operation and Transparency between the Government of Canada and the European Commission, done at Brussels on 21 December 2004, and governs the activities previously undertaken in the context of that Framework.
6. The Parties may undertake regulatory cooperation activities on a voluntary basis. For greater certainty, a Party is not required to enter into any particular regulatory cooperation activity, and may refuse to cooperate or may withdraw from cooperation. However, if a Party refuses to initiate regulatory cooperation or withdraws from cooperation, it should be prepared to explain the reasons for its decision to the other Party.

PROTOCOL ON THE MUTUAL ACCEPTANCE OF THE RESULTS OF CONFORMITY ASSESSMENT

Article 2 Scope and exceptions

1. This Protocol applies to those categories of goods listed in Annex 1 for which a Party recognises non-governmental bodies for the purpose of assessing conformity of goods with that Party's technical regulations.
2. Within three years of the entry into force of this Agreement, the Parties shall consult with a view to broadening the scope of application of this Protocol by modifying Annex 1, to include additional categories of goods for which a Party has recognised non-governmental bodies for the purpose of assessing conformity of those goods with that Party's technical regulations on or before the entry into force of this Agreement. Priority categories of goods for consideration are set out in Annex 2.
3. The Parties shall give positive consideration to making this Protocol applicable to additional categories of goods which may become subject to third-party conformity assessment by recognised non-governmental bodies pursuant to technical regulations adopted by a Party after the date of entry into force of this Agreement. To that end, the Party shall promptly notify the other Party, in writing, of any such technical regulation that is adopted after the entry into force of this Agreement. If the other Party expresses an interest in including a new category of goods in Annex 1 but the notifying Party does not agree to it, the notifying Party shall provide to the other Party, upon request, the reasons that justify its refusal to expand the scope of the Protocol.
4. If the Parties decide in accordance with paragraphs 2 or 3 to include additional categories of goods in Annex 1, they shall request the Committee on Trade in Goods, pursuant to Article 18(c), to make recommendations to the CETA Joint Committee to amend Annex 1.
5. This Protocol does not apply:
   (a) to sanitary and phytosanitary measures as defined in Annex A to the SPS Agreement;
   (b) to purchasing specifications prepared by a governmental body for production or consumption requirements of that body;
   (c) to activities performed by a non-governmental body on behalf of a market surveillance or enforcement authority for post-market surveillance and enforcement, except as provided for in Article 11;
   (d) if a Party has delegated exclusive authority to a single non-governmental body to assess conformity of goods with that Party's technical regulations;

(e) to agricultural goods;
(f) to the assessment of aviation safety, whether or not it is covered under the Agreement on Civil Aviation Safety between Canada and the European Community, done at Prague on 6 May 2009; and
(g) to the statutory inspection and certification of vessels other than recreational craft.

6. This Protocol does not require the recognition or acceptance by a Party that the other Party's technical regulations are equivalent to its own.
7. This Protocol does not limit the ability of a Party to prepare, adopt, apply or amend conformity assessment procedures in accordance with Article 5 of the TBT Agreement.
8. This Protocol does not affect or modify the laws or obligations in the territory of a Party applicable to civil liability.

Article 9

Acceptance of the results of conformity assessment by recognised conformity assessment Bodies

1. A Party shall accept the results of conformity assessment activities performed by conformity assessment bodies established in the other Party's territory which the Party recognises in accordance with Article 3 under conditions no less favourable than those applied to the results of conformity assessment activities performed by recognised conformity assessment bodies in its territory. The Party shall accept these results regardless of the nationality and location of the supplier or manufacturer, or of the country of origin of the product for which the conformity assessment activities are performed.
2. If a Party has ceased to recognise a conformity assessment body established in the territory of the other Party, it may cease to accept the results of conformity assessment activities performed by that conformity assessment body from the date when it ceased to recognise that conformity assessment body. Unless the Party has reasons to believe that the conformity assessment body established in the territory of the other Party was not competent to assess conformity of products with the technical regulations of the Party prior to the date when the Party ceased to recognise that conformity assessment body, the Party shall continue to accept the results of conformity assessment activities performed by that conformity assessment body prior to the date when the Party ceased to recognise the conformity assessment body, even though the products may have been placed on the market of the Party after that date.

Literaturverzeichnis

Alemanno, Alberto, The Regulatory Cooperation Chapter of the Transatlantic Trade and Investment Partnership: Institutional Structures and Democratic Consequences, Journal of International Economic Law 18 (2015), 625–640.

American Law Institute (Hrsg.), Restatement of the Law, Torts – Products Liability, St. Paul (MN) 1998.

Audit, Mathias, Impact of the mutual recognition principle on the law applicable to products, in: *Cafaggi, Fabrizio/Muir Watt, Horatia* (Hrsg.), The regulatory function of European private law, Cheltenham (UK), Northampton (MA) 2009, S. 259–271.

Bamberger, Heinz Georg/Roth, Herbert/Hau, Wolfgang/Poseck, Roman (Hrsg.), Beck'scher Online-Kommentar zum Bürgerlichen Gesetzbuch, München 2017. (zitiert: BeckOK-BGB/*Bearbeiter*).

Bar, Christian von, Verkehrspflichten. Richterliche Gefahrsteuerungsgebote im deutschen Deliktsrecht, Köln, Berlin, Bonn, München 1980.

–, Grundfragen des Internationalen Deliktsrechts, JZ 1985, 961–969.

–, (Hrsg.), Europäisches Gemeinschaftsrecht und internationales Privatrecht: Tagung des Instituts für Internationales Privatrecht und Rechtsvergleichung des Fachbereichs Rechtswissenschaften der Universität Osnabrück am 6. und 7. April 1990 in Osnabrück, Köln, Berlin 1991.

–, Gemeineuropäisches Deliktsrecht, Erster Band. Die Kernbereiche des Deliktsrechts, seine Angleichung in Europa und seine Einbettung in die Gesamtrechtsordnungen, München 1996.

Barnard, Catherine, The substantive law of the EU, 4. Aufl., Oxford, New York 2013.

Basedow, Jürgen, Der Kollisionsrechtliche Gehalt der Produktfreiheiten im europäischen Binnenmarkt: favor offerentis, RabelsZ 59 (1995), 1–55.

Bénabent, Alain, Droit des obligations, 14. Aufl., Issy-les-Moulineaux 2014.

Bernel, Alexandre, Le principe d'équivalence ou de „reconnaissance mutuelle" en droit communautaire, Zürich, Bern 1996.

Bernhard, Peter, Cassis de Dijon und Kollisionsrecht – am Beispiel des unlauteren Wettbewerbs, EuZW 1992, 437–442.

Borghetti, Jean-Sébastien, La responsabilité du fait des produits. Etude de droit comparé, Paris 2004.

–, The Scope of Application of the Directive on Product Liability and the Impact of the Directive on French Law, ZEuP 2011, 919–929.

Broichmann, Alice, Das Produktsicherheitsgesetz als Vorgabe für die Produkt- und Produzentenhaftung. Zugleich ein Beitrag zur Entwicklung des Produktsicherheitsrechts in Frankreich, Großbritannien, Österreich und Deutschland, München 2001.

Brownlie, Ian, Principles of public international law, 8. Aufl., Oxford 2012.

Brüggemeier, Gert, Prinzipien des Haftungsrechts. Eine systematische Darstellung auf rechtsvergleichender Grundlage, 1. Aufl., Baden-Baden 1999.

Cafaggi, Fabrizio, Product safety, private standard-setting and information networks, in: *Cafaggi, Fabrizio/Muir Watt, Horatia* (Hrsg.), The regulatory function of European private law, Cheltenham (UK), Northampton (MA) 2009, S. 207–242.

Calliess, Christian/Ruffert, Matthias (Hrsg.), EUV/AEUV: Das Verfassungsrecht der Europäischen Union mit Europäischer Grundrechtecharta; Kommentar, 5. Aufl., München 2016.

Calliess, Gralf-Peter (Hrsg.), Rome Regulations, 2. Aufl., Alphen aan den Rijn 2015.

Chase, Peter/Pelkmans, Jacques, This time it's different: Turbo-charging regulatory cooperation in TTIP, Centre for European Policy Studies Special Report No. 110, Brüssel 2015. (verfügbar unter: http://ssrn.com/abstract=2614348)

Correia de Brito, Anabela/Kauffmann, Céline/Pelkmans, Jacques, The contribution of mutual recognition to international regulatory co-operation, OECD Regulatory Policy Working Papers No. 2/2016, Paris 2016.

Craig, Paul/De Búrca, Gráinne., EU law, 6. Aufl., Oxford, New York 2015.

Cross, John T., The Conduct-Regulating Exception in Modern United States Choice-of-Law, Creighton Law Review 36 (2003), 425–478.

Currie, Brainerd, The Constitution and the Choice of Law: Governmental Interests and the Judicial Function, University of Chicago Law Review 26 (1958), 9–84.

Dashwood, Alan/Dougan, Michael/Rodger, Barry/Spaventa, Eleanor/Wyatt, Derrick, Wyatt and Dashwood's European Union law, 6. Aufl., Oxford, Portland (OR) 2011.

Dauner-Lieb, Barbara/Heidel, Thomas/Ring, Gerhard (Hrsg.), Bürgerliches Gesetzbuch, Kommentar,

Band 6, Rom-Verordnungen, EuErbVO, HUP, 2. Auflage, Baden-Baden 2015 (zitiert: NK-BGB/*Bearbeiter*).

Deakin, Simon/Johnston, Angus Charles/Markesinis, B. S., Tort law, 7. Aufl., Oxford 2012.

Dethloff, Nina, Europäisches Kollisionsrecht des unlauteren Wettbewerbs, JZ 2000, 179–185.

Dickinson, Andrew, The Rome II Regulation: the law applicable to non-contractual obligations, Oxford 2008.

Dörner, Heinrich, Alte und neue Probleme des Internationalen Deliktsrechts, in: *Hohloch, Gerhard/Frank, Rainer/Schlechtriem, Peter* (Hrsg.), Festschrift für Hans Stoll zum 75. Geburtstag, Tübingen 2001, S. 491–501.

Dornis, Tim, Die Theorie der local data: dogmatische Bruchstelle im klassischen IPR, Schweizerische Zeitschrift für internationales und europäisches Recht 25 (2015), 183–216.

Drasch, Wolfgang, Das Herkunftslandprinzip im internationalen Privatrecht: Auswirkungen des europäischen Binnenmarktes auf Vertrags- und Wettbewerbsstatut, Baden-Baden 1997.

Drobnig, Ulrich, Produktehaftung, in: *Caemmerer, Ernst von* (Hrsg.), Vorschläge und Gutachten zur Reform des deutschen internationalen Privatrechts der außervertraglichen Schuldverhältnisse, Tübingen 1983, S. 298–337.

Duintjer Tebbens, Harry, International product liability. A study of comparative and international legal aspects of product liability, Alphen aan den Rijn 1980.

–, Les conflits de lois en matière de publicité déloyale, Revue critique de droit international privé 83 (1994), S. 473ff.

Ehrenzweig, Albert A., Local and Moral Data in the Conflict of Laws: Terra Incognita, Buffalo Law Review 16 (1966–1967), 55–60.

–, Private International Law, General Part, Leyden, New York 1967.

–, Products Liability in the Conflict of Laws. Toward a Theory of Enterprise Liability under „Foreseeable and Insurable Laws": II, The Yale Law Journal 69 (1960), 794–803.

Eidenmüller, Horst, Geschäftsleiter- und Gesellschafterhaftung bei europäischen Auslandsgesellschaften mit tatsächlichem Inlandssitz, NJW 2005, 1618–1621.

Esser, Josef/Weyers, Hans L., Schuldrecht. Band II Besonderer Teil: Teilband 2, Gesetzliche Schuldverhältnisse, 8. Aufl., Heidelberg 2000.

Fallon, Marc/Meeusen, Johan, Private International Law in the European Union and the Exception of Mutual Recognition, Yearbook of Private International Law 4 (2002), 39–66.

Finke, Katja, Die Auswirkungen der europäischen technischen Normen und des Sicherheitsrechts auf das nationale Haftungsrecht, München 2001.

Foerste, Ulrich/Graf von Westphalen, Friedrich (Hrsg.), Produkthaftungshandbuch, 3. Aufl., München 2012.

Freitag, Robert, Der Einfluss des Europäischen Gemeinschaftsrechts auf das internationale Produkthaftungsrecht, Tübingen 2000.

–, EuGH: Internationale Zuständigkeit für Produkthaftungsklagen, LMK 2014, 355576.

Gauger, Dörte/Hartmannsberger, Roland, Rechtliche Anforderungen an Verbraucherprodukte – Pflichten, Risiken, Praxisprobleme, NJW 2014, 1137–1142.

Grabitz, Eberhard/Hilf, Meinhard/Nettesheim, Martin (Hrsg.), Das Recht der Europäischen Union, 62. Ergänzungslieferung, München 2017.

Grandpierre, Andreas, Herkunftsprinzip kontra Marktortanknüpfung: Auswirkungen des Gemeinschaftsrechts auf die Kollisionsregeln im Wettbewerbsrecht, Frankfurt am Main, New York 1999.

Haak, Andreas M./Klöck, Oliver, Warenverkehrsfreiheit gebietet Zulassung nicht prüffähiger Produkte, EuZW 2010, 53–57.

Hamburg Group for Private International Law, Comments on the European Commission's Draft Proposal for a Council Regulation on the Law Applicable to Non-Contractual Obligations, RabelsZ 67 (2003), 1–56.

Hartley, Trevor C., Choice of Law for Non-Contractual Liability: Selected Problems under the Rome II Regulation, International and Comparative Law Quarterly 57 (2008), 899–908.

Hay, Bruce L., Conflicts of Law and State Competition in the Product Liability System, Georgetown Law Journal 80 (1992), 617–652.

Hay, Peter, US-amerikanisches Recht, 5. Aufl., München, Wien 2011.

Hay, Peter/Borchers, Patrick J./Symeonides, Symeon C., Conflict of laws, 5. Aufl., St. Paul (MN) 2010.

Heiderhoff, Bettina, Eine europäische Kollisionsnorm für die Produkthaftung: Gedanken zur Rom II-Verordnung, GPR 2005, 92–97.

Heiderhoff, Bettina, Gemeinschaftsprivatrecht, 2. Aufl., München 2007.

Hein, Jan von, Das Günstigkeitsprinzip im Internationalen Deliktsrecht, Tübingen 1999.

–, Grenzüberschreitende Produkthaftung für „Weiterfresserschäden", RIW 2000, 820–832.

–, Europäisches Internationales Deliktsrecht nach der Rom II-Verordnung, ZEuP 2009, 6–33.

–, Die Behandlung von Sicherheits- und Verhaltensregeln nach Art. 17 Rom II-Verordnung, in: *Kronke, Herbert/Thorn, Karsten* (Hrsg.), Grenzen überwinden - Prinzipien bewahren: Festschrift für Bernd von Hoffmann zum 70. Geburtstag, Bielefeld 2011, S. 139–158.

Helmig, Ekkehard, Die Maßgeblichkeit des europäischen Unionsrechts – Pro-dukthaftungs- und Produktsicherheitsrecht auf dem Prüfstand, PHi 2014, 2–12.

Hilf, Meinhard/Oeter, Stefan (Hrsg.), WTO-Recht: Rechtsordnung des Welthandels, 2. Aufl., Baden-Baden 2010.

Honsell, Heinrich/Vogt, Nedim Peter/Schnyder, Anton K./Berti, Stephan V. (Hrsg.), Internationales Privatrecht, 3. Aufl., Basel 2013.

Höpping, Ulrike, Auswirkungen der Warenverkehrsfreiheit auf das IPR: unter besonderer Berücksichtigung des Internationalen Produkthaftungsrechts und des Internationalen Vertragsrechts, Frankfurt am Main, New York 1997.

Howells, Geraint, Defect in English law – lessons for the harmonisation of European product liability, in: *Fairgrieve, Duncan* (Hrsg.), Product liability in comparative perspective, Cambridge, New York 2005, S. 138–152.

–, The Relationship Between Product Liability and Product Safety – Understanding a Necessary Element in European Product Liability Through a Comparison with the US Position, Washburn LJ 39 (1999–2000), 305–346.

Huber, Peter/Bach, Ivo, Die Rom II-VO – Kommissionsentwurf und aktuelle Entwicklungen, IPrax 2005, 73–84.

Huber, Peter/Illmer, Martin, International Product Liability: A Commentary on Article 5 of the Rome II Regulation, Yearbook of Private International Law 9 (2007), 31–47.

Hüßtege, Rainer/Mansel, Heinz-Peter (Hrsg.), Bürgerliches Gesetzbuch, Band 6, Rom-Verordnungen – EuErbVO – HUP, Nomos-Kommentar, 2. Aufl., Baden-Baden 2015 (zitiert: NK-BGB/*Bearbeiter*).

Illmer, Martin, The New European Private International Law of Product Liability: Steering Through Troubled Waters, RabelsZ 73 (2009), 269–313.

Immenga, Ulrich/Mestmäcker, Ernst-Joachim (Hrsg.), Wettbewerbsrecht, 5. Aufl., Band 1 Teil 1: Kommentar zum Europäischen Kartellrecht, München 2012.

Jayme, Erik/Hausmann, Rainer (Hrsg.), Internationales Privat- und Verfahrensrecht: Textausgabe, 18. Aufl., München 2016.

Junker, Abbo, Kollisionsnorm und Sachrecht im IPR der unerlaubten Handlung, in: *Michaels, Ralf/Solomon, Dennis* (Hrsg.), Liber Amicorum Klaus Schurig: zum 70. Geburtstag, München 2012, S. 81–96.

–, Reformbedarf der Rom II-VO in wirtschaftsnahen Bereichen, RIW 2010, 257–269.

Kadner Graziano, Thomas, Europäisches Internationales Deliktsrecht, Tübingen 2003.

–, Das auf außervertragliche Schuldverhältnisse anzuwendende Recht nach Inkrafttreten der Rom II-Verordnung, RabelsZ 73 (2009), 1–76.

Kegel, Gerhard/Schurig, Klaus, Internationales Privatrecht, 9. Aufl., München 2004.

Klindt, Thomas (Hrsg.), Produktsicherheitsgesetz; Kommentar, 2. Aufl., München 2015.

Klindt, Thomas/Kapoor, Arun, „New Legislative Framework" im EU-Produktsicherheitsrecht – Neue Marktüberwachung in Europa?, EuZW 2008, 649–655.

Kment, Martin, Grenzüberschreitendes Verwaltungshandeln, Tübingen 2010.

Kollmer, Norbert, Zivilrechtliche und arbeitsrechtliche Wirkungen des Gerätesicherheitsgesetzes, NJW 1997, 2015–2019.

Kozyris, Phaedon John, Rome II: Tort Conflicts on the Right Track! A Postscript to Symeon Symeonides' „Missed Opportunity", The American Journal of Comparative Law 56 (2008), 471–497.

–, Values and Methods in Choice of Law for Products Liability: A Comparative Comment on Statutory Solutions, The American Journal of Comparative Law 38 (1990), 475–509.

Krauss, Michael I., Product Liability and Game Theory: One More Trip to the Choice-of-Law Well, BYU Law Review 2002, 759–827.

Kropholler, Jan, Internationales Privatrecht, 6. Aufl., Tübingen 2006.

Kötz, Hein, Ziele des Haftungsrechts, in: *Baur, Jürgen F./Hopt, Klaus J./Mailänder, K. Peter* (Hrsg.), Festschrift für Ernst Steindorff zum 70. Geburtstag am 13. März 1990, Berlin 1990, S. 643–666.

Kügel, J. Wilfried/Müller, Rolf-Georg/Hofmann, Hans-Peter (Hrsg.), Arzneimittelgesetz, Kommentar, 2. Aufl., München 2016.

Larenz, Karl/Canaris, Claus-Wilhelm, Lehrbuch des Schuldrechts, 13. Aufl., München 1982.

Leible, Stefan/Engel, Andreas, Der Vorschlag der EG-Kommission für eine Rom II-Verordnung – Auf dem Weg zu einheitlichen Anknüpfungsregeln für außervertragliche Schuldverhältnisse in Europa, EuZW 2004, 7–17.

Lenz, Tobias (Hrsg.), Produkthaftung, München 2014.

Lima Pinheiro, Luís de, Choice of Law on Non-Contractual Obligations Between. Communitarization and Globalization. A First Assessment of EC Regulation Rome II, Rivista di diritto internationale privato e processuale 44 (2008), 5–42.

Lorenz, Egon, Zur Zweistufentheorie des IPR und zu ihrer Bedeutung für das neue internationale Versorgungsausgleichsrecht, FamRZ 1987, 645–653.

Lorenz, Werner, Das internationale Privatrecht der Produktenhaftpflicht, in: *Müller, Klaus/Soell, Hermann* (Hrsg.), Rechtswissenschaft und Gesetzgebung: Festschrift für Eduard Wahl zum 70. Geburtstag am 29. März 1973, Heidelberg 1973, S. 185–206.

–, Haager Entwurf zur Produktenhaftpflicht, RabelsZ 37 (1973), 317–356.

Marburger, Peter, Die Regeln der Technik im Recht, Köln u.a. 1979.

Marenghi, Chiara, The law applicable to product liability in context: Art. 5 of the Rome II Regulation and its interaction with other EU instruments, Yearbook of Private International Law 16, (2014–2015), 511–537.

Mathis, James, Multilateral Aspects of Advanced Regulatory Cooperation: Considerations for a Canada-EU Comprehensive Trade Agreement (CETA), Legal Issues of Economic Integration 39 (2012), 73–91.

–, Mutual Recognition Agreements: Transatlantic Parties and the Limits to Non-Tariff Barrier Regionalism in the WTO, Journal of World Trade 32 (1998), 5–31.

Menzel, Jörg, Internationales Öffentliches Recht, Tübingen 2011.

Mestmäcker, Ernst-Joachim/Schweitzer, Heike, Europäisches Wettbewerbsrecht, 3. Aufl., München 2014.

Michaels, Ralf, EU Law as Private International Law? Reconceptualising the Country-of-Origin Principle as Vested-Rights Theory, Journal of Private International Law 2 (2006), 195–242.

Micklitz, Hans-W., Internationales Produktsicherheitsrecht, Baden-Baden 1995.

Mörsdorf, Oliver, Anmerkung zum Urteil des BGH vom 17.10.2012 (VIII ZR 226/11), JZ 2013, 191–196.

Müller-Graff, Peter-Christian (Hrsg.), Technische Regeln im Binnenmarkt, Baden-Baden 1991.

Münchener Kommentar zum Bürgerlichen Gesetzbuch, hrsg. v. *Säcker, Franz Jürgen/Rixecker, Roland/Oetker, Hartmut/Limperg, Bettina*, 7. Aufl.,

Bd. 6, Schuldrecht Besonderer Teil IV, München 2017

Bd. 11, Internationales Privatrecht I, München 2018

Bd. 12, Internationales Privatrecht II, München 2018

(zitiert: MüKo-BGB/*Bearbeiter*).

Neumeyer, Karl, Internationales Verwaltungsrecht, Band 4, München, Berlin 1936.

Nicolaidis, Kalypso/Shaffer, Gregory, Transnational Mutual Recognition Regimes: Governance without Global Government, Law and Contemporary Problems 68 (2005), 263–317.

Ohler, Christoph, Die Kollisionsordnung des Allgemeinen Verwaltungsrechts, Tübingen 2005.

Owen, David G., Products liability law, 2. Aufl., St. Paul (MN) 2008.

Palandt, Otto, Kommentar zum Bürgerlichen Gesetzbuch, bearb. v. *Bassenge, Peter/Brudermüller, Gerd/Ellenberger, Jürgen*, 77. Aufl., München 2018 (zitiert: Palandt/*Bearbeiter*).

Pelkmans, Jacques/Correia de Brito, Anabela, Enforcement in the EU single market, Brüssel 2013.

Pelkmans, Jacques/Correia de Brito, Anabela, Transatlantic MRAs: Lessons for TTIP?, Centre for European Policy Studies Special Report No. 101, Brüssel 2015.

Perdue, Wendy Collins, A Reexamination of the Distinction between Loss-Allocating and Conduct-Regulating Rules, Louisiana Law Review 60 (1999), 1251–1258.

Pfeiffer, Thomas, Datumstheorie und „local data" in der Rom II-VO – am Beispiel von Straßenverkehrsunfällen, in: *Michaels, Ralf/Solomon, Dennis* (Hrsg.), Liber Amicorum Klaus Schurig: zum 70. Geburtstag, München 2012, S. 229–236.

Prosser, William L./Keeton, Page, Law of torts, 5. Aufl., St. Paul (MN) 1984.

Purnhagen, Kai, The Politics of Systematization in EU Product Safety Regulation, 2013.

–, The Virtue of Cassis de Dijon 25 Years Later—It Is Not Dead, It Just Smells Funny, in: *Purnhagen, Kai/Rott, Peter* (Hrsg.), Varieties of European economic law and regulation: Liber Amicorum for Hans Micklitz, 2014, S. 315–342.

Rauscher, Thomas (Hrsg.), Europäisches Zivilprozess- und Kollisionsrecht: EuZPR/EuIPR: Kommentar, 4. Aufl.,

Band III: Rom I-VO, Rom II-VO, München 2016.

Reimann, Mathias, Liability for Defective Products at the Beginning of the Twenty-First Century: Emergence of a Worldwide Standard?, The American Journal of Comparative Law 51 (2003), 751–838.

Rentsch, Bettina Konstanze, Tatort- und Aufenthaltsanknüpfung im internationalen Deliktsrecht - Art. 4 Abs. 3 Rom II-VO bei nachträglichem Aufenthaltswechsel des Geschädigten, GPR 2015, 191–198.

Riesenhuber, Karl (Hrsg.), Europäische Methodenlehre, 3. Aufl., München 2015.

Rodiek, Tanja, Die Produkthaftung im Europäischen Kollisionsrecht, Frankfurt am Main 2015.

Roth, Wulf-Henning, Der Einfluß des Europäischen Gemeinschaftsrechts auf das Internationale Privatrecht, RabelsZ 55 (1991), 623–673.

–, Die Grundfreiheiten und das Internationale Privatrecht – das Beispiel Produkthaftung, in: *Schack, Heimo* (Hrsg.), Gedächtnisschrift für Alexander Lüderitz, München 2000, S. 635–657.

–, Europäische Kollisionsrechtsvereinheitlichung, EWS 2011, 314–328.

–, Freier Warenverkehr und staatliche Regelungsgewalt in einem Gemeinsamen Markt, München 1977.

–, Internationales Versicherungsvertragsrecht, Tübingen 1985.

–, Welthandelsordnung und IPR, in: *Heintschell von Heinegg, Wolff/Kadelbach Steffan/Hess, Burkhard, u.a.* (Hrsg.), Entschädigung nach bewaffneten Konflikten: Die Konstitutionalisierung der Welthandelsordnung, Heidelberg 2003, S. 331–372.

Rott, Peter/Glinski, Carola, Die Haftung der Zertifizierungsstelle im Produktsicherheitsrecht, ZEuP 2015, 192–210.

Rühl, Giesela, Statut und Effizienz: Ökonomische Grundlagen des Internationalen Privatrechts, Tübingen 2011.

Sack, Rolf, Das IPR der Produktenhaftung und die „par conditio concurrentium", in: Gewerblicher Rechtsschutz, Urheberrecht, Wirtschaftsrecht, Mitarbeiterfestschrift zum 70. Geburtstag von Eugen Ulmer, Köln u.a. 1973, S. 495–507.

–, Das Verhältnis der Produkthaftungsrichtlinie der EG zum nationalen Produkthaftungsrecht, VersR 1988, 439–451.

Sammeck, Sarah, Die Internationale Produkthaftung nach Inkrafttreten der Rom II-VO im Vergleich zu der Rechtslage in den USA, Tübingen 2017.

Schäfer, Hans-Bernd/Lantermann, Katrin, Choice of Law from an Economic Perspective, in: *Basedow, Jürgen/Kono, Toshiyuki* (Hrsg.), An Economic Analysis of Private International Law, 2006, S. 87–120.

Schepel, Harm, The constitution of private governance: Product standards in the regulation of integrating markets, Oxford, Portland (OR) 2005.

Schley, Michael, Das französische Produkthaftungsrecht und die bei grenzüberschreitenden Vertragsketten im deutsch-französischen Rechtsverkehr auftretenden Probleme, Berlin 2001.

Schmidt-Rimpler, Walter, Grundfragen einer Erneuerung des Vertragsrechts, AcP 147 (1941), 130–197.

Schmidt-Salzer, Joachim, Produkthaftung, Frankfurt am Main 1973.

Schulze, Reiner/Dörner, Heinrich/Ebert, Ina, u.a. (Hrsg.), Bürgerliches Gesetzbuch, Handkommentar, 9. Aufl., Baden-Baden 2016. (zitiert: Nomos-HK-BGB/*Bearbeiter*).

Schweitzer, Heike, Warenverkehrsfreiheit: Anwendbarkeit der Vorschriften über den freien Warenverkehr auf Normungs- und Zertifizierungstätigkeiten privater Einrichtungen, EuZW 2012, 797–799.

Siems, Mathias M., Die Harmonisierung des Internationalen Deliktsrechts und die Einheit der Rechtsordnung, RIW 2004, 662–667.

Soergel, Kommentar zum Bürgerlichen Gesetzbuch, hrsg. v. *Siebert, Wolfgang*, 13. Aufl.,

Bd. 12 Schuldrecht 10 §§ 823–853 BGB, Produkthaftungsgesetz, Umwelthaftungsgesetz, Stuttgart 2005

(zitiert: Soergel/*Bearbeiter*).

Spickhoff, Andreas, Gesetzesverstoß und Haftung, Köln 1998.

Spindler, Gerald, Interaction between product liability and regulation at the European level, in: *Cafaggi, Fabrizio/Muir Watt, Horatia* (Hrsg.), The regulatory function of European private law, Cheltenham (UK), Northampton (MA) 2009, S. 243–258.

Statistisches Bundesamt, Rangfolge der Handelspartner im Außenhandel der Bundesrepublik Deutschland (2015), Wiesbaden 2016.

Staudinger, Kommentar zum Bürgerlichen Gesetzbuch,

Buch 2 – Recht der Schuldverhältnisse, §§ 826–829 BGB, ProdHaftG, hrsg. v. *Hager, Johannes*, 15. Neubearb., Berlin 2013

Einführungsgesetz zum Bürgerlichen Gesetzbuche/IPR, Art. 38–42 (Internationales Recht der außervertraglichen Schuldverhältnisse, hrsg. v. *Kropholler, Jan*, Neubearb., Berlin 2001.

(zitiert: Staudinger/*Bearbeiter*).

Stewart, Richard B., Regulatory Compliance Preclusion of Tort Liability: Limiting the Dual-Track System Symposium: Regulatory Compliance as a Defense to Products Liability, Georgetown Law Journal 88, (1999–2000), 2167–2186.

Stober, Rolf, Allgemeines Wirtschaftsverwaltungsrecht, 18. Aufl., Stuttgart 2014.

Stober, Rolf/Eisenmenger, Sven, Besonderes Wirtschaftsverwaltungsrecht: Gewerbe- und Regulierungsrecht, Produkt- und Subventionsrecht, 16. Aufl., Stuttgart 2016.

Stoll, Hans, Anknüpfungsgrundsätze bei der Haftung für Straßenverkehrsunfälle und der Produktenhaftung nach der neueren Entwicklung des internationalen Deliktsrechts, in: Internationales Privatrecht und Rechtsvergleichung im Ausgang des 20. Jahrhunderts: Bewahrung oder Wende?: Festschrift für Gerhard Kegel, Frankfurt am Main 1977, S. 113–139.

–, Deliktsstatut und Tatbestandswirkung ausländischen Rechts, in: *Feuerstein, Peter* (Hrsg.), Multum non multa: Festschrift für Kurt Lipstein aus Anlass seines 70. Geburtstages, Heidelberg, Karlsruhe 1980, S. 259–277.

–, Die Behandlung von Verhaltensnormen und Sicherheitsregeln, in: *Caemmerer, Ernst von* (Hrsg.), Vorschläge und Gutachten zur Reform des deutschen internationalen Privatrechts der außervertraglichen Schuldverhältnisse, Tübingen 1983, S. 160–180.

–, Sturz vom Balkon auf Gran Canaria – Akzessorische Anknüpfung, deutsches Deliktsrecht und örtlicher Sicherheitsstandard, IPrax 1989, 89–93.

Streinz, Rudolf (Hrsg.), Vertrag über die Europäische Union und Vertrag über die Arbeitsweise der Europäischen Union, Kommentar, 2. Aufl., München 2012.

–, (Hrsg.), Lebensmittelrechts-Handbuch, 38. Aufl., München 2018.

Struck, Christian, Product regulations and standards in WTO law, Alphen aan den Rijn 2014.

Symeonides, Symeon C., Choice of Law for Products Liability: The 1990s and Beyond, Tulane Law Review 78 (2003–2004), 1247–1349.

–, Rome II and Tort Conflicts: A Missed Opportunity, The American Journal of Comparative Law 56, (2008), 173–222.

Taschner, Hans-Claudius, Produkthaftung - Noch einmal: Verschuldenshaftung oder vom Verschulden unabhängige Haftung?, ZEuP 2005, 560–567.

Taupitz, Jochen, Das internationales Produkthaftungsrecht im Zugriff der europäischen Warenverkehrsfreiheit: Abschied vom favor leasi?, ZEuP 1997, 986–1009.

Thielen, Karl-Josef, Technische Standards und TTIP: nur bei nichtharmonisierten Themen denkbar, KANBrief 2/14, Kommission Arbeitsschutz Normung, 2014.

Tietje, Christian (Hrsg.), Internationales Wirtschaftsrecht, 2. Aufl., Berlin 2015.

Trutmann, Verena, Das internationale Privatrecht der Deliktsobligationen: Ein Beitrag zur Auseinandersetzung mit den neueren amerikanischen kollisionsrechtlichen Theorien, Basel 1973.

Wagner, Gerhard, Internationales Deliktsrecht, die Arbeiten an der Rom II-Verordnung und der Europäische Deliktsgerichtsstand, IPrax 2006, 372–390.

–, Die neue Rom II-Verordnung, IPrax 2008, 1–17.

Wandt, Manfred, Internationale Produkthaftung, Heidelberg 1995.

Weiler, Joseph H. H., Mutual Recognition, Functional Equivalence and Harmonization in the Evolution of the European Common Market and the WTO, in: *Padoa Schioppa, Fiorella* (Hrsg.), The principles of mutual recognition in the European integration process, Basingstoke u.a. 2005, S. 25–84.

Weller, Marc-Philippe, Die neue Mobilitätsanknüpfung im Internationalen Familienrecht – Abfederung von Personalstatutenwechseln über die Datumtheorie, IPrax 2014, 225–233.

Westermann, Harm Peter/Erman, Walter/Grunewald, Barbara (Hrsg.), Bürgerliches Gesetzbuch, Kommentar, 14. Aufl., Köln 2014.

Whittaker, Simon, The Product Liability Directive and Rome II Article 5: „Full Harmonisation" and the Conflict of Laws, Cambridge Yearbook of European legal studies 13 (2010), 435–461.

–, (Hrsg.), The development of product liability, Cambridge, New York 2010.

Wolf, Ulrike, Deliktsstatut und internationales Umweltrecht, Berlin 1995.

Zúñiga Schroder, Humberto, Harmonization, equivalence and mutual recognition of standards in WTO law, Alphen aan den Rijn 2011.

www.ingramcontent.com/pod-product-compliance
Ingram Content Group UK Ltd.
Pitfield, Milton Keynes, MK11 3LW, UK
UKHW021904290926
8980IPUK00015B/1038

9 783631 760093